John Ortberg
**Ich mag dich fast so, wie du bist**

Über den Autor

*John Ortberg* ist einer der Pastoren der *Menlo Park Presbyterian*-Gemeinde in Kalifornien. Bei ihm vereinen sich tiefgehende Einsichten mit klarer Verständlichkeit und einem ansteckenden Sinn für Humor. Zu seinen zahlreichen Bestsellern gehören *Weltbeweger, Hüter meiner Seele, Jeder ist normal, bis du ihn kennenlernst, Das Leben, nach dem du dich sehnst* und *ICH – einzigartich.*
Er ist verheiratet mit Nancy und die beiden haben drei erwachsene Kinder.

# JOHN ORTBERG

# ICH MAG DICH *fast* SO WIE DU BIST

Wie wir trotz unserer Unterschiede
und unserer Verletzlichkeit
tiefe Beziehungen leben können

Aus dem Englischen von Elke Wiemer

GerthMedien

# Inhalt

*Dieses Buch widme ich in aller Liebe und Dankbarkeit Santiago (Jimmy) Mellado, Nancy Beach, Doug Veenstra, Fred Vojtsek, Dick Anderson und dem unnachahmlichen Dr. Gilbert Bilezikian.*

# Ganz allein am Tisch?

Wenn ich an Liebe denke, muss ich an einen Tisch denken. Meine Vorfahren stammen aus Schweden; ich selbst bin in Rockford, Illinois, aufgewachsen, umgeben von noch mehr Schweden. Wir sind nicht besonders emotional oder kommunikativ. Manchmal komme ich abends nach Hause und meine Frau Nancy erkundigt sich, wie mein Tag war. Dann sage ich: „Tut mir leid, ich hab heute schon alle meine Worte aufgebraucht. Es sind keine mehr übrig." Nancy kann das nicht verstehen, denn sie braucht ihre Worte *niemals* auf. Sie ist eine unerschöpfliche Quelle der Worte. Sie strömen nur so aus ihr heraus.

Aber eines haben wir Schweden: einen Tisch. Zusammen um einen Tisch zu sitzen war die Liebessprache der Menschen, unter denen ich aufgewachsen bin. Egal, ob jemand verletzt war oder krank, geheiratet hat, ein Auto oder ein Haus gekauft hat, in einer Krise steckte, ein Baby bekam oder verstorben war – wir versammelten uns um den Tisch. In unserem Haus hing immer das duftende Aroma von frischem Kaffee (nicht Orange Mocha Frappuccino oder irgendwas mit anderen künstlichen Aromen, sondern der einfache, frisch gemahlene Kaffee), und wir setzten uns an den Tisch, redeten, lachten und weinten – *zusammen*.

Wenn man mal genauer darüber nachdenkt, würde man wahrscheinlich feststellen, dass wir viele der Momente, die

9

unser Leben geprägt haben, an einem Tisch erlebt haben. Einige der lebhaftesten Erinnerungen aus meiner Kindheit drehen sich um einen rechteckigen Glastisch in einem kleinen Esszimmer in der Brendenwood Terrace Nr. 227 in Rockford, Illinois.

Wenn ich die Augen schließe, sehe ich alles noch vor mir. Mein Vater sitzt am einen Ende. Rechts neben ihm mein kleiner Bruder Barton. Ich bin der mit der Brille und der Zahnspange, und meine Mutter sitzt mir schräg gegenüber zu meiner Rechten.

Ich erinnere mich an eine Gelegenheit, als wir frühstückten und meine Mutter eine Scheibe Toast mit Erdnussbutter in der Hand hielt. Der Toast war noch warm genug, sodass die Erdnussbutter ein wenig geschmolzen war. Als meine Mutter gerade abbeißen wollte, beugte ich mich rüber und drückte ihr die Toastscheibe mitten ins Gesicht. In Nullkommanichts beschmierten wir uns alle gegenseitig mit Erdnussbutter und lachten dabei Tränen.

Das waren noch gute Zeiten.

Und manchmal nicht so gute Zeiten.

Vor ein paar Jahren verlor ein Freund (der zufällig auch Schwede ist) seine Mutter. Als ich davon erfuhr – nur wenige Stunden nach ihrem Tod –, rief ich ihn sofort auf dem Handy an. Es stellte sich heraus, dass er mit der ganzen Familie gerade in einem nahe gelegenen Restaurant saß und Kaffee trank. Das kam mir so vertraut vor.

*Die sind wie wir.*

Über die Jahre hat es auch andere Tischrunden gegeben.

Ich erinnere mich noch daran, wie es war, als ich zum ersten Mal mit Nancys Familie am Tisch saß. Sie erwähnte zufällig, dass sie bei einem Autohändler neue Reifen gekauft hatte. Sofort erwiderte einer der am Tisch Sitzenden: „Ich würde *niemals* bei einem Autohändler Reifen kaufen. Die ziehen dich doch über den Tisch. Ich kaufe meine Reifen immer bei Shell."

„Shell?", fragte jemand. „Du kaufst deine Reifen an der Tankstelle? Das würde ich nie machen. Die haben miese Reifen. Die wollte ich nicht mal geschenkt haben. Ich kaufe meine bei Goodyear."

„Goodyear?", warf ein weiteres Familienmitglied ein. „Der Service dort ist grottenschlecht! Wenn du die Reifen beim Reifen-Discounter kaufst, bekommst du alle zehntausend Kilometer einen Reifenwechsel umsonst. Ich meine ja nur."

Und so ging es immer weiter.

Später meinte ich zu Nancy: „Was war denn das für ein Streit?"

„Was für ein Streit?"

„Der Streit wegen der Autoreifen vorhin am Tisch."

„Das war kein Streit", sagte sie. „Wir haben uns doch nur gegenseitig geholfen."

*Tatsächlich?* Wenn *meine* Familie am Tisch säße, würde meine Mutter in dem unwahrscheinlichen Fall, dass ich je Reifen kaufen sollte, in etwa sagen: „Du hast Reifen gekauft, mein Sohn! Wir sind ja so stolz auf dich. Man zieht die Kinder groß, versucht ihnen beizubringen, was richtig und was falsch ist, aber man weiß nie, was aus ihnen wird. Aber ein Augenblick wie dieser macht das alles wieder wett. Komm, wir machen ein Selfie."

Jede Tischrunde ist unterschiedlich und hat ihre eigenen Regeln. Für Nancy gehört zu einem „Tischgespräch" dazu, dass man schonungslos ehrlich ist und die Probleme des Lebens offen anspricht. Nichts wird beschönigt oder idealisiert. Wenn jemand um den heißen Brei herumredet oder nur Nettigkeiten von sich gibt, macht sie das nervös.

Wir waren einmal in einem Restaurant in Menlo Park, wo wir wohnen. Wir lachten gerade über irgendetwas, als eine Dame an unseren Tisch kam und meinte: „Ich gehe in Ihre Gemeinde. Es ist wunderbar zu sehen, dass Sie beide so viel Freude aneinander haben. Ich habe beobachtet, wie Sie miteinander umgehen und wie Sie sich anschauen, wenn Sie miteinander reden. Sie müssen eine wunderbare Ehe führen."

„Ja, manchmal", erwiderte Nancy wie aus der Pistole geschossen. Bei ihr gehört es einfach zu einem Tischgespräch dazu, dass man offen zueinander ist und einander die Wahrheit sagt. Und mittlerweile genieße ich das. Manchmal jedenfalls.

Als wir noch nicht verheiratet waren, aßen wir sonntags immer bei Nancys Großmutter Gladys zu Abend. Dann versammelte sich die ganze Familie um einen alten Mahagonitisch, den sie aus Texas mit nach Kalifornien gebracht hatten. Wenn wir an diesem Tisch saßen, hatte ich immer das Gefühl, zur Familie zu gehören. Nancy liebte diesen Tisch.

Als Nancy und ich uns verlobten, gab ich Gladys einen Dollar, damit wir nach ihrem Tod den Mahagonitisch bekommen würden. Ich fasste sogar eine kleine Eigentumsurkunde ab, in der ich meinen Anspruch auf den Tisch anmeldete, und klebte sie unter die Tischplatte, damit Nancys gierige Cousins ihn sich nach Gladys' Tod nicht unter den Nagel reißen würden. Als Gladys starb, fand der Tisch auch tatsächlich in unserem Esszimmer ein neues Zuhause.

Wenn nur zwei Erwachsene am Tisch sitzen, sieht alles sehr elegant und stilvoll aus, aber wenn man ein Kleinkind hat, herrscht auf dem Tisch Chaos. Will man dafür sorgen, dass der Tisch sauber bleibt, hat man nur eine Möglichkeit: Es darf niemand dort sitzen. Aber manchmal erschaffen wir an einem chaotischen Tisch Erinnerungen, die an einem ordentlichen Tisch niemals entstehen würden. Als eines unserer Kinder einmal zu oft etwas verschüttet hatte und bestraft werden sollte, holte dieses Kind einen Eindollarschein hervor, legte ihn auf den Tisch und sagte: „Vielleicht kann George Washington euch ja davon abbringen." Das konnte er tatsächlich.

Wir bekamen unsere drei Kinder kurz nacheinander, und ich erinnere mich noch daran, was für ein Fest es war, als wir die erste gemeinsame Mahlzeit einnahmen, bei der niemand etwas verschüttete, niemand weinte und niemand sich übergeben musste. Damals war unser Jüngster einundzwanzig, aber es war trotzdem ein Festtag für uns.

Was für eine Tischrunde ebenfalls typisch ist, zumindest in unserer Familie, ist, dass wir immer an den gleichen Plätzen sitzen. Mein Platz befindet sich direkt gegenüber von Nancy und schräg gegenüber von unserer Tochter Laura. Selbst nach ihrem Auszug belegten unsere Kinder jedes Mal, wenn sie nach Hause kamen, ihre alten Plätze. Laura auf der einen Seite und Johnny und Mallory auf der anderen, und jetzt sitzt Lauras Mann Zack neben ihr. Wir haben nie darüber abgestimmt. Es gibt keine Sitzordnung. Niemand hat die Plätze verteilt. Tief in der menschlichen Seele steckt etwas, das sagt: „Ich brauche meinen Platz an diesem Tisch." Ich weiß jedenfalls, dass das auf mich zutrifft. Ich will meinen Platz haben, und ich will, dass alle in der Familie ihren Platz haben. Ich mag es irgendwie, wenn alle Stühle am Tisch besetzt sind.

Wenn wir an einem Tisch unseren eigenen Platz haben, dann heißt das, dass wir dazugehören. Wir haben eine Identität. Wir sind jemandes Bruder oder Schwester, jemandes Vater oder Mutter, jemandes Mann oder Frau. Wir gehören dazu.

Mich erinnert ein Tisch daran, dass es im Leben vor allem auf eines ankommt: auf Beziehungen. Wir sind darauf programmiert, emotionale Bindungen mit anderen Menschen einzugehen. Wir wollen, dass es Menschen gibt, die uns wirklich durch und durch kennen. Wir sehnen uns danach, geliebt zu werden. Wir wollen von jemandem angenommen werden, der unsere Stärken *und* unsere Schwächen kennt und trotzdem mit uns zusammen sein möchte. Kurz gesagt: Wir sehnen uns nach Nähe.

Auf einem kleinen Tisch in meinem Büro steht eine Karte mit einem Zitat aus Victor Hugos weltberühmtem Roman *Die Elenden*:

*Mein Mantel und ich leben sehr angenehm zusammen. Er hat all meine Falten angenommen, schmerzt mich nirgendwo, hat sich meinen Verkrümmungen angepasst und folgt willig all meinen Bewegungen. Ich spüre seine Gegenwart nur, weil er mich warm hält. Alte Mäntel sind alte Freunde.*[1]

Auf die Rückseite der Karte hat meine Frau mit Tinte vier Worte geschrieben: *Du bist mein Mantel*. Das ist Vertrautheit.

Sie denken jetzt vielleicht: *Nancy muss eine wunderbare Ehefrau sein.*

Das ist sie auch.

Manchmal.


## Unsere Angst vor Nähe

Obwohl wir uns so sehr danach sehnen, hat Nähe für viele Menschen auch etwas Furchteinflößendes. Als ich erzählte, dass ich ein Buch über Vertrautheit und Intimität schreiben würde, konnte ich in manchen Gesichtern die Anspannung sehen. Andere liefen rot an. Nancy lachte laut.

Manchmal frage ich mich, warum die Menschen so heftig darauf reagieren. Warum fürchten wir uns so vor Nähe?

Ich glaube, zum einen haben wir Angst davor, verletzt zu werden. Nähe bedeutet, dass mich jemand *kennt* – so wie Nancy *mich* kennt, zum Beispiel. Sie kennt meine Stärken und Schwächen, meine Hoffnungen und Ängste. Sie kann dieses Wissen nutzen, um unsere Beziehung noch inniger zu machen oder um mich bloßzustellen, zu verletzen oder zu verraten.

Außerdem haben wir Angst vor Nähe, weil wir enttäuscht werden könnten. Wenn ich jemandem nicht besonders nahestehe, bin ich nicht am Boden zerstört, wenn der Betreffende mich im Stich lässt, weil ich wahrscheinlich im Stillen sowieso keine hohen Erwartungen an diese Person hatte. Doch wenn ich jemandem nahe sein will, wenn ich mich auf diese Freundschaft verlasse und die Zuneigung oder Liebe dieser Person brauche, würde es mich zutiefst verletzen, wenn sie mich zurückwiese oder im Stich ließe. Ich käme mir wie ein Idiot vor, weil ich dieser Person vertraut habe – so wie Charlie Brown, der in hohem Bogen auf dem Rücken landet, weil er schon wieder darauf vertraut hat, dass Lucy den Football dieses Mal *nicht* wegziehen wird, wenn er danach tritt.

Nähe kann uns auch das Gefühl geben, bedürftig zu sein – oder schlimmer noch, sie macht unsere Bedürftigkeit sichtbar. Die meisten von uns mögen das nicht. Wir halten uns selbst gern für stark. (Paradoxerweise erfordert gerade die Entscheidung, Nähe zuzulassen – die eigene Schwäche und Bedürftigkeit zu zeigen – große Stärke.)

Viele von uns haben Angst vor Nähe, weil wir tief in unserem Inneren glauben, wir hätten sie nicht verdient. Wir haben Angst, dass unsere Mängel und Schwächen ans Licht kommen und dass es noch mehr schmerzen wird, die Intimität wieder zu *verlieren*, als sie gar nicht erst zu haben. Jedes Mal, wenn wir jemanden an uns heranlassen, riskieren wir, verletzt oder abgelehnt zu werden. Also versuchen wir, dem ganz aus dem Weg zu gehen.

Ironischerweise sehnen wir uns eigentlich zutiefst nach Nähe. Wir wollen geliebt, gemocht, gefeiert werden und wollen von jemandem so angenommen werden, wie wir sind. Wir sehnen uns nach großartigen Freundschaften. Wir wollen Menschen um uns haben, zu denen wir kommen können, wenn wir in einer Krise stecken. Wir wollen jemanden, dem wir unsere Geheimnisse anvertrauen können. Wir wünschen uns diese Nähe nicht nur, wir wurden dafür erschaffen.

Ganz gleich, ob Sie Mann oder Frau sind, Stimmungskanone oder Mauerblümchen, ob Sie Kopf- oder Gefühlsmensch sind oder ein ganz neuer Typ, den die Soziologie noch nicht kennt, Sie wurden dafür geschaffen, Bindungen mit anderen einzugehen. Sie wurden für Beziehungen geschaffen. Sie wurden für Vertrautheit und Nähe geschaffen.

Das sehen wir jedes Mal, wenn ein Kind auf die Welt kommt, seiner Mutter in die Augen schaut und – wie durch ein Wunder – sich zu ihrer Brust dreht und trinkt. Meine Frau war nie der „Baby-Typ", aber als sie unser erstes Kind im Arm hielt, sagte sie staunend: „Für dieses Kind würde ich töten."

„Du meinst wohl, du würdest für sie sterben?", fragte ich und machte mir etwas Sorgen wegen ihres ausgeprägten Mutterinstinkts.

„Nein, das wäre ja dumm", erwiderte sie. „Dann wäre ich tot, und jemand anderes bekäme sie. Ich würde für sie *töten*."

Vertrautheit und Nähe hat etwas Wildes, das jemand, der auf Distanz bleibt, nie erleben wird. In jedem von uns steckt dieser Hunger danach, angenommen zu werden, der tiefer geht als jeder andere Hunger.

Das sieht man immer dann, wenn zwei Verliebte sich nicht aneinander sattsehen können. Man sieht es bei einem alten

Ehepaar, das nirgends hingeht, ohne sich beim Partner einzu-haken. Man sieht es, wenn ein Kind schier platzt, weil es uns unbedingt ein Geheimnis verraten muss. Man sieht es in der Bibel, als Gott Adam ansieht und verkündet: „Es ist nicht gut, dass der Mensch allein ist", und dann eine Partnerin für ihn er-schafft, die „zu ihm passt".[2] Wenn wir diese Nähe erleben, können wir es mit allem auf-nehmen, was das Leben uns in den Weg stellt. Ohne vertraute Beziehungen kommen uns sogar unsere größten Errungen-schaften bedeutungslos vor. Schließlich macht Erfolg keine Freude, wenn wir niemanden haben, mit dem wir ihn teilen können. Deshalb glaube ich, dass Vertrautheit das Wichtigste ist, wonach wir streben können.

Ich gebe zu, dass es den meisten Menschen schwerer fällt, sich um mehr Nähe zu bemühen, als sich gesünder zu ernäh-ren. Wir können es aber nur ganz bewusst tun. Wir müssen da-ran arbeiten. Doch es lohnt sich, denn tief in unserem Inneren wissen wir, dass nichts so wichtig ist, wie einem anderen Men-schen nahe zu sein. Und Gott nahe zu sein? Da bewegen wir uns noch auf einem ganz anderen Terrain.

Aber wenn wir darüber nachdenken, dass wir eine „enge Be-ziehung zu Gott" wollen, kommt es uns manchmal so vor, als wäre das bloß noch eine weitere Verpflichtung in einem ohne-hin schon geschäftigen Leben. Schließlich ist es schon schwer genug, die Nähe zu einem Menschen aus Fleisch und Blut zu su-chen. Wie soll man da eine enge Beziehung zu jemandem haben, den man nicht einmal sehen kann? Zu einem geistlichen Wesen?

Was wäre, wenn ich Ihnen jetzt sage, dass Gott Sie nicht nur für Vertrautheit geschaffen, sondern sich auch von Anfang an um eine enge Beziehung zu Ihnen bemüht hat?

Nicht lange nachdem Gott beschlossen hatte, „es ist nicht gut, dass der Mensch allein ist", sehen wir, wie Gott durch den

Garten geht und nach Adam und Eva Ausschau hält. Sie waren seine Geschöpfe. Er genoss ihre Gesellschaft und wollte Zeit mit ihnen verbringen. Aber sie hatten sich versteckt. Schließlich rief er: „Wo bist du?"[3]

Leider hatte die Schlange Eva dazu überredet, vom Baum der Erkenntnis zu essen, und sie hatte Adam von der Frucht abgegeben. Jetzt hatte sich ihre Beziehung zu Gott verändert – die Vertrautheit war zerstört. Zum ersten Mal wurde ihnen bewusst, dass sie nackt waren, und sie schämten sich. Zum ersten Mal fürchteten sie sich davor, von Gott *gesehen* und *erkannt* zu werden. Und so versteckten sie sich.

Jetzt kommt der interessante Teil: Gott *lässt zu*, dass sie sich verstecken – denn Vertrautheit kann nicht erzwungen werden. Gott will keine gefügigen Menschen, er will eine Beziehung. Vertrautheit respektiert Distanz, aber sie gibt sich nicht damit zufrieden. Vertrautheit ruft: „Wo bist du?", genau wie Gott damals im Garten. Und aus seinem Verlangen nach einer engen Beziehung zu uns stellt Gott eben diese Frage seither immer wieder.

Gott will, dass Sie und ich an seinem Tisch sitzen. Jesus sagt: „Merkst du nicht, dass ich vor der Tür stehe und anklopfe? Wer meine Stimme hört und mir öffnet, zu dem werde ich hineingehen, und wir werden miteinander essen – ich mit ihm und er mit mir."[4]

Johannes, der enge Freund von Jesus, schrieb diese Worte nieder, als er schon sehr alt war. Er konnte sich bestimmt an tausend gemeinsame Mahlzeiten mit Jesus erinnern und benutzte dieses Bild der Tischgemeinschaft, um eine Erfahrung zu beschreiben, die auch Sie und ich machen können. Wenn ich an Liebe denke, wenn ich an Nähe denke, dann denke ich an eine Tischrunde – genau wie Jesus.

Es ist ohne Frage ein Mysterium, weshalb Gott uns zu einer engen Beziehung mit sich einlädt. Aber wie ist diese möglich?

Könnte es sein, dass Gott schon die ganze Zeit zu uns spricht und wir ihn auch hören, aber nicht wussten, dass es seine Stimme war? Könnte es sein, dass wir Gott näherkommen, ohne uns dessen bewusst zu sein? Ich glaube schon. Ich glaube, dass Gott unsere Beziehungen zu anderen Menschen benutzt, um uns zu zeigen, wie wir *ihn* lieben können. Je mehr wir in anderen Beziehungen nach Vertrautheit suchen, desto mehr verstehen wir Gottes unglaubliche, verwegene Liebe zu uns.

Aber ich will nicht zu weit vorgreifen. Sprechen wir zunächst einmal darüber, was ich auf meiner Hochzeitsreise über Vertrautheit und Intimität gelernt habe.

Kapitel 1

# Kannst du mir folgen?

## Was Vertrautheit wirklich bedeutet

> Wenn wir mit jemandem ganz vertraut sind und
> uns ganz auf ihn einlassen, bedeutet das immer,
> dass wir eine Grenze überschreiten müssen.
> Es ist immer riskant, auch wenn man schon
> fünfzig Jahre verheiratet ist.
>
> Amy Bloom

Es war einmal in einer weit, weit entfernten Stadt, als ich dachte, ich würde der großartigste Ehemann sein, den je eine Frau bekommen kann.

Und dann heiratete ich.

Damals dachte ich, ich wüsste alles über Vertrautheit und Intimität, was es zu wissen gibt. Aber ich hatte ja keine Ahnung, wie unreif ich in Wirklichkeit war. Ich dachte, Vertrautheit sei ein Gefühl der Nähe, das automatisch in mir aufkommen würde, sobald der Pastor sagte: „Du darfst die Braut jetzt küssen", und dass von da an alles nur noch wie in einem wunderbaren, traumhaften Hollywoodmusical wäre. Der Gedanke, dass Vertrautheit etwas sein könnte, an dem ich *arbeiten* muss, war mir nie gekommen. Sie können sich sicher denken, dass die Probleme schon vorprogrammiert waren.

Vor unserer Hochzeit tat Nancy hin und wieder Dinge, die mir missfielen. Manchmal widersprach sie mir in Gegenwart anderer zu entschieden oder sagte etwas auf eine Art und Weise, die ich zu rechthaberisch oder voreingenommen fand. Witzigerweise fühlte ich mich aber gerade deshalb zu ihr hingezogen, weil sie gern redete und feste Überzeugungen hatte. Und so war sie schon immer gewesen. In ihrer ersten Beurteilung aus dem Kindergarten hieß es bereits: „Nancy lebt sich gut ein, aber sie redet oft während der Mittagsruhe." Obwohl ich mich also von ihrer extrovertierten, ausdrucksstarken Persönlichkeit angezogen fühlte, störte sie mich auch irgendwie.

Und ich konnte nicht sehr gut damit umgehen.

Jedes Mal, wenn wir eine Auseinandersetzung hatten, erstarrte etwas in mir, und ich schmollte, statt mit Nancy darüber zu reden. Und ich schmollte ziemlich oft. Es war gewissermaßen meine Geistesgabe. Wenn ich ein Superheld wäre, wäre Schmollen meine Superkraft. Ich würde so lange schmollen, bis die Bösewichte so heftige Gewissensbisse hätten, dass sie sich selbst stellen würden.

Schmollen mag vielleicht eine großartige (wenn auch ungewöhnliche) Kraft sein, aber sie tötet auch jede Vertrautheit ab.

Beim Probeessen für die Hochzeitsfeier war ich wegen irgendetwas sauer auf Nancy – ich weiß nicht mehr, was es war. Statt ihr zu sagen, was mich störte, damit wir gemeinsam daran arbeiten konnten (wie Erwachsene das eben machen), zog ich mich höflich in mich selbst zurück. Sie merkte es natürlich, und so wurde aus einem freudigen Abend ein sehr schmerzhafter Abend.

Am nächsten Tag betraten wir die Kirche, ohne unsere Unstimmigkeiten vom Vorabend bereinigt zu haben, wir heirateten und fuhren auf Hochzeitsreise.

Man hört immer, dass die Hochzeitsreise etwas ganz Wunderbares ist, und so hatte ich – weil ich nun einmal der perfekte Ehemann war – einen tollen Plan geschmiedet. Nancy wurde in Kalifornien geboren und war auch dort aufgewachsen. Sie hat das Meer und das warme Klima an der Küste schon immer geliebt. Also fuhr ich mit ihr natürlich nach … raten Sie mal … Wisconsin!

Ich dachte: *Sie wird begeistert sein!*

Na ja, war sie aber nicht. Wer hätte das gedacht?!

Es überrascht wohl niemanden, wenn ich sage, dass unsere Flitterwochen eine emotionale Achterbahnfahrt waren. Wann immer Nancy etwas sagte oder tat, mit dem ich nicht einverstanden war, zog ich mich zurück und schmollte, statt mit ihr darüber zu reden. Eines Nachmittags saßen wir am Pool (es war ein wunderschöner Tag zum Schmollen), und um mich innerlich von meiner Braut zu distanzieren, las ich ein Buch. (Genau, ich hatte das Buch nicht nur mit auf die Hochzeitsreise genommen, sondern las sogar am Pool.) Mein ganzes Leben lang hatte ich auf meine Flitterwochen gewartet. Seit der Pubertät hatte ich der Hochzeitsreise *entgegengefiebert*. Jetzt war ich hier in einem wunderbaren Urlaubsresort in Wisconsin, und statt meiner Frau näherzukommen, las ich ein Buch. Es war auch nicht irgendein Buch, sondern eine Biografie von Sigmund Freud. (Nein, das habe ich jetzt nicht erfunden!) Wie Sie vielleicht wissen, hat Freud meistens über Sexualität geschrieben. Ich hätte also Sex *haben* können, aber stattdessen las ich nur darüber.

Was hätte Freud wohl dazu gesagt?

Was hätte Jesus wohl dazu gesagt?

Und das hat Nancy dazu gesagt: „Leg das Buch weg!"

Genau genommen ist das die jugendfreie Variante von dem, was sie gesagt hat. In Wirklichkeit hat sie das Buch mit einem

Adjektiv beschrieben, das man benutzt, wenn man sich zum Beispiel mit dem Hammer auf den Finger haut. Es war ein sehr unbaptistisches Wort.

*Auwei,* dachte ich, *wir sind erst auf der Hochzeitsreise und sie benutzt schon Schimpfwörter.*

Sehen Sie, was ich tat? Ich setzte mich nicht damit auseinander, warum Nancy frustriert war, sondern kritisierte nur ihre Ausdrucksweise. Mit anderen Worten: Ich verstand gar nicht, worum es wirklich ging.

Indem sie mir sagte, ich solle das Buch weglegen und ihr meine Aufmerksamkeit schenken, *forderte* Nancy mich zu Intimität *auf* (auf ihre eigene unbaptistische Art). Und ich bekam das nicht mit. Ich hielt mich selbst für jemanden, der aufgrund seines Hintergrundes und seiner Ausbildung in Psychologie und als Pastor Experte war in Sachen Intimität. Aber in Wirklichkeit hatte ich eine „Intimitätsbehinderung".

## Intimität verstehen

Aus einem unerfindlichen Grund ist in unserer Gesellschaft in vielen Köpfen das Wort „Intimität" gleichbedeutend mit Sex. Es gibt zwar einen Bezug zwischen den beiden Begriffen, aber sie sind trotzdem nicht gleichbedeutend, und das eine hängt nicht unbedingt vom anderen ab. Man muss keinen Sex mit jemandem haben, um eine intime Beziehung zu haben. Und man muss keine intime Beziehung haben, um Sex miteinander zu haben. Die meisten unserer intimen Beziehungen haben auch rein gar nichts mit Sex zu tun. Eine so innige Beziehung haben wir zum Beispiel auch zu unseren Kindern, unseren Eltern, unseren Freunden oder unseren Kollegen – und sogar zu Gott.

Intimität, also Vertrautheit, ist nicht nur ein Gefühl. Es ist keine geheimnisvolle Erfahrung, für die manche Menschen eben geboren sind und die andere nie erleben werden. Es erleben sie auch nicht nur bestimmte Persönlichkeitstypen oder Ehepaare oder die „Fühlenden" im Myers-Briggs-Typenindikator. Und Vertrautheit entsteht auch nicht auf geheimnisvolle Weise in dem Augenblick, in dem wir vor dem Altar stehen und Ja zueinander sagen.

Die beste Definition von Intimität, von Vertrautheit, die ich kenne – und das ist auch das Ziel unserer Reise in diesem Buch –, stammt von meinem Freund Dallas Willard.

Dallas leitete den Fachbereich Philosophie an der Universität von Südkalifornien. Es gibt ein Sprichwort, das besagt, wenn du der Klügste im Raum bist, dann bist du im falschen Raum. Dallas war immer im falschen Raum. Er kannte auch die Bibel besser als jeder andere. Die Menschen wollten in seiner Nähe sein, weil er ständig Unvergessliches sagte, Dinge, die sonst keiner sagen konnte, wie zum Beispiel:

- Das Königreich Gottes steckt nie in Schwierigkeiten, und die Menschen, die darin leben, auch nicht.
- Die Realität ist das, worüber man stolpert, wenn man falschliegt.
- Christen sind Menschen, denen es besser geht, wenn sie tot sind.

Aber noch besser als seine Weisheit war seine Fähigkeit, das Leben als ein Geschenk geruhsam anzunehmen und es mit anderen zu teilen. Ein Freund von mir arbeitete während eines zweiwöchigen Intensivkurses für Pastoren einmal als Dallas' Assistent. Sie wohnten zusammen und abends zog Dallas statt seiner eher formellen Kleidung eine kurze Hose und ein weißes T-Shirt an. Aber er behielt seine guten Schuhe und die braunen Socken an. Eines Abends zappten sie durch die Fernsehkanäle und landeten schließlich bei einem spanischen Sender, auf dem gerade Salsa getanzt wurde. „Das scheint Spaß zu machen. Das sollte ich auch einmal versuchen", meinte Dallas.

Die Vorstellung von Dallas Willard – einem Mann mittleren Alters, der im ländlichen Missouri in einer strenggläubigen Baptistengemeinde aufgewachsen und Experte für die husserlsche Phänomenologie war –, wie er in kurzer Hose und Anzugschuhen Salsa tanzt, ist einfach zu köstlich und beinahe so unvergesslich wie seine Vorträge.

Jedenfalls sagte er einmal zu mir: „Wir sind ein unendlicher Strom von Erfahrungen. Zu leben bedeutet, die Fähigkeit zu haben, die Wirklichkeit zu erfahren."

Das klingt verführerisch einfach, aber es half mir, der Sehnsucht meiner Seele einen Namen zu geben. Ich liebe es, bereichernde Erfahrungen zu machen: der erste Schrei meines neugeborenen Kindes; auf den Wellen am Cowell's Beach zu reiten; der Klang von Jean Valjeans Stimme in *Les Misérables*, wenn er „Bring him home" singt; lange nächtliche Gespräche vor einem prasselnden Kaminfeuer mit einem nahestehenden Menschen; mit meinen Kindern im Schlafsack an Deck zu liegen und die Sterne zu beobachten, während Don McLean „Starry, starry night…" singt.

„Intimität", erklärte Dallas mir, „das sind gemeinsame Erfahrungen."

Lassen Sie sich diesen Gedanken einmal durch den Kopf gehen. Wenn unser Leben aus unseren Erfahrungen besteht, dann spiegelt unsere Lebensqualität in gewisser Weise die Qualität unserer Erfahrungen wider. Unsere Erfahrungen prägen unsere Sicht des Lebens und beeinflussen unser Verständnis dieser Welt. Wenn Sie einmal darüber nachdenken, wie Sie zu dem

Menschen geworden sind, der Sie heute sind, können Sie leicht erkennen, welche Rolle Ihre Erfahrungen dabei spielen.

Manchmal machen wir bei solchen Erlebnissen mit dem Handy ein Bild von uns selbst, weil wir diese besonderen Zeiten festhalten wollen. Natürlich machen wir keine Selfies von den Augenblicken, die wir vergessen wollen. Niemand macht ein Bild von der nicht bestandenen Prüfung, der Trennung, der Kündigung oder dem Rülpser bei der ersten Verabredung mit der Freundin. Wir machen Selfies im Fußballstadion, bei einer Wanderung, einem Konzert oder beim Autofahren (ein beängstigender Gedanke).

Hier noch eine lustige Tatsache, über die ich einmal gestolpert bin: 2015 sind mehr Menschen bei Selfies ums Leben gekommen als bei Haifischangriffen.[1] Irgendwie überrascht es schon ein wenig, dass niemand ein Selfie macht, während er von einem Hai angegriffen wird.

Wir freuen uns nicht nur über unsere Erlebnisse, sondern verspüren auch noch das tiefe Bedürfnis, sie mit anderen zu *teilen*. Wenn wir unsere Erlebnisse mit anderen teilen – die guten und die schlechten und die ganz gewöhnlichen dazwischen –, dann teilen wir unser *Leben* mit ihnen. Und das schafft eine *Bindung*, was wiederum ein wichtiger Bestandteil von Intimität ist.

Auf unserer Hochzeitsreise wollte Nancy eine Bindung zu mir schaffen. Sie war sauer, weil ich ihr keine Aufmerksamkeit schenkte. Sie war sauer, weil ich emotional für sie nicht zugänglich war. Sie war sauer, weil ich sie auf eine Hochzeitsreise nach Wisconsin geschleppt hatte. Aber am meisten war sie sauer darüber, dass ich dieses Erleben unserer Flitterwochen nicht *mit ihr teilte*. Was ich bis zu diesem kritischen Punkt unserer Beziehung nicht erkannt hatte, war, dass *gemeinsame Erfahrungen* Intimität schaffen.

Jedes Mal, wenn wir mit jemandem etwas erleben, können wir dadurch eine engere Beziehung aufbauen. Sie denken vielleicht, Sie seien dazu verurteilt, diese Intimität nie zu erleben, weil Sie nicht zu den Planern gehören oder eben kein emotionaler Typ sind. Aber das stimmt nicht. Intimität entsteht nicht durch große Gesten. Es muss nichts Dramatisches oder Tiefgehendes sein – ein hochromantisches Wochenende, eine dramatische Selbstenthüllung oder besonders sentimentale Worte. Vertrautheit besteht vielmehr aus tausend kleinen, alltäglichen Momenten, in denen man sich *austauscht*.

Fragen Sie Ihre Kinder, wenn sie nach Hause kommen, wie ihr Tag war. Fragen Sie Ihre Frau, was Sie zu einem bestimmten Anlass getragen hat – und interessieren Sie sich wirklich dafür. Hören Sie zu, wenn jemand einen Witz erzählt. Erinnern Sie sich an den Lieblingswein, das Lieblingsbuch oder die Lieblingssendung einer Person. Klatschen Sie Ihren Mannschaftskameraden beim Fußball ab. Sagen Sie ein paar aufmunternde Worte zu jemandem, der niedergeschlagen wirkt. Zwinkern Sie Ihrem gestressten Kollegen in einer nervtötenden Besprechung heimlich zu. Legen Sie die Freud-Biografie zur Seite und hören Sie Ihrer enttäuschten Frau auf der Hochzeitsreise nach Wisconsin zu.

Ein einziger Ton ist ohne Bedeutung, aber wenn man genügend Töne auf die richtige Weise aneinanderreiht, wird daraus Beethovens Neunte Sinfonie. Genauso ist es mit den gemeinsamen Erfahrungen: Eine einzelne Begebenheit macht vielleicht nicht viel aus, aber wenn wir genügend Erlebnisse mit jemandem teilen, erwächst daraus Intimität.

## Vertrautheit braucht Aufmerksamkeit und Zeit

Wenn meine Hochzeitsreise überhaupt irgendetwas beweist (außer dass Freud kein Stimmungsmacher ist), dann, dass Nähe nicht automatisch dadurch entsteht, dass man mit jemandem zur gleichen Zeit am gleichen Ort ist. Man kann beieinander sein, ohne etwas miteinander zu erleben. Intimität ist nie einseitig – sie kann nicht nur von einem Partner der Beziehung erschaffen werden. Vertrautheit ist per Definition etwas, das im *gemeinsamen Erleben* geschieht. Wenn wir Intimität aufbauen wollen – egal, ob mit Menschen oder mit Gott –, braucht es also gemeinsame Erlebnisse, die eine Bindung erzeugen. Meistens entsteht Vertrautheit dann, wenn einer den anderen einlädt, die vielen gewöhnlichen – und manchmal auch außergewöhnlichen – Augenblicke des Alltags miteinander zu teilen, und diese Einladung nicht nur angenommen, sondern auch erwidert wird.

Um ein Erlebnis mit jemandem zu teilen, müssen wir ganz bei der Sache sein und uns mit der anderen Person befassen. Wir müssen darüber reden, was wir dabei denken, fühlen und erleben, und müssen aufmerksam zuhören, wenn unser Gegenüber ebenfalls davon erzählt. Sonst sind wir nur zwei Menschen, die zufällig zur gleichen Zeit am gleichen Ort sind. Wenn ich körperlich anwesend, aber geistig abwesend bin – weil meine Gedanken ständig zu den Aktienkursen oder den Problemen auf der Arbeit wandern, während mein Gegenüber von seinem Tag erzählt –, teilen wir diese Erfahrung nicht wirklich miteinander.

Zwei Menschen können zusammen essen, einen Film anschauen, einkaufen gehen und sogar eine Tragödie wie den Tod eines Kindes erleben, aber sich dennoch voneinander entfernen und nicht enger zusammenwachsen.

29

Erst vor Kurzem saß mein Körper beim Abendessen mit Nancy am Tisch, aber meine Aufmerksamkeit galt dem Display meines Handys. Ein paar Minuten nachdem wir mit dem Essen angefangen hatten, bekam ich eine Nachricht: „Ich sitze genau vor dir" – von Nancy. Handys sind sehr nützlich, aber manchmal vergessen wir, wo sie etwas zu suchen haben und wo nicht. Handys sind für Menschen gemacht, nicht Menschen für Handys.

Baut man an einer Beziehung, wenn man Textnachrichten schreibt? Nein. Baut man an einer Beziehung, wenn man gemeinsam E-Mails liest? Nein. Baut man an einer Beziehung, wenn man gemeinsam fernsieht? Kommt darauf an, was. Wenn es das Drama des DFB-Pokalendspiels ist und man gemeinsam alle Höhen und Tiefen durchlebt, dann natürlich schon. Wenn es aber der *Bachelor* ist, dann nicht. Man muss also kritisch und mit Verstand an die Sache herangehen.

Ein verblüffender Aspekt von Jesu Gabe, Menschen zu lieben, war seine Fähigkeit, ihnen seine volle Aufmerksamkeit zu schenken. Nirgends in der Bibel hat Jesus jemals gesagt: „Entschuldigung, was hast du gesagt? Ich habe gerade nicht aufgepasst. Ich war durch meine Arbeit als Retter ein wenig abgelenkt." Jesus wusste immer genau, wie es seinen Freunden ging.

Will man auf diese Weise aufmerksam sein, bedeutet das natürlich, dass man Zeit investieren muss.

Zeit ist aber kostbar, weil sie begrenzt ist. Wir können unser Geld vermehren, aber nicht unsere Zeit. Und deshalb ist es etwas ganz Besonderes, wenn wir jemandem unsere Zeit schenken, denn wir können sie nicht zurückbekommen.

Wollen wir Vertrautheit aufbauen, bedeutet das, dass wir unseren wichtigsten Beziehungen auch oberste Priorität einräumen, was unsere Zeit angeht.

Ich habe einmal mit Nancy über unsere Beziehung gesprochen und darüber, wie ich meine Zeit einteile. „Arbeite ich zu viel?", habe ich sie gefragt.

„Es ist nicht so schlimm", erwiderte sie spontan.

Das ist zwar besser als „schlimm", aber es ist eine ziemlich niedrige Messlatte. Jesus hat nicht gesagt: „Daran werden alle erkennen, dass ihr meine Jünger seid, wenn eure Beziehungen *nicht so schlimm* sind."

Die größte Herausforderung beim Umgang mit der eigenen Zeit ist: Man könnte immer auch noch etwas anderes tun. Es gibt immer noch mehr E-Mails, die wir beantworten könnten, noch mehr, was wir tun, noch mehr, was wir erledigen könnten. Aber unsere Kinder werden wohl kaum sagen: „Mama, Papa, wie wäre es, wenn ihr den Rest des Abends damit verbringt, dass ihr noch die Präsentation fürs Büro fertig macht?"

In puncto Zeit wird man zwangsläufig irgendwann irgendjemanden enttäuschen. Aber es sollten nicht die Menschen sein, die einem am wichtigsten sind. Denn letzten Endes sind es unsere Beziehungen – unsere gemeinsamen Erfahrungen –, die wirklich zählen.

Ich habe noch nie jemanden auf dem Sterbebett sagen hören: „Bringt mir meinen Lebenslauf, damit ich ihn noch einmal lesen kann. Zeigt mir noch mal meine Bankkonten. Lasst mich die Liste mit all den beeindruckenden Dingen abhaken, die ich erreicht habe."

Zeit und Aufmerksamkeit – das ist der Boden, auf dem gemeinsame Erfahrungen wachsen. Ohne diese beiden gibt es keine echte Nähe. Und es gibt kein größeres Geschenk, das wir den Menschen machen können, die uns wichtig sind.

Apropos Geschenke: Vor Jahren sind meine Frau und ich mit unseren Kindern – die damals im Kindergartenalter waren – zu einem dieser Fotoläden im Einkaufszentrum gegangen, um ein Familienfoto zu machen. Ich wollte ein Bild mit lauter fröhlichen Gesichtern, das ich an Weihnachten verschicken konnte, um allen zu zeigen, wie eine Familie aussieht, in der man sich wirklich nah ist.

Ich weiß nicht, wem dieser Laden gehörte, aber der Betreffende gehört für sehr lange Zeit hinter Gitter, denn diese Erfahrung war wirklich übel. Ein Fremder, der hinter einer großen Kamera stand, hielt so lange seltsame Figuren hoch, bis unsere Kinder vor Angst weinten.

Ich bin zwar kein Experte in solchen Dingen, aber ich glaube, wenn man Weihnachtskarten mit heulenden Kindern darauf verschickt, kommt das nicht so gut an. Vor allem nicht, wenn man Pastor ist.

Bei dem Versuch, die Kinder doch zum Lächeln zu bringen, durchlebten wir verschiedene Phasen:

Die erste Phase war die „fröhliche Phase", in der ich begeistert sagte: „Kinder, das wird ein Spaß! Es wird euch gefallen."

Es dauerte jedoch nicht lange, bis wir zur nächsten Phase übergingen: die Bestechungsphase.

„Ein paar Türen weiter ist ein Bäcker, da bekommt ihr nachher etwas ganz Leckeres, wenn ihr jetzt lächelt."

Hat nicht funktioniert.

Also gingen wir zu Phase 3 über, die im Grunde aus Drohungen besteht.

„Ich habe gesagt, ihr sollt lächeln! Ihr wollt lieber weinen? Na gut, dann gebe ich euch jetzt einen Grund zum Weinen."

Falls Sie sich wundern: Das ist eine wirklich erprobte und effektive Methode, um Kinder zum Lächeln zu bringen. Ich musste jahrelang studieren, um diese Technik zu erlernen. Und trotzdem hat sie nicht funktioniert – welche Überraschung! Es wurde alles immer schlimmer.

Inzwischen war der Laden voll mit Eltern, die ebenfalls Bilder von ihren Kindern machen lassen wollten, und alle ihre Kinder hatten angefangen zu weinen, weil sie unsere Kinder weinen sahen.

Verzweiflung packte mich. Ich nahm unsere mittlere Tochter – die dreijährige Mallory –, die am heftigsten weinte und am ganzen Körper zitterte, und sagte: „Mallory, du bist nicht glücklich, oder? (Das nennt man Empathie – habe ich im Studium gelernt.) Ich glaube, ich weiß, was du jetzt möchtest …"

Mallory hatte schon immer kleine Puppen, Plüschtiere und andere Spielsachen geliebt. Damals war ihr Lieblingsspielzeug eine kleine Puppe, die sie Baby Tweezers nannte. Es war die erste Puppe, der sie einen Namen gegeben hatte, aber wir wussten nicht, warum sie sie so nannte. Mallory war keine Zangengeburt gewesen, und trotzdem hatte sie beschlossen, ihre Puppe „Pinzette" zu nennen.

In jenem Augenblick war mir klar, dass es nur eine Sache gab, die meine Tochter jetzt trösten würde, und zwar der Gedanke an ihre heiß geliebte Puppe. Also sagte ich: „Mal, ich könnte wetten, wenn du dir jetzt irgendetwas wünschen könntest, dann würdest du dir wahrscheinlich wünschen, Baby Tweezers hierzuhaben, oder?"

Wieder traten ihr Tränen in die Augen, und ihre Unterlippe schob sich so weit vor, dass ein Vogel darauf hätte sitzen können. Sie konnte nicht einmal sprechen, sondern nickte einfach nur.

Ganz sanft und leise sagte ich zu ihr: „Mein Schatz, wenn du Baby Tweezers jemals wiedersehen willst, dann …"

Unterm Strich war ich zwar körperlich im gleichen Raum wie meine Kinder, aber ich teilte ihr Erlebnis nicht. Ich hatte es eilig. Ich hatte Angst, dass die Leute, die Zeugen dieser Szene wurden, dachten, ich hätte meine Familie nicht unter Kontrolle.

(Als ob das überhaupt infrage stand.) Ich war in Gedanken schon bei der nächsten Sache, die ich erledigen wollte. Und ich machte mir Sorgen, weil wir Geld für ein Bild mit drei weinenden Kindern ausgaben, das wahrscheinlich dafür sorgen würde, dass man uns das Jugendamt auf den Hals hetzte, falls wir es tatsächlich als Weihnachtskarte verschicken würden.

Ganz bei jemandem zu sein erfordert Geduld und Opfer. Es bedeutet, dass wir die Bedürfnisse des anderen über unsere eigenen stellen und bereit sind, so viel Zeit zu investieren wie eben nötig, damit der andere sich wertgeschätzt und geliebt fühlt.

## Der Fachmann für gemeinsame Erfahrungen

Jesus war ein echter Fachmann dafür, anderen Zeit und Aufmerksamkeit zu schenken und so vertraute Beziehungen aufzubauen. Das sehen wir am deutlichsten am Beispiel der Menschen, die ihm am nächsten standen – seine Freunde, die zu seiner Familie wurden.

Das Markusevangelium macht deutlich, welche Absicht Jesus verfolgte, als er seine Jünger auswählte: „Dann wählte er zwölf von ihnen aus, die er Apostel nannte. Sie sollten ständig bei ihm bleiben und von ihm lernen."[2]

Es war so einfach: „Sie sollten ständig bei ihm bleiben." Wann? Wie lange? Ständig – wenn er lehrte, wenn er unterwegs war, wenn er arbeitete, wenn er aß, wenn er schlief, wenn die Menge an ihm hing und wenn die Menge ihn verließ. Er zog sich oft von seinen Jüngern zurück, um zu beten und aufzutanken, aber er verbrachte einen großen Teil seiner Zeit mit ihnen. Er war nicht immer *glücklich* mit ihnen. Sie erschwerten ihm oft die Arbeit. Und er versuchte auch nicht, *sie* immer glücklich zu machen. Aber eines sieht man nie: In keinem Evangelium hört man je einen der Jünger zu Jesus sagen: „Hey, Jesus, warum hast du eigentlich keine Zeit mehr für uns? Jetzt, wo du berühmt bist und große Menschenmengen anziehst, alle dich Messias nennen, man dich als Redner und Wunderheiler einlädt, kriegen wir dich gar nicht mehr zu sehen." Ob es nun zu Beginn ihrer gemeinsamen Reise war, als er noch allein mit ihnen war, oder zu der Zeit, als die Aufmerksamkeit und die Erwartungen und Forderungen eines ganzen Volkes und das Gewicht der Welt auf seinen Schultern lasteten – seine Freunde wussten immer: Jesus hat Zeit für uns.

Drei Jahre lang lud Jesus seine Freunde ein, Erfahrungen mit ihm zu teilen. Vor Kurzem sah ich mir einmal genauer an, welche Erfahrungen Jesus mit seinen Jüngern teilte, und war erstaunt, wie viele es waren.

**Sie waren miteinander unterwegs**
Das Alltäglichste, was sie zusammen taten, war Spazierengehen. Das war sogar das allererste gemeinsame Erlebnis. „Als Jesus am See Genezareth entlangging, sah er dort Simon und dessen Bruder Andreas. Da forderte Jesus sie auf: ‚Kommt, folgt mir nach!'"[3]

„Folgt mir nach." Das war die vielleicht großartigste und lebensverändernste Aufforderung zu einer vertrauten Beziehung, die je ausgesprochen wurde. Jesus sagte nicht: „Gehorcht mir", obwohl Gehorsam natürlich dazugehört, wenn wir ihm nachfolgen wollen. Er sagte nicht: „Glaubt die richtigen Dinge über mich", obwohl ihr Glaube natürlich wuchs, als die Beziehung inniger wurde. Er sagte auch nicht: „Dient mir", obwohl das natürlich ihr oberstes Ziel wurde. Er lud sie nur ein, mit ihm umherzuwandern. Und es zeigte sich, dass dieser Spaziergang drei Jahre dauern sollte.

Mit einem gemeinsamen Spaziergang fing alles an, und selbst nach seiner Auferstehung unternahm Jesus mit zweien seiner Jünger einen zehn Kilometer langen Spaziergang nach Emmaus.

Spazieren zu gehen ist so einfach. Es erfordert nicht viel. Man muss nichts können. Aber es baut Beziehungen. Jesus war so oft mit Menschen unterwegs, dass „unterwegs mit Jesus" für viele zum gängigen Begriff für Jüngerschaft wurde. Jesus zu lieben bedeutete, mit ihm unterwegs zu sein. Und das tut es noch heute.

## Sie aßen miteinander

Wieder etwas ganz Einfaches. Jeder Mensch muss essen. Man muss nichts Besonderes können. Und es kann billig sein. Wenn Jesus nicht mit Menschen unterwegs war, dann saß er am Tisch und aß mit ihnen. „Später war Jesus mit seinen Jüngern bei Matthäus zu Gast. Matthäus hatte auch viele Zolleinnehmer und andere Leute mit schlechtem Ruf zum Essen eingeladen."[4]

Die berühmteste Mahlzeit überhaupt – das Abendmahl – wurde von ihm eingeführt. In der Bibel heißt es, dass Jesus sich „danach gesehnt" hatte, dieses Mahl mit seinen Jüngern zu feiern, obwohl er wusste, dass er bald sterben würde.[5] Wenn das mal kein intime Erfahrung war!

## Sie lernten zusammen

Jesus verbrachte viel Zeit damit, seine Jünger zu lehren. In der Bibel heißt es immer wieder: „… seine Jünger versammelten sich um ihn. Dann begann er, sie mit den folgenden Worten zu lehren …"[6]

Es geschieht etwas mit einer Beziehung, wenn man gemeinsam lernt, herausgefordert wird und sich weiterentwickelt.

Überlegen Sie nur mal, wie viel mehr ein Buch Sie bereichern könnte, wenn Sie sich mit Freunden darüber austauschen.

### Sie taten sich gegenseitig Gefallen

„Wenn schon ich, euer Lehrer und Herr, euch die Füße gewaschen habe, dann sollt auch ihr euch gegenseitig die Füße waschen."[7] Für andere etwas zu erledigen und ihnen einen Gefallen zu tun, hält uns nicht von der Arbeit für Gottes Reich ab, es *ist* die Arbeit in Gottes Reich, denn dabei geht es um Liebe. Wenn wir zu gehetzt sind, um anderen unsere Zuneigung zu zeigen, dann sollten wir unseren Umgang mit der Zeit überdenken. Punkt.

### Sie ruhten zusammen aus

„‚Kommt mit', forderte Jesus sie auf, ‚wir gehen jetzt an einen einsamen Ort, wo wir für uns sind. Dort könnt ihr euch ein wenig ausruhen.' Es war nämlich ein ständiges Kommen und Gehen, sodass sie nicht einmal Zeit zum Essen fanden."[8]

### Sie unternahmen gemeinsame Bootsfahrten

„Deshalb fuhren sie mit dem Boot in eine entlegene Gegend, um allein zu sein."[9]

### Sie unternahmen Bergtouren

„Sechs Tage später nahm Jesus Petrus, Jakobus und Johannes mit auf einen hohen Berg. Sie waren dort ganz allein."[10]

### Sie beteten

„Einmal hatte sich Jesus zurückgezogen, um zu beten. Danach sprach ihn einer seiner Jünger an: ‚Herr, sag uns doch, wie wir beten sollen.'"[11]

**Sie gingen auf Fischfang**

„Anschließend sagte er zu Simon: ‚Fahrt jetzt weiter hinaus auf den See und werft eure Netze aus!'"[12]

**Sie fuhren zusammen Auto**

„Darum fuhr Jesus Ford: ..."[13]

Bei Jesus können wir sehen, dass er Effizienz nie über Intimität stellte. Er war bereit, seine Aufgaben langsamer zu erledigen, um intensiver Zeit mit seinen Freunden verbringen zu können.

## Die 10 000-Stunden-Regel

Wie wichtig war es Jesus, mit seinen engsten Freunden zusammen zu sein? Soweit man das aus der Bibel ablesen kann, waren die Jünger etwa drei Jahre mit Jesus zusammen. Nehmen wir einmal an, sie waren zehn Stunden am Tag mit ihm zusammen, und sagen wir einmal, sie hatten jeden Monat zwei Tage frei. Das wären dann 340 Jüngerschaftstage pro Jahr mit Jesus. Rechnen wir mal ein bisschen:

*10 Std./Tag x 340 Tage/Jahr x 3 Jahre = 10 200 Stunden Jüngerschaft mit Jesus*

Der Journalist Malcolm Gladwell schreibt in seinem Buch *Überflieger* über etwas, das er die „10 000-Stunden-Regel" nennt. Der grundlegende Gedanke hinter dieser „Regel" ist, dass man Zeit braucht, um eine anspruchsvolle Tätigkeit zu erlernen, und 10 000 Stunden scheinen die magische Grenze zu sein – ganz gleich, ob es ums Geigespielen, Programmieren, Operieren oder Baseballspielen geht.[14]

Wenn wir diese Regel einmal auf Jesu Jünger anwenden, welche Fähigkeit haben sie wohl während der über 10 000 Stunden erlernt, die sie mit Jesus verbracht haben? Nun, als sie gerade an der 10 000-Stunden-Grenze angekommen waren, erklärte Jesus ihnen: „Ich gebe euch jetzt ein neues Gebot: Liebt einander! So wie ich euch geliebt habe, so sollt ihr euch auch untereinander lieben. An eurer Liebe zueinander wird jeder erkennen, dass ihr meine Jünger seid."[15]

Man könnte also sagen, dass gemeinsam verbrachte Zeit – gemeinsame Erlebnisse – der Schlüssel sind, um in einer engen Beziehung mit Jesus und mit anderen zu leben, und dass von unserer Fähigkeit zu lieben abhängt, ob wir Erfolg haben oder nicht.

## Das größte Geschenk

Für uns gelten die gleichen Prinzipien wie bei den Jüngern, ganz gleich, ob wir uns nach mehr Vertrautheit mit Gott oder miteinander sehnen: Bemühen Sie sich um gemeinsame Erlebnisse. Nehmen Sie sich Zeit für den anderen. Schenken Sie ihm Aufmerksamkeit.

Denn Gott ist *immer* aufmerksam. Es ist in jedem Augenblick möglich, Vertrautheit mit ihm zu erleben. Wir müssen nur bewusst in seine Gegenwart kommen und Zeit mit ihm verbringen.

Wenn Sie Hilfe brauchen, dann sagen Sie es ihm. Und dann passen Sie gut auf, und achten Sie darauf, wann er Ihnen die Kraft oder die Weisheit oder den richtigen Gedanken gibt, um einen Schritt weiterzukommen. Wenn Sie sich über etwas freuen, dann machen Sie sich doch einmal seine Güte bewusst, die der Grund für Ihre Freude ist, und nehmen Sie sich Zeit, ihn zu loben. Wenn Sie etwas Schönes sehen, machen Sie sich doch die Hand des Meisters darin bewusst, und danken Sie ihm. Und bitten Sie ihn, Ihnen die Augen noch mehr zu öffnen, damit Sie die Welt aus *seiner* Perspektive sehen können. Bitten Sie Gott, seine Erlebnisse mit Ihnen zu teilen. Beten Sie: „Vater, was fühlst du, wenn du diese Person siehst? Was hattest du auf dem Herzen, als du diesen Baum erschaffen hast? Welche Freude empfindest du, wenn du dir das alles anschaust, was du erschaffen hast?"

Menschen, die bewusst leben und mit Gott verbunden sind, entdecken ihn oft an den unwahrscheinlichsten Orten. Ignatius von Loyola sprach davon, Gott in allen Dingen zu suchen.[16] Der Missionar Frank Laubach nannte es „Das Spiel mit den Minuten" – eine Übung, bei der es darum geht, „in einer jeden Minute des Tages mindestens eine Sekunde lang an Gott zu denken".[17] Bruder Lorenz, ein Karmelitermönch, der im 17. Jahrhundert lebte, beschrieb es so:

*Während der Arbeit habe ich unablässig mit dem Herrn gesprochen, als sei er bei mir. Ich bot ihm meinen Dienst an und dankte ihm für seine Unterstützung. Und wenn ich mit der Arbeit fertig war, betrachtete ich sie genau. Wenn etwas gut war, dankte ich Gott. Wenn ich Fehler gemacht hatte, bat ich ihn um Vergebung, ohne entmutigt zu sein. Und dann arbeitete ich weiter und blieb immer bei ihm.*[18]

Versuchen Sie es doch einmal. Vielleicht entdecken Sie ja, dass ein ganz gewöhnlicher Tag – so wie der heutige – zu einem Tag wird, in der Sie so enge Gemeinschaft mit Gott haben wie noch nie zuvor.

Aber, Moment, es gibt noch mehr.

Wenn Vertrautheit auf gemeinsamen Erfahrungen beruht, dann ist die Menschwerdung Gottes die vielleicht größte

Einladung zu einer engen Beziehung überhaupt. Dieser mystische, wundervolle Augenblick, in dem Gott beschloss, uns ähnlicher zu werden – auf die Erde zu kommen, Mensch zu werden und all die Freuden, Sorgen, Versuchungen und Erfolge zu erleben, die auch wir erleben –, damit wir besser verstehen können, wie wir *ihm* ähnlicher werden können.

Er hätte uns aus der Ferne lieben können. Aber er wollte mehr, als uns nur zu lieben. Er wollte eine vertraute Beziehung zu uns. Also wurde Gott ganz Mensch, um die Erfahrung des Menschseins vollständig mit uns zu teilen. In der Person Jesu hat Gott unsere Einsamkeit, unsere Erschöpfung, unsere Ängste und unsere Sorgen mit uns geteilt. Er erlebte wie wir Freud und Leid. Er hatte Anteil an unserem Trost, wenn wir uns getragen fühlen, und an unserer Verzweiflung, wenn wir uns verlassen fühlen.

Die Menschwerdung Christi zeigt uns, dass die Geschichte dieser Welt gleichzeitig die Geschichte von Gottes Sehnsucht nach Nähe zu uns ist, die Geschichte seines Schmerzes, als diese Vertrautheit beim Sündenfall verloren ging, seiner Entschlossenheit, sie zurückzugewinnen, und seiner übergroßen Freude, wenn sie wiederhergestellt ist.

Wenn das alles wahr ist, sind wir Gott vielleicht schon näher, als wir denken. Vielleicht ist die Nähe zu Gott nicht nur etwas, das wir *anstreben* können, sondern auch etwas, das wir *empfangen* können.

Und vielleicht, ja, vielleicht können wir darin innerlich ein wenig zur Ruhe kommen.

Kapitel 2

# Bestandsaufnahme

Was Vertrautheit nicht ist

Jedes Kind hat einen „emotionalen Tank",
der nur darauf wartet,
mit Liebe gefüllt zu werden.

Dr. Ross Campbell

In den Anfangstagen der Modell-T-Serie (auch „Blechliesel"
genannt) beschloss Henry Ford, Kosten zu sparen, indem er
auf die Tankanzeige verzichtete. Das führte jedoch dazu, dass
immer wieder Autos liegen blieben. Einige Autofahrer malten
sich daraufhin eine Skala auf einen Stock, den sie in den Ben-
zintank steckten, um zu sehen, wie viel Benzin noch vorhanden war. Selbst heute noch findet man in Internetforen endlose
Diskussionen von Modell-T-Besitzern über Messstäbe für den
Benzinstand.[1]

Es wäre schön, wenn die Menschen eine Art „Intimitätsan-
zeige" auf der Stirn hätten, damit man sehen kann, wie voll
ihr emotionaler Tank ist. Aber das haben sie nicht. Schlimmer
noch, wir irren uns in dieser Hinsicht oft, da auch wir falsche
Vorstellungen davon haben, was Vertrautheit überhaupt ist.
In diesem Kapitel werden wir einigen Mythen über Intimität
und Vertrautheit auf den Grund gehen und ein paar Fragen

aufwerfen, die es Ihnen ermöglichen sollen festzustellen, wie hoch Ihr eigener IQ (Intimitätsquotient) ist.

## Mythos Nr. 1: Vertrautheit sollte einfach sein

Wenige Monate nach unserer Heirat reisten Nancy und ich nach Aberdeen in Schottland, wo ich meinen Master machen wollte. Außer uns kannten wir dort niemanden. Die einzige Person, die wir mehr oder weniger regelmäßig trafen, war eine ältere Dame namens Ruby, die in der Cafeteria die Studentenausweise kontrollierte.

Ein Jahr lang studierte ich und Nancy arbeitete als Zimmermädchen. Wir waren jeden Abend beide zu Hause. Da wir kein Geld und keinen Fernseher hatten, nirgends hingehen konnten und niemanden kannten, lernten wir, Zeit miteinander zu verbringen. Ohne es zu wissen, entwickelten wir dadurch Rituale, die unsere Beziehung stärkten.

Wir lasen uns jeden Abend gegenseitig aus Charles Dickens' *Nicholas Nickleby* vor. Jeden Samstag fuhren wir mit dem Bus in die Stadt, unternahmen einen Schaufensterbummel und malten uns aus, was wir alles kaufen würden, wenn wir Geld hätten. Falls wir ein bisschen Geld übrig hatten, verprassten wir es und kauften uns eine Ausgabe des *Time Magazines*, teilten es, lasen es uns gegenseitig vor und sprachen über Weltereignisse.

Meist stand ich früh auf, um zu lernen, während Nancy noch schlief. Eines Morgens fand ich einen Zettel auf meinem Schreibtisch, auf dem stand: „Guten Morgen, mein Schatz. Ich liebe dich von ganzem Herzen. Wahrscheinlich schlafe ich noch tief und fest, wenn du das liest, aber ich träume von dir. Für mich gibt es keinen schöneren Anblick, als in dein Gesicht zu schauen." (An dieser Stelle sollte ich wohl lieber Schluss machen, danach wird es nämlich schnulzig.) Unterschrieben war der Zettel mit „Ruby" – die alte Dame aus der Cafeteria. (Nancy erinnert mich immer wieder stolz daran, dass sie in der Highschool zum Klassenclown ernannt wurde.)

Das Großartige an unserer Zeit in Aberdeen war, dass wir ganz für uns waren. Abgesehen von meinem Studium, das natürlich seinen Platz hatte, gab es keine Abgabefristen, keine Termine, keine Verantwortlichkeiten, und niemand wollte etwas von uns. Wir hatten alle Zeit der Welt und wir hatten uns. Wir lernten zu diskutieren, zu spielen, zu streiten, uns zu versöhnen und uns aufeinander zu verlassen. Am Ende dieser Zeit in Schottland hatten wir das Gefühl, eine starke Beziehung aufgebaut zu haben.

Dann bekamen wir Kinder. (Wenn Sie Ehepaare mit einem oder mehreren Kindern im Kindergartenalter kennen, dann lassen Sie uns jetzt eine Gedenkminute für sie einlegen. Es wird wahrscheinlich für sehr, sehr lange Zeit ihre letzte ruhige Minute sein.)

Als Adam und Eva Gott ungehorsam waren, wurden sie mit immer schlechteren Neuigkeiten bestraft: Sie mussten das Paradies verlassen. Sie sollten ihr Brot im Schweiße ihres Angesichts essen. Sie würden eines Tages sterben und sie bekamen zwei Kinder, Kain und Abel.

Die Kleinkindphase ist zugleich die beste und die schlimmste Zeit für Eltern. Fläschchen, Windeln, füttern, schmutziges Geschirr, Geschrei, vorlesen, baden, verhandeln – „Es ist so dunkel, Papa… Es ist zu hell, Papa". Schlafmangel, weniger Sex, ständig mit jemandem auf die Toilette gehen. Man nennt die Zeit mitten in der Nacht vermutlich deshalb „Geisterstunde", weil dann die kleinen Plagegeister wieder wach werden.

Plötzlich war das, was wir uns in Schottland erarbeitet hatten, zwar nicht weg, aber überlagert von neuen Konflikten wegen der Arbeitsaufteilung, Erziehungsmethoden, Geldproblemen und Gesprächen, die unterschwellig immer von dem Satz „Mein Tag war härter als deiner" begleitet wurden.

Die amerikanische Drehbuchautorin und Regisseurin Nora Ephron sagte einmal: „Ein Kind ist wie eine Granate. Wenn man ein Baby bekommt, explodiert etwas in der Ehe, und wenn sich der Staub dann gelegt hat, ist nichts mehr so wie vorher. Es ist nicht unbedingt besser. Es ist auch nicht unbedingt schlechter. Nur anders."[2] Bevor Sie jetzt denken, danach sei das Problem dann gelöst – sie schrieb auch: „Wenn Ihre Kinder Teenager sind, sollten Sie sich einen Hund anschaffen, damit sich wenigstens einer freut, Sie zu sehen."[3]

Die Sache ist die: Intimität ist chaotisch. Und sie hat Höhen und Tiefen. Gerade dann, wenn man denkt, man hat es geschafft, verändert sich irgendetwas – oder irgendjemand –, und man steht ganz neuen Herausforderungen gegenüber. Erst ist man befreundet, dann ist man ein Paar, dann ist man ein Ehepaar, dann wird man Eltern. Wenn man sich endlich an den einen Chef gewöhnt hat, bekommt man einen neuen. Man arbeitet jahrelang an der Beziehung zu seinen Eltern und dann werden sie dement. Sie verstehen sich super in Ihrem Team auf der Arbeit und dann stößt der mürrischste Mensch auf der Welt dazu. Ihr Kind wendet sich von Ihnen ab und plötzlich sind Sie neidisch auf die Kinder Ihrer besten Freundin und entfremden sich von Ihren eigenen.

Manche Menschen sagen, dass sie nicht heiraten wollen, weil sie Angst haben, ihr Partner könnte sich in einer Weise verändern, dass sie ihn oder sie nicht länger mögen. Ein Freund von mir meint dazu: „Wenn du keine Veränderung willst, heirate eine Katze." (Katzen machen übrigens auch Unordnung.)

Wo stehen Sie also im Moment?

- Gibt es wenigstens einen Menschen in Ihrem Leben, den Sie anrufen können, wenn es Ihnen schlecht geht?
- Kennen Sie Menschen, zu denen Sie ohne große Vorwarnung und ohne Entschuldigung kommen können?
- Kennen Sie Menschen, mit denen Sie in der Freizeit gemeinsam etwas unternehmen können?
- Haben Sie Freunde, die Ihnen Geld leihen können oder sich ganz praktisch um Sie kümmern würden, falls Sie welches brauchen?

Wenn Sie diese Fragen zum größten Teil mit Nein beantworten müssen, ist Ihr Intimitätstank ziemlich leer.

## Mythos Nr. 2: Vertrautheit raubt einem die eigene Identität

Damals, als Nancy und ich geheiratet haben, zündete man bei Hochzeiten oft zwei Kerzen an, die die Braut und den Bräutigam symbolisierten, und eine dritte, größere Kerze, die man die Kerze der Einheit nannte.

Braut und Bräutigam nahmen ihre jeweiligen Kerzen und zündeten gemeinsam diese Kerze der Einheit an. Wir diskutierten damals darüber, ob wir unsere beiden Kerzen, die für unser individuelles Leben standen, ausblasen oder brennen lassen sollten, nachdem wir die Kerze der Einheit damit entzündet hatten. Ich war dafür, sie auszublasen. Aber in Wirklichkeit wollte ich – im übertragenen Sinn – ihre Kerze ausblasen und meine brennen lassen. (Falls Sie heiraten wollen: Ihre Braut wird das nicht für eine gute Idee halten!)

Manche Menschen glauben, Vertrautheit bedeute, man müsse gleich denken, gleich fühlen und gleich handeln – nämlich so wie der *andere*. Oder um es anders auszudrücken: Wenn ich meine Kerze ausblase, höre ich auf zu existieren. Ich werde durch das „Wir" ersetzt. Aber *Vertrautheit* und *Verschmelzen* ist nicht das Gleiche.

Vertrautheit heißt, dass zwei Menschen zusammenfinden, doch ihre jeweilige Identität bleibt erhalten. Ich bin immer noch ganz John und Nancy ist immer noch ganz Nancy. Zusammen sind wir die Ortbergs – aber wir ergänzen einander und neutralisieren uns nicht gegenseitig.

Bei einer Verschmelzung hingegen kommen zwei Vakuen zusammen und die Grenzen zwischen den beiden einzelnen Ichs verschwinden. Die Bedürfnisse des einen drohen alles aus dem anderen herauszusaugen. Man lässt sich umarmen, umarmt aber den anderen nicht. Man sagt nicht, was man wirklich denkt – man weiß vielleicht noch nicht einmal, was man wirklich denkt. Man vermeidet Konflikte. Man macht gemeinsame Sache, um Schwierigkeiten aus dem Weg zu gehen. („Meinst du nicht auch, dass das schlimm war, was sie gesagt hat?") Man bestärkt sich darin, sich selbst zu verleugnen. Beide benutzen sich gegenseitig als Stütze. Beide verlieren ihre Fähigkeit zu Eigenständigkeit und Stärke.

Verschmelzung ist nicht das Gleiche wie Vertrautheit. Vertrautheit verschlingt den anderen nicht. Sie vereinnahmt den anderen nicht. Sie macht nicht gemeinsame Sache. Vertrautheit ist ausgewogen. Sie beruht auf Gegenseitigkeit. Sie teilt nicht auf und nimmt nicht weg. Sie fügt hinzu und vervielfacht. Vertrautheit nimmt uns nicht unsere Identität, sie verstärkt sie noch.

Denken Sie einmal über Ihre gegenwärtigen Beziehungen nach und stellen Sie sich die folgenden Fragen:

- Entscheidet oft derselbe Partner, welchen Film Sie sich anschauen, in welches Restaurant Sie gehen, oder treffen Sie beide solche Entscheidungen?
- Können Sie damit leben, nicht einer Meinung zu sein, oder wollen Sie die Wogen schnell glätten oder nachgeben?
- Wenn Sie allein zu Hause sind: Können Sie den Abend dann genießen, oder brauchen Sie unbedingt jemanden bei sich oder müssen etwas unternehmen?
- Kennen Sie Ihre Überzeugungen und Werte?

Wenn Sie sich darauf verlassen, dass der andere die Entscheidungen fällt, wenn es vom anderen abhängt, ob Sie glücklich sind, wenn er für Ihr Selbstwertgefühl verantwortlich ist, dann laufen Sie in Ihrer Beziehung vielleicht Gefahr zu verschmelzen.

## Mythos Nr. 3: Intimität und Liebe sind das Gleiche

Ich wuchs in dem Glauben auf, dass Intimität und Liebe mehr oder weniger das Gleiche wären. Natürlich macht Liebe Intimität erst möglich, aber beides ist eben nicht das Gleiche – bei Weitem nicht.

Liebe ist nicht in erster Linie ein Gefühl (obwohl Gefühle natürlich dazugehören). Sie ist auch nicht in erster Linie ein Verlangen. Sie ist nicht in erster Linie Intimität. Liebe bedeutet auch nicht, dass man immer übereinstimmt oder tut, was der andere will.

Was ist Liebe dann? Thomas von Aquin sagte, jemanden zu lieben heiße, ihm Gutes tun zu wollen.[4] Aber das bedeutet nicht, dass man nur gute Absichten verfolgt. Man kann sich das so vorstellen: Jemanden zu lieben heißt, den Wunsch haben und alles dafür zu tun, dass diese Person zu dem Menschen wird, den Gott erschaffen hat.

Ein Problem, das wir mit dem Wort „Liebe" haben, ist, dass wir es für so viele verschiedene Dinge benutzen. Wir sagen: „Ich liebe dich. Ich liebe mein Kind. Ich liebe mein Haus. Ich liebe meine Arbeit. Ich liebe die Berge. Ich liebe Schnitzel." Wie kann man ein Schnitzel *lieben*? Das bedeutet doch nicht, dass ich das Beste für das Schnitzel will. Oh nein. Meine Liebe wird es vielmehr *verschlingen*. Sie wird das Schnitzel *zerstören*. (Und jetzt könnte ich wirklich ein Schnitzel essen.)

Für Jesus war Liebe ein Zustand des Herzens und des Verstandes, in dem wir das Beste für alle Menschen wollen, denen wir begegnen – aber zu dieser Art von Liebe kann nur Gott uns befähigen. Diese Vorstellung war so revolutionär, dass seine Nachfolger erst ein Wort dafür finden mussten. Sie verwendeten ein selten gebrauchtes griechisches Wort: *agape*. Damit erklärten sie die Art von Liebe, die Jesus lehrte und vorlebte.

In einem Brief, den er an die Gemeinde in Korinth schrieb, wechselt der Apostel Paulus ziemlich abrupt zum Thema „Liebe" und schreibt dabei die folgenden erstaunlichen Worte nieder:

*Wenn ich in den unterschiedlichsten Sprachen der Welt, ja, sogar in der Sprache der Engel reden kann, aber ich habe keine Liebe, so bin ich nur wie ein dröhnender Gong oder ein lärmendes Becken. Wenn ich in Gottes Auftrag prophetisch reden kann, alle Geheimnisse Gottes weiß, seine Gedanken erkennen kann und einen Glauben habe, der Berge versetzt, aber ich habe keine Liebe, so bin ich nichts. Selbst wenn ich all meinen Besitz an die Armen verschenke und für meinen Glauben das Leben opfere, aber ich habe keine Liebe, dann nützt es mir gar nichts.*[5]

Zu altertümlich? Hier eine etwas modernere Version:

*Wenn ich twittern könnte wie Justin Bieber und mehr Freunde auf Facebook hätte als der Papst; wenn ich Jura und Medizin studiert hätte; wenn ich Snapchat und LinkedIn erfunden hätte; wenn ich tolle Haare, strahlend weiße Zähne und einen durchtrainierten Körper hätte; wenn ich die globale Erwärmung bekämpfen könnte, der größte Menschenfreund wäre und einen Sportwagen hätte, der mit Kompost fährt – aber keine Liebe in mir trage, ist das alles bedeutungslos.*

Sie mögen lieber Zahlen und Gleichungen? Hier ist Paulus' Behauptung als Gleichung:

$$Alles - Liebe = Nichts$$

Verstanden? Gut. Dann machen wir weiter.

Wir sagen oft so etwas wie: „Es fällt mir leicht, diesen Menschen zu lieben, aber jenen Menschen zu lieben, fällt mir schwer." Wenn es um Liebe geht, hat Jesus keine solchen Unterscheidungen gemacht. Er wollte, dass wir Menschen werden, die von Liebe geradezu durchdrungen sind. Liebe sollte ein menschlicher Zustand sein – so wie man gesund ist –, in dem wir so fest in Gottes Liebe zu uns verwurzelt sind und immer freier werden von Sünde (die der Liebe immer entgegensteht), dass wir bereit sind, das Beste für *jeden* Menschen zu wollen, ganz gleich, wer er ist oder was diese Person von uns hält.

Ich habe sogar festgestellt, dass diese *Agape*-Liebe sehr unterschiedlich zum Ausdruck kommt, je nachdem in welcher Verfassung die Menschen sind, denen ich begegne. Wenn ich hungrige Menschen sehe und sie mit *Agape*-Liebe lieben will, dann gebe ich ihnen etwas zu essen. Wenn sie einsam sind und ich begegne ihnen mit *Agape*-Liebe, verbringe ich Zeit mit ihnen und höre ihnen zu. Wenn sie niedergeschlagen sind und ich schenke ihnen *Agape*-Liebe, dann ermutige ich sie.

Gehen wir das Ganze aber noch ein bisschen anders an. Nehmen wir mal an, ich verbringe Zeit mit meinen Kindern, die verwöhnte Gören sind (alles natürlich rein hypothetisch). Was werde ich ihnen dann geben, wenn ich ihnen mit *Agape*-Liebe begegnen will? Ich werde ihnen Disziplin geben.

Und an dieser Stelle wird Liebe zur Herausforderung. Wenn ich einem hungrigen Menschen etwas zu essen gebe, hält er mich für liebevoll. Er wird dankbar sein. Wir kommen uns näher. Wenn ich einen ängstlichen Menschen ermutige, hält er mich für liebevoll. Wir kommen uns näher. Aber wenn ich ein verwöhntes Kind liebevoll disypliniere, vertieft das unsere Beziehung? Nein, vermutlich nicht. Das Kind wird denken, dass ich alles andere als liebevoll bin.

Wenn wir Menschen sein wollen, die von Liebe durchdrungen sind, müssen wir auch bereit sein zu akzeptieren, dass man uns manchmal nicht für liebevoll hält. Unsere Liebe muss aus einer so zuverlässigen, sicheren Quelle strömen, dass sie es uns ermöglicht, auch Risiken einzugehen. Und diese Art von Liebe kann nur Gott uns geben. Deshalb schreibt Paulus: „Mein Gebet ist, dass Christus durch den Glauben in euch lebt. In seiner Liebe sollt ihr fest verwurzelt sein; auf sie sollt ihr bauen. Denn nur so könnt ihr mit allen anderen Christen das ganze Ausmaß seiner Liebe erfahren."[6]

Das ist Liebe. Aber Liebe ist nicht das Gleiche wie Intimität, denn im Gegensatz zur Liebe muss Vertrautheit erwidert werden.

Der Vater des verlorenen Sohnes hat nie aufgehört, seinen Sohn zu *lieben*. Aber *Vertrautheit* erlebten sie erst wieder in dem Augenblick, als der Junge nach Hause zurückkehrte.

Niemand kann uns davon abhalten zu lieben. Deshalb kann Paulus auch die folgende außergewöhnliche Behauptung aufstellen: „Liebe ist geduldig und freundlich. … Liebe nimmt alles auf sich, sie verliert nie den Glauben oder die Hoffnung und hält durch bis zum Ende. Die Liebe wird niemals vergehen."[7] Aber jeder Mensch kann uns davon abhalten, eine innige Beziehung zu ihm oder ihr aufzubauen. Liebe kann einseitig sein – und ist es manchmal auch. Vertrautheit verlangt danach, dass sie erwidert wird. Man muss sie miteinander teilen.

Wenn Sie an die Menschen denken, mit denen Sie gern eine enge Beziehung haben möchten, dann stellen Sie sich einmal folgende Fragen:

- Wie wahrscheinlich ist es, dass sie zu Ihnen kommen, wenn sie Hilfe brauchen?
- Spüren sie, dass Sie sie aufrichtig mögen?
- Sind sie bereit, in Ihrer Gegenwart ganz sie selbst zu sein, oder verstecken sie sich eher?
- Wie gut verstehen Sie sie? Wie genau können Sie ihren emotionalen Zustand einschätzen?
- Können Sie unterschiedlicher Meinung sein, ohne das Gefühl der Verbundenheit zu verlieren?

## Mythos Nr. 4: Intimität = Sex

Das Wort „intim" wird oft als Euphemismus für *Sex* gebraucht. Zugegeben, es ist etwas weniger platt zu sagen: „Wir waren intim miteinander", als hinauszuposaunen: „Wir hatten Sex." Aber in Wirklichkeit sind die beiden Begriffe nicht austauschbar. Glauben Sie mir. Ich hatte intime, innige Beziehungen mit einer Reihe von Menschen, ohne dass Sex dabei eine Rolle spielte. Und obwohl ich hier nicht aus persönlicher Erfahrung spreche, kann ich Ihnen versichern, dass es durchaus möglich ist, Sex mit jemandem zu haben, ohne auch gleichzeitig eine intime Beziehung zu haben. Sex ist, ganz für sich betrachtet, eine rein körperliche Sache. Intimität ist eine emotionale Investition. Wenn beides zusammenkommt, kann das Ergebnis umwerfend sein. Aber wenn der körperliche Teil den emotionalen überlagert oder außer Acht lässt, kann alles sehr schnell bergab gehen.

Damit will ich nicht sagen, dass Sex schlecht ist. Wir wurden von Gott als sexuelle Wesen erschaffen, und unsere Sexualität ist fester Bestandteil dessen, wer wir sind. Sie schenkt Energie, bringt etwas Mystisches und Spannung in unser Leben. Die sexuelle Anziehungskraft kann ein mächtiger Verbündeter und sogar ein *Motivator* für Intimität sein. Das schildert uns der Verfasser des Hoheliedes, das im Grunde ein Loblied auf die erotische Liebe ist, in schillernden Farben. Wenn Sie es schon länger nicht mehr gelesen haben, dann zeige ich Ihnen hier kurz, warum Sie es wieder einmal lesen sollten:

*Wie schön du bist, meine Freundin, wie wunderschön!*

*Deine Augen hinter dem Schleier glänzen wie das Gefieder der Tauben.*

*Dein Haar fließt über deine Schultern wie eine Herde Ziegen, die vom Gebirge Gilead ins Tal zieht.*

*Deine Zähne sind weiß wie frisch geschorene Schafe, die aus der Schwemme kommen.*

*Sie stehen in zwei vollkommenen Reihen, keiner von ihnen fehlt.*

*Wie ein scharlachrotes Band leuchten deine Lippen, dein Mund ist verlockend und schön.*

*Hinter dem Schleier schimmern deine Wangen rosig wie die*
*Hälften eines Granatapfels.*
*Dein schlanker Hals ist so herrlich anzusehen wie der Turm*
*Davids, dein Schmuck gleicht tausend prachtvollen Schilden,*
*die daran hängen.*
*Deine Brüste sind wie junge Zwillinge einer Gazelle, die*
*zwischen Lilien weiden.*[8]

Ich unterbreche hier einmal, denn danach wird es etwas
schräg. (Ganz nebenbei bemerkt habe ich Nancy einmal gesagt, ihre Haare seien wie eine Ziegenherde, die die Berge hi-
nunterkommt und ... Ich unterbreche hier einmal, denn danach wurde es etwas schräg.) Psychologen nennen diese Art
des kunstvollen Lobes der Geliebten „positive Überlagerung
von Emotionen". Gemeint ist, dass die positiven Gedanken und
Gefühle einer Person über eine andere so zahlreich und inten-
siv sind, dass sie alle negativen Gefühle überlagern und ständig
zur Neugier anregen. Aus diesem Grund können zwei Menschen, die frisch verliebt sind, den ganzen Tag zusammen verbringen und miteinander reden und sich dann sofort wieder
anrufen, nachdem sie sich verabschiedet haben, um von der
Heimfahrt zu erzählen.

Es ist interessant, dass uns die Bibel nie sagt, wir sollen uns
*ver*lieben. Sie hat aber jede Menge darüber zu sagen, dass unsere Liebe *wachsen* soll. „Ich bete darum, dass eure Liebe immer reicher und tiefer wird und dass ihr immer mehr Einsicht
und Verständnis erlangt."[9]

Das ist schön, oder? Woher kommt also dieser negative
Beigeschmack von Sex? Dr. Cliff Penner hat sich auf die Be-
handlung von sexuellen Problemen spezialisiert. Ihm zufolge
wird vielen Kindern in der Kindheit und Jugend vermittelt,
dass Sex etwas Schmutziges und Ekliges sei – und deshalb

sollte man ihn sich für jemanden aufheben, den man wirklich liebt.[10]

Dieser Gedankengang ist schon verdreht genug, aber manche Kinder bekommen nicht einmal das als Anleitung von ihren Eltern mit.

Mein Vater sah in seiner Jugend zum Beispiel nie, wie seine Eltern sich küssten. Sie sprachen nie mit ihm über sexuelle Intimität, darüber, wie sein Körper funktionierte, über sexuelle Gefühle oder über die Dinge, mit denen er konfrontiert werden würde, wenn er erwachsen war und heiratete. Die einzige „Aufklärung", die er je erhielt, war ein Ausspruch seiner Mutter, nachdem er seinen Highschoolabschluss gemacht hatte.

„Sei vorsichtig, John", sagte sie, „auf dem College gibt es schlechte Frauen."

*Und wo finde ich die?*, fragte mein Vater sich.

Natürlich werden aus Kindern, die den Unterschied zwischen Sex und Intimität nicht lernen, irgendwann Erwachsene, die diesen Unterschied nicht kennen, was dann häufig zu weiteren Problemen führt. In seinem Buch *Die fünf Sprachen der Liebe* berichtet Gary Chapman von einem Ehepaar, das sexuelle Probleme hatte. Der Knackpunkt ihrer Missverständnisse war, dass der Mann Liebe und Intimität mit Sex gleichsetzte, aber seine Frau dabei an etwas ganz anderes dachte.

*Einmal sagte ein Ehemann zu mir: „Ich mag dieses Liebestank-Spiel nicht. Ich habe es mit meiner Frau zusammen gespielt. Als ich nach Hause kam, fragte ich sie: ‚Wie voll – auf einer Skala von 0 bis 10 – ist dein Liebestank heute?' Sie antwortete: ‚Ungefähr sieben.' Daraufhin fragte ich sie, was ich denn machen könne, um ihren Liebestank aufzufüllen, worauf sie antwortete: ‚Du würdest mir einen großen Gefallen tun, wenn du dich heute Abend um die Wäsche kümmern könntest.' Ich sagte zu ihr: ‚Was hat denn meine Liebe zu dir mit der Wäsche zu tun? Ich versteh's einfach nicht. "'*

*Ich sagte dem Mann, dass genau das sein Problem sei und dass er die Muttersprache der Liebe seiner Frau vielleicht gar nicht kenne. Ich fragte ihn, welche Liebessprache er spreche, worauf er mir, ohne zu zögern, antwortete: „Zärtlichkeit – vor allem Sex. "*

*„Hören Sie mir jetzt aufmerksam zu", sagte ich zu ihm. „Die Liebe, die Sie spüren, wenn Sie Ihre Frau zärtlich berühren, ist dieselbe Liebe, die Ihre Frau spürt, wenn Sie sich um die Wäsche kümmern. "*

*„Mich um die Wäsche kümmern", stieß er erleichtert aus. „Ich werde mich ab jetzt jeden Abend um die Wäsche kümmern, wenn das meine Frau glücklich macht. "*[11]

Die Sache ist die: Sex ist nur ein Weg, wie man Intimität Ausdruck verleihen und genießen kann. Bestätigung durch Lob und Anerkennung, durch Geschenke, Hilfsbereitschaft, miteinander verbrachte Zeit – oder auch die Wäsche zu waschen – können andere Wege sein.

Wie eng assoziieren *Sie* Intimität mit Sex?

- Mir ist es fast unmöglich, mir eine intime Beziehung ohne eine sexuelle Komponente vorzustellen. *Ja/nein*
- Ich kann mit jemandem sexuell intim sein, ohne gleichzeitig auch eine emotionale Bindung an die Person zu haben. *Ja/ nein*
- Ich brauche unbedingt eine emotionale Bindung zu jemandem, bevor ich überhaupt an eine sexuelle Beziehung denken kann. *Ja/nein*

Wenn Sie mehr als eine Frage mit Ja beantwortet haben, dann verwechseln Sie vielleicht Intimität mit Sex. Mal sehen, ob wir das auf den nächsten Seiten klären können.

## Mythos Nr. 5: Alle Menschen reagieren auf Vertrautheit gleich

Am Anfang unserer Elternschaft dachte ich, dass es auf alle meine Kinder die gleiche Wirkung haben würde, wenn ich das Gleiche zu ihnen sage. Aber dem war nicht so. Nicht ein bisschen.

Einer meiner Töchter zeigte ich meine Liebe, indem ich sie mit liebevollen Worten überschüttete, wenn ich sie ins Bett brachte. „Ich liebe dich so sehr, mein Schatz. Ich liebe dein Gesicht. Ich liebe deine Stimme. Ich liebe dein Lachen. Es gibt nichts, was mir mehr bedeutet, als dein Vater zu sein."

Sie blickte mich an, ihre Augen wurden immer größer und ein kleines bisschen feucht, und dann sagte sie: „Ich liebe dich auch, Papa."

Es war ein ganz besonderer Moment.

Dann ging ich in das Zimmer meiner anderen Tochter. Ich sagte dasselbe und verwendete auch die gleichen liebevollen Worte. „Ich liebe dich so sehr, mein Schatz. Ich liebe dein Gesicht. Ich liebe deine Stimme. Ich liebe dein Lachen. Es gibt nichts, was mir wichtiger wäre, als dein Vater zu sein."

Sie starrte mich nur ungerührt und tränenlos an und meinte dann: „Papa, ich glaube, dir hängt da was in der Nase."

Völlig andere Liebessprache, völlig anders gestrickt.

Die Gefahr war groß, dass ich es persönlich nahm, dass meine Worte nicht von beiden Kindern gleich aufgenommen wurden, und dass ich denken würde, eine meiner Töchter liebe mich weniger als die andere. Aber ich lernte bald, dass die eine Tochter liebevolle Worte hören musste, die andere aber etwas ganz anderes brauchte – dass ich sie zum Beispiel kitzelte, bis sie anfing zu kreischen und zu lachen und schrie, ich solle aufhören (aber gleichzeitig hoffte, ich würde dann wieder damit anfangen). Zwei völlig unterschiedliche Ansätze mit dem gleichen Ergebnis. Das war sehr interessant.

Wir Menschen haben unterschiedliche Temperamente. Introvertierte Typen wie ich tanken auf, indem sie Zeit allein verbringen. Emotional gesehen bin ich morgens, wenn ich aufwache, wie ein großer Ballon voller Luft. Wenn ich tagsüber Kontakt mit anderen Menschen habe, entweicht die Luft langsam. Und wenn ich abends ins Bett gehe, ist der Ballon leer.

Meine Frau ist dagegen der wilde, extrovertierte Typ. Es gibt kaum einen Gedanken oder ein Gefühl, dem sie nicht Ausdruck verleiht. Wenn sie morgens aufwacht, ist sie wie ein leerer Luftballon, der darauf wartet, aufgeblasen zu werden. Einer ihrer Lieblingsbibelverse steht in Sprüche 27, Vers 14: „Wenn jemand seinen Nachbarn frühmorgens mit lauter Stimme begrüßt, dann wird es ihm als Verwünschung ausgelegt" (Hfa). Aber im Laufe des Tages füllt sich ihr Ballon durch die Begegnung mit anderen Menschen und angeregte Unterhaltungen, und sie bekommt immer mehr Energie.

Am Ende des Tages bin ich ein zusammengeschrumpfter, kleiner Ballon und sie ist ein Heißluftballon. (Denken Sie daran, dass wir immer noch über den Füllstand unseres emotionalen Tanks sprechen.) Wir haben Jahre gebraucht, um herauszufinden, dass wir uns dann Zeit für unsere wichtigsten Gespräche nehmen müssen, wenn bei uns beiden der Ballon einigermaßen voll ist (und das ist oft ein sehr schmales Zeitfenster).

Weil wir alle unterschiedliche Persönlichkeiten und Temperamente haben, hat auch jeder eine andere Art und Weise,

Liebesbeweise zu verwenden, anzunehmen und zu interpretieren. Wenn wir eine innige Beziehung aufbauen wollen, müssen wir lernen, welche Gesten die Menschen, die wir lieben, am besten ansprechen.

Denken Sie einmal an diejenigen, die Ihnen am nächsten stehen (oder denen Sie gern näherkommen möchten).

• Sind sie eher introvertiert oder extrovertiert?
• Reagieren sie eher auf körperlichen oder verbalen Ausdruck von Zuneigung?
• Und Sie? Kostet es Sie Kraft, oder tanken Sie auf, wenn Sie mit Menschen zusammen sind?
• Welches ist *Ihre* Liebessprache? Gary Chapman nennt fünf verschiedene: Lob und Anerkennung, Zweisamkeit, Geschenke, Hilfsbereitschaft, Zärtlichkeit.

Wenn Sie sich nicht sicher sind, wie die Menschen in Ihrem Umfeld Vertrautheit verstehen und praktizieren, dann beobachten Sie sie einfach, stellen Sie Fragen, und seien Sie nicht entmutigt, wenn es nicht gleich beim ersten Versuch klappt. Eine enge Beziehung aufzubauen braucht Zeit, aber es lohnt sich!

## Mythos Nr. 6: Wenn man einmal eine vertraute Beziehung aufgebaut hat, wird sie nie wieder zerbrechen

Mark Twain schrieb einmal, er könne von einem guten Kompliment zwei Wochen leben, ohne etwas anderes zu essen.[12] Wenn das wahr wäre, hätte seine Frau Olivia ihm nur 26 Komplimente pro Jahr machen müssen (aber vermutlich hätte sich keines davon auf seine Frisur bezogen) und sie hätte nie wieder kochen müssen.

Aber aufgepasst: Die Menschen in Ihrem Freundeskreis sollten vermutlich ein bisschen öfter etwas von Ihnen hören als nur zweimal im Monat. Denn schließlich ist Vertrautheit nicht einfach ein Punkt, den man auf seiner To-do-Liste abhakt, so wie „mit dem Hund rausgehen" oder „auf dem Heimweg Butter mitbringen". Vertrautheit ist wie ein Lagerfeuer – wenn man nicht ständig Brennholz nachlegt, geht die Flamme langsam aus.

Das heißt nicht, dass Sie ständig irgendeinen großen Liebesbeweis bringen müssen. Intimität ist zwar ein *großartiges* Gefühl, aber es baut auf vielen *kleinen* Augenblicken auf. Eine Umarmung im richtigen Moment. Essen kochen für kranke Freunde. Das Wissen, wie der Kollege seinen Kaffee am liebsten trinkt, und ihm oder ihr am Montagmorgen dann eine gefüllte Tasse auf den Tisch stellen. Oder einfach nur ein nettes Kompliment – falls Ihr bester Freund zufällig Mark Twain ist. Das reicht dann für eine Weile.

Bestätigung ist eines der wirkungsvollsten und doch oft vernachlässigten Mittel, will man tiefe Beziehungen bauen. Und es kann so beschämend einfach sein:

„Diese Farbe steht dir wahnsinnig gut."

„Ich finde es toll, dass du unser Kind so ermutigt hast."

„Ich finde es toll, wie du Beziehungen knüpfst."

Vor Kurzem habe ich in meiner Familie ein Experiment durchgeführt.

Zu meiner Schwester Barbie sagte ich: „Die Frage, die du während des Essens gestellt hast, war prima dafür geeignet, um uns alle in ein Gespräch zu verwickeln. Wir haben etwas übereinander erfahren und gehört, wie das vergangene Jahr bei allen gelaufen ist. Danke dafür."

Zu meinem Bruder Bart sagte ich: „Danke, dass wir bei dir übernachten konnten, dass du für alle Schlafgelegenheiten organisiert und lustige Sachen und Essen für alle vorbereitet hast. Es war wirklich schön.“

Zu meinem Vater sagte ich: „Du hast so viel durchgemacht (Spinalkanalstenose, Hüftgelenks-OP, Gesichtslähmung), und trotzdem machst du immer weiter. Du lässt dich davon nicht aufhalten. Ich bewundere dich sehr.“

Und zu meiner Mutter meinte ich: „Es ist einfach unglaublich, wie du mich immer wieder zum Lachen bringen kannst.“ Es ist so einfach und doch so wirkungsvoll.

Natürlich muss es bei dem, was wir zu den Menschen sagen, zu denen wir eine enge Beziehung haben, nicht immer nur um Lob und Anerkennung gehen. Authentische Vertrautheit erfordert auch, dass wir hin und wieder schmerzhafte Wahrheiten sagen, nicht nur schöne.

So nahm ich zum Beispiel einmal mit meiner Familie an einer Konferenz teil, als mich eine Frau ansprach und mir erzählte, dass sie etwas von mir gelesen hatte. „Sie schreiben viel über Ihre Ehe und Ihr Elternhaus und geben viel Einblick in Probleme, Fehler und Schwächen. Als ich das las, dachte ich: ‚Meine Familie wäre niemals damit einverstanden.‘ Ist *Ihre* Familie denn damit einverstanden?“

„Ja, das ist sie“, entgegnete ich.

Eine meiner Töchter stand neben mir und war Zeuge des Gesprächs.

„Dad, was hast du denn in dem Buch über uns geschrieben?“

„Nun ja, wenn du mal eines meiner Bücher lesen würdest, wüsstest du es“, erwiderte ich ruhig. „Diese Farbe steht dir übrigens unglaublich gut.“

Es ist wichtig, dass wir den Menschen, die wir am meisten lieben, auch zeigen, dass wir sie lieben – und zwar *oft*.

Manchmal haben die kleinsten Gesten dabei die größte Wirkung.

Probieren wir es doch einmal. Stellen Sie sich vor, Sie erledigen den Einkauf und Ihr Partner fragt: „Haben wir noch Zahnpasta?" Was antworten Sie?

A. Nichts. Sie zucken nur gleichgültig mit den Schultern.

B. „Woher soll ich das wissen?" (Leiser Seufzer.) „Soll ich welche holen?" (Der Seufzer ist unauffällig, aber es ist wichtig, ein ganz kleines bisschen genervt zu klingen, weil man sich dazu herablassen muss, die Zahnpasta zu holen.)

C. „Keine Ahnung. Ich hole mal schnell welche."

D. „Zahnpasta? Wer braucht schon Zahnpasta, wenn man dich hat!"

Die richtige Antwort ist C. Echte Intimität beruht nicht auf großartigen romantischen Gesten, sondern auf ganz alltäglichen Momenten, wenn wir uns einander zuwenden, statt uns abzuwenden. Das gilt für Freundschaften, Ehen und Familien genauso wie die Beziehungen auf der Arbeit. Wir hören zu. Wir nehmen wahr. Wir helfen. Wieder und immer wieder.

## Mythos Nr. 7: Nicht jeder kann vertraute Beziehungen eingehen

Sind Ihnen schon einmal Menschen begegnet, die nicht für zwischenmenschliche Beziehungen zu taugen schienen? Man weiß, dass man sie eigentlich näher kennenlernen sollte, aber stattdessen entschuldigt man sich vor sich selbst: *XY ist einfach zu* _____ (füllen Sie die Lücke selbst: schräg, herrisch, unberechenbar, egozentrisch etc.), *um ihn/sie näher kennenzulernen.* Und irgendwie denkt man, dass das „Problem" dieser Person eine gute Entschuldigung für diesen Entschluss sei.

Aber wenn jeder Mensch nach Gottes Ebenbild erschaffen wurde, dann bedeutet das logischerweise, dass Gott *auch diese Person* mit der Fähigkeit zu innigen Beziehungen erschaffen hat.

Dietrich Bonhoeffer schrieb: „Der Ausschluss des Schwachen und Unansehnlichen, des scheinbar Unbrauchbaren aus der christlichen Lebensgemeinschaft kann geradezu den Ausschluss Christi, der in dem armen Bruder an die Tür klopft, bedeuten."[13]

Einfach ausgedrückt: Tiefe Beziehungen sind nicht nur was für Menschen ohne Ecken und Kanten. Die Liebe gibt uns die Fähigkeit, uns auch seltsamen Zeitgenossen mit Macken zuzuwenden. (Übrigens haben wir *alle* Ecken und Kanten.)

Denken Sie mal einen Augenblick an die zwölf Männer, die Jesus als seine engsten Freunde auswählte. Manchmal glaube ich, Jesus hat gerade diese zwölf ausgewählt, um zu zeigen, dass Gott aus *allen* Menschen eine Gemeinschaft formen kann. Schauen wir uns diese Männer mal näher an:

*Simon*: Obwohl Simon impulsiv und oft unzuverlässig war, gab Jesus ihm den Beinamen Kephas, was im Aramäischen „Fels" bedeutet. Der deutsche Name „Petrus" kommt vom griechischen Wort *petra*, Fels. Manche behaupten, das sei ein Wortspiel gewesen, das eher auf „Felsenkopf" hinweise – mit Blick auf die Dickköpfigkeit von Petrus.

*Jakobus* und *Johannes*: Jesus gab ihnen den Beinamen „Donnersöhne", was höchstwahrscheinlich zeigt, dass sie ein Wutproblem hatten.

*Andreas* und *Philippus*: Beide kamen, genau wie Petrus, Jakobus und Johannes, aus Bethsaida. Die übrigen Jünger hatten es womöglich mit der „Bethsaida-Clique" zu tun. Obwohl Andreas Jesus zuerst begegnete und Petrus dann erst von ihm erzählte, wird er später nur als „der Bruder von Petrus" bezeichnet.

*Thomas*: Er war auch unter dem Namen Didymus – der Zwilling – bekannt. In der Antike galten Zwillingsgeburten als schlechtes Omen. Sie erschwerten sowohl die Geburt als auch das Vererben. Im Fall von Thomas steht dieser Beiname auch für sein geteiltes Wesen: ein Jünger, der zweifelte.

*Simon, der Zelot*: Zeloten hassten die römischen Besatzer, und noch mehr hassten sie die Zöllner, die für die Römer arbeiteten.

*Matthäus, der Zöllner*: Wenn ich mal raten soll, hat Jesus wahrscheinlich dafür gesorgt, dass Simon, der Zelot, und Matthäus, der Zöllner, sich ein Zimmer teilen mussten.

*Jakobus*: Bei diesem Jakobus handelte es sich nicht um den Bruder von Jesus. Er war wahrscheinlich als Jakobus, der Geringere, bekannt – kein besonders schöner Beiname.

*Thaddäus* (auch als Judas, der Sohn des Jakobus, bekannt): Das Einzige, was wir von ihm wissen, ist, dass er gegen Ende von Jesu Leben einmal fragte: „Herr, weshalb willst du dich nur uns, deinen Jüngern, zu erkennen geben, warum nicht der ganzen Welt?"[14] Hier wird angedeutet, dass er erwartet hatte, Jesus würde sich „der ganzen Welt" zu erkennen geben, indem er Israels Feinde vernichten und das Land zu einer militärischen Macht machen würde. Seine Frage zeigt, dass er die Lehre, die Jesus unzählige Male wiederholt hatte – dass er ein „leidender Messias" sein würde –, nicht verstanden hatte. Mit dieser Frage wurde Thaddäus nicht zum Klassenprimus. Das wäre so, als würde man im Erdkundekurs kurz vor dem Abitur fragen: „Können Sie noch mal erklären, warum die Erde angeblich keine Scheibe ist?"

*Bartholomäus*: Sein Name könnte auch „Sohn der Ackerfurche" bedeuten. Er könnte einer derjenigen sein, auf die Jesus verwiesen hat, als er davon sprach, dass einige Äcker zurückgelassen haben, um ihm zu folgen.[15] Wahrscheinlich hat sich Bartholomäus immer wieder mal gefragt: „Spinne ich eigentlich, dass ich das tue?" Jesus musste ihm wahrscheinlich immer wieder versichern, dass er das nicht tat.

*Judas Iskariot*: Was für eine Frage?!

Diese zwölf Männer stritten, wetteiferten um die wichtigere Stellung und waren oft neidisch oder hatten Angst. Sie verstanden Dinge falsch, vermasselten es, versagten, stahlen, leugneten und verrieten. Sie blickten vermutlich die anderen an und fragten sich im Stillen: *Was wollen eigentlich die anderen hier?*

In dieser Gruppe herrschte nicht etwa deshalb so viel Vertrautheit, weil sie aus geistlichen Überfliegern bestand, sondern weil Jesus in ihrer Mitte war. Er gab ihnen Sicherheit. Er löste ihre Konflikte. Er begegnete ihnen mit Gnade. Er lehrte sie zu lieben.

Das Gleiche tut er auch für uns.

Was ist mit Ihnen?

- Wie reagieren Sie, wenn es in einer Beziehung Probleme gibt?
- Welche Beziehungen waren einmal ein wichtiger Bestandteil Ihres Lebens, sind aber jetzt nicht mehr so tief? Was ist passiert? Was können Sie aus diesen Situationen lernen?
- Gibt es jemanden, bei dem Sie etwas wiedergutmachen müssen?
- Wer könnte das Gefühl haben, dass *Sie* schwierig sind? Wie können Sie dieser Person näherkommen?

Lesen Sie den letzten Punkt noch einmal durch. Es ist einfach, an anderen Eigenheiten zu entdecken, die eine Beziehung schwierig machen. Aber wenn es darum geht, unsere eigene Bereitschaft zur Nähe einzuschätzen, können wir durchaus einige blinde Flecke haben. Wir werden über ein paar davon noch sprechen.

Bis dahin denken Sie daran: Wenn wir sonst nichts von den Jüngern lernen können, dann doch eines: dass *jeder* Mensch fähig ist, eine enge Beziehung zu anderen zu entwickeln.

## Mythos Nr. 8: Vertraute Beziehungen erlauben es uns, unsere negativen Gefühle herauszulassen

Vor einigen Jahrzehnten kam eine Therapie zum Umgang mit Wut auf, die als „Ventilationismus" bezeichnet wurde. Der Ansatz besagte im Grunde: *Wenn du wütend bist, lass es raus.* Du musst deine Gefühle rauslassen, dir Luft machen, Dampf ablassen, schmeiß etwas, hau etwas, schrei es raus – gib deiner Wut ein Ventil.

Die Befürworter dieser Hypothese argumentierten, dass es ungesund sei, Wut zu unterdrücken. Sie sagten, sie würde sich dann nur innerlich aufstauen – wie Dampf in einem Kessel – und schließlich wie ein Vulkan explodieren, wenn es kein Ventil dafür gäbe.

Aber warum sollte das nur für Wut gelten und nicht auch für andere Gefühle? Es sagt doch niemand: „Ich habe meine Freude jahrelang zurückgehalten. Die Leute haben lustige Witze erzählt und ich habe mein Lachen unterdrückt. Sie hat sich in mir aufgestaut, und jetzt wird dieser Vulkan der Freude gleich explodieren, und ich werde alle mit meiner Freude überschütten."

Kein Therapeut hat je zu einem Patienten gesagt: „Sie sollten sich besser Ihre Dankbarkeit bewusst machen. Als Kind haben Ihnen andere Menschen viel Gutes getan und Sie haben Ihre Dankbarkeit nie zum Ausdruck gebracht. Jetzt hat sich all diese Dankbarkeit in Ihnen aufgestaut. Das ist nicht gesund. Sie sind eine tickende Dankbarkeitsbombe, die jederzeit hochgehen kann. Dann werden Sie Menschen, die Sie nicht einmal kennen, mit Ihrer Dankbarkeit überschütten: ‚Danke, danke, danke, danke!‘"

Es hat sich gezeigt, dass dieser Ansatz kein geeigneter Weg ist, um mit Wut umzugehen. Auf diese Weise wird man die eigene Wut nicht los, sondern die Wut wächst oft noch mehr und verstärkt sich selbst. Mit anderen Worten: Wenn Menschen anfangen, vor Wut zu schreien oder auf etwas einzuschlagen, um ihrer Wut Luft zu machen, fühlen sie sich dabei stark und wollen dann noch mehr schreien oder schlagen. Das Ganze wird zu einem Teufelskreis der Gewalt.

Es hat sich auch gezeigt, dass es den meisten Menschen nicht gefällt, dieses Ventil zu sein. Der Dampfkessel erlebt das Verhalten vielleicht als reinigend und erleichternd, aber das Ventil hält von diesem Vorgang wenig.

Carol Tavris schreibt in ihrem Buch *Wut – das missverstandene Gefühl*: „Die derzeit diskutierte Auffassung des Ventilationismus, es sei wichtig, seiner Wut Ausdruck zu verleihen, damit sie nicht unsere Arterien und unsere Freundschaften verstopft … übersieht dabei oft die Folgen dieser Wut. Wenn die Wut, der Sie Luft gemacht haben, jemand anderen dazu veranlasst, Sie zu erschießen, nützt es wenig, dass Sie mit gesunden Arterien gestorben sind."[16]

Die Aussagen der Forschung dazu sind eindeutig. Drei große Forschungsprojekte haben in den vergangenen Jahrzehnten Dutzende von Studien analysiert, und keine einzige konnte belegen, dass der Ventilationismus eine effektive Methode zur Bewältigung von Wut ist. Im Gegenteil. Er erzeugt nur noch mehr Wut.

Denken Sie einmal darüber nach. Wie oft haben Sie diese Szene schon gesehen: Ein Autofahrer ist davon überzeugt, dass ein anderer ihn geschnitten hat. Er fährt neben den Wagen des anderen, fährt die Scheibe runter und schreit: „Du Idiot! Lern erst mal richtig fahren!" Der andere erwidert darauf: „Das ist ein guter Ratschlag. Du hast mich damit wirklich zutiefst innerlich berührt, mein Freund. Ich werde mich bessern. Ich werde ein besserer Autofahrer werden. Und danke, dass du dir die Zeit genommen hast, auch noch diese eindeutige Handbewegung zu machen."

Unterm Strich bedeutet das: Nur weil wir jemandem nahestehen, heißt das nicht, dass wir unseren Frust an dieser Person auslassen dürfen. Im Gegenteil. Wenn wir jemanden zu unserem emotionalen Prügelknaben machen, ist das wahrscheinlich der schnellste Weg, eine Beziehung zu *beenden*.

Aber Sie brauchen mir nicht zu glauben – lesen Sie einfach Sprüche 29,11: „Nur ein Dummkopf lässt seinem Zorn freien Lauf, ein Verständiger hält seinen Unmut zurück" (Hfa).

„Zurückhalten" statt „freien Lauf lassen" schauen wir uns später noch an, wenn wir über Bruch und Wiederherstellung sprechen. Bis dahin sollten Sie sich einmal folgende Fragen stellen:

- Wie bringen Sie Ihre Wut zum Ausdruck? Ist dieses Verhalten gesund?
- Lassen Sie Ihren Frust manchmal an anderen aus?
- Wie fühlen Sie sich, wenn andere ihren Frust an Ihnen auslassen?
- Was macht Sie eigentlich wütend?

- Was ist letztlich Ihr Ziel, wenn Sie Ihre Wut zum Ausdruck bringen? Wollen Sie sich besser fühlen oder soll jemand anderer sich schlechter fühlen?

## Mythos Nr. 9: Vertraute Beziehungen sehen bei Männern und Frauen gleich aus

In ihrem genialen Buch *Du kannst mich einfach nicht verstehen* schreibt Deborah Tannen:

*Wenn Erwachsene ihr Gesprächsverhalten schon als Kinder in getrennten Welten sozialer Peer-Kontakte lernten, dann ist Kommunikation zwischen Männern und Frauen interkulturelle Kommunikation. … Wer die geschlechtsspezifischen Unterschiede … im Gesprächsverhalten kennt, kann vielleicht nicht verhindern, dass es zu Meinungsverschiedenheiten kommt, aber er kann verhindern, dass sie außer Kontrolle geraten.*[17]

Tannen schreibt, die männliche Kultur sei eher wettbewerbsorientiert. Männer leben als Individuen in einer „hierarchischen sozialen Struktur, in der sie entweder andere übertrumpfen oder übertrumpft werden".[18] Jungen spielen meistens in großen Gruppen, in denen es darum geht, die eigene Unabhängigkeit zu wahren und Versagen zu vermeiden. Der eigene Status wird dadurch erreicht, dass man entweder gewinnt oder Kommandos gibt. Jungen benutzen Worte, um bei Streitigkeiten zu gewinnen oder ihr Wissen zu demonstrieren. (Erinnern Sie sich daran: Wenn die zwölf Jünger unter sich waren, dann ging es meistens darum, wer die Nummer eins war.[19]) In der Kultur des Mannes sorgen Worte also eher für Stress und Druck.

Die Kultur der Frau ist dagegen „ein Netzwerk zwischenmenschlicher Bindungen".[20] Mädchen spielen meist in kleinen Gruppen oder zu zweit, und in ihrer Kommunikation geht es vor allem darum, die Vertrautheit untereinander zu wahren und Isolation zu vermeiden. Status erreicht man durch Beziehungen. Mädchen benutzen Worte daher eher, um sich einander verbunden zu fühlen. In der Kultur der Frau wird Anführergehabe vermieden. Worte sind nicht dazu da, Überlegenheit zu demonstrieren, sondern um Verbundenheit auszudrücken. Daher mildern Worte vorhandenen Stress.

Männer sprechen in der Umkleidekabine eher über die Arbeit, Sport, aktuelle Ereignisse, und sie drücken ihre Zuneigung mit Worten aus wie: „Deine Wampe ist mittlerweile so fett, du solltest ihr langsam mal einen Namen geben." Männer spielen gern Spiele, bei denen es um Punkte oder Tore geht und man weiß, wer gewonnen hat. Wenn sie sich zusammen ein Fußballspiel anschauen und dazu ein Bier trinken wollen, wird verhandelt, und wer verliert, muss es holen gehen.

Frauen sagen in der Umkleidekabine eher so etwas wie: „Ich finde meine Hüften zu breit" oder: „Nein, deine Hüften sehen total schmal aus. Außerdem hast du tolles Haar. Für solche Haare würde ich einen Mord begehen" (das hat man mir zumindest erzählt). Sie machen zusammen Zumba oder Yoga, wo man nicht sagen kann, wer gewonnen hat. Wenn sie gemeinsam fernsehen, einigen sie sich darauf, etwas Süßes zu knabbern (nachdem sie sich einig waren, dass sie das eigentlich nicht tun sollten), und holen die Süßigkeiten dann gemeinsam.

Wenn man eine Frau fragt: „Wie war dein Tag?", versteht sie das sehr wahrscheinlich als Einladung zum Aufbau einer Beziehung. Sie wird aufmerksames Zuhören und mitfühlende Reaktionen erwarten. Wenn man einem Mann die gleiche Frage stellt, ist die Wahrscheinlichkeit groß, dass er berichtet, wie sein Tag gelaufen ist, und dabei wird er deutlich machen, wie kompetent er ist und dass er alles im Griff hat.

Es ist also kein Wunder, dass Probleme auftreten können und werden, wenn die beiden Geschlechter versuchen, miteinander zu kommunizieren. Der Gedanke, dass Männer und Frauen von unterschiedlichen Planeten stammen, bildete Anfang der Neunzigerjahre sogar die Grundlage eines Bestsellers. In Wirklichkeit ist aber keiner von uns nur ein Klischee. Es gibt sensible Männer, und ich habe schon viele sehr direkte Frauen kennengelernt, die gern mit anderen wetteifern (und eine davon geheiratet). Es mag einige grundlegende Unterschiede zwischen Männern und Frauen geben, aber wir alle wünschen uns in einer Beziehung vor allem jemanden, der uns zuhört, uns versteht und uns wertschätzt.

Und wie geht es Ihnen im Umgang mit dem anderen Geschlecht?

A. Ich liebe es!

B. Fühle mich wie damals in der Schule.

C. Bin völlig verwirrt.

D. Gebranntes Kind scheut das Feuer.

Wenn Sie A angekreuzt haben, ist das wunderbar! Wenn Sie B, C oder D angekreuzt haben, verstehe ich, was Sie meinen – und wir werden später noch darüber sprechen, wie man Hindernisse auf dem Weg zu einer innigen Beziehung überwinden kann.

## Mythos Nr. 10: Bei Vertrautheit geht es nur um Gefühle

Einer der größten Irrtümer in Bezug auf Intimität ist, dass es dabei nur um Gefühle gehe. Menschen, die das glauben, haben offensichtlich noch nie ihren Hochzeitstag oder den Namen der Katze ihrer Freundin vergessen. Wenn es um Intimität geht, sind Kleinigkeiten nämlich sehr wichtig.

Deborah Tannen erzählt von ihrer Großtante, einer Dame, die schon seit Jahren Witwe war. Sie war fettleibig, hatte nur noch wenig Haare und Arthritis und wurde trotzdem von einem älteren Herrn in einem nahe gelegenen Seniorenheim von Herzen geliebt.

*Eines Abends war sie mit Freunden essen gegangen. Als sie nach Hause kam, rief ihr Freund sie an, und sie berichtete ihm von dem Essen. Er hörte ihr interessiert zu und fragte dann: „Was hast du angehabt?" Als sie mir davon erzählte, fing sie an zu weinen. „Weißt du, wie lange es her ist, dass jemand mich gefragt hat, was ich angehabt habe?"*

*Mit dieser Bemerkung gab meine Großtante mir zu verstehen, dass es Jahre her war, dass jemand wirklich tiefempfundenes – persönliches – Interesse an ihr genommen hatte. Der Austausch relativ unbedeutender alltäglicher Kleinigkeiten sendet Metamitteilungen von Verbundenheit und Fürsorge aus.*[21]

Wenn wir uns Menschen verbunden fühlen, wollen wir etwas über sie *wissen*. Weil ich eng mit meinen Kindern verbunden sein will, ist es mir wichtig, ihre Freunde zu kennen. Ich weiß, welche Musik sie hören, welches ihre Lieblingsautoren sind und was sie gern essen. Ich weiß, was ihnen Stress verursacht und was ihnen Freude macht und welche Erfolge sie gefeiert und welche Niederlagen sie erlitten haben.

Distanzierte Chefs kennen die Namen der Kinder ihrer Mitarbeiter nicht. Distanzierte Kollegen kennen die Hobbys oder Lieblingssendungen des Kollegen am Nachbarschreibtisch nicht. Distanzierte Ehepartner kennen die Lieblingsmannschaft oder das Lieblingsparfüm des anderen nicht.

Intimität bedeutet nicht einfach nur, im Kino Händchen zu halten oder jemandem verliebt in die Augen zu schauen (obwohl das dazugehören kann). Vertrautheit entsteht, wenn man sich die Zeit nimmt herauszufinden, was den Menschen im eigenen Umfeld wirklich wichtig ist – und zwar nicht nur die großen Dinge.

Nancy und ich haben zum Beispiel ein Lieblingsrestaurant, einen Mexikaner ganz in der Nähe. Wir mögen beide das Essen dort sehr, aber nur Nancy bestellt dazu Salsa. (Ich bin skandinavischer Abstammung und mag eigentlich nur zwei Gewürze: Butter und Zucker.) Aber Nancy mag nicht einfach irgendeine Salsa, sie mag eine ganz bestimmte der neun verschiedenen Sorten, die es dort gibt.

Nachdem ich mehrmals die falsche Sorte mitgebracht oder sie ganz vergessen hatte, wurde mir schließlich klar, dass ich Nancy damit eine Botschaft vermittelte, obwohl ich die Salsa nicht absichtlich vergessen hatte. Wenn Nancy mir wirklich wichtig ist (und das ist sie), dann sollte ich dafür sorgen, dass sie ihr Essen genauso genießen kann wie ich meines. Was sie mag, ist wichtig. Schließlich fotografierte ich die *richtige* Salsasoße und trage das Bild jetzt immer in meinem Handy mit mir. Nun werde ich Nancy nicht mehr enttäuschen, selbst wenn mich mein Gedächtnis im Stich lassen sollte.

Übrigens ist es genauso wichtig, dass Nancy diese Kleinigkeiten über mich weiß. Beide Partner müssen ihren Beitrag leisten, damit tiefe Verbundenheit möglich ist, und wenn es in einer Beziehung an der Beachtung dieser Kleinigkeiten mangelt, werden Probleme auftauchen – ganz gleich, wie nah sich die beiden Personen körperlich auch sind.

Denken Sie einmal an die Menschen, die Ihnen am nächsten stehen. Menschen, die echte Verbundenheit erleben, haben etwas, das der Beziehungsexperte John Gottman eine „Partner-Landkarte" nennt. Gemeint ist damit, dass sie gewissermaßen eine umfangreiche Sammlung aller wichtigen Details über die Menschen angelegt haben, die sie lieben.[22] (Wenn Sie Computerfachmann sind, können Sie auch Datenbank dazu sagen.)

Denken Sie im Hinblick auf die Beziehungen in Ihrem Leben, in denen Ihnen Vertrautheit wichtig ist, einmal über folgende Fragen nach:

• Wann hat er/sie Geburtstag?
• Was macht er/sie am liebsten in seiner/ihrer Freizeit?
• Was war seine/ihre erste Arbeitsstelle?
• Welche Musik hört er/sie gern?
• Wo macht er/sie am liebsten Urlaub?
• Worauf ist er/sie zurzeit am meisten stolz?
• Wovor fürchtete er/sie sich am meisten?
• Was denkt er/sie über Gott?

Wenn Sie die Antworten noch nicht kennen, dann finden Sie sie heraus! Und notieren Sie sie sich anschließend auf Ihrem Handy oder Ihrem Computer, damit Sie sie nie wieder vergessen.

## Mythos Nr. 11: Man kann keine vertraute Beziehung mit jemandem haben, wenn man ihn nicht sehen oder berühren kann

Manche Menschen meinen, es sei unmöglich, eine innige Beziehung mit Gott zu haben, weil wir ihn nicht sehen oder berühren können. Aber vielleicht ist Gott für uns Menschen das, was das Wasser für den Fisch ist. Ein altes äthiopisches Sprichwort sagt: „Der Fisch bemerkt das Wasser als Letzter." Das Problem des Fisches ist nicht, dass das Wasser zu weit weg ist, sondern dass es für ihn so allgegenwärtig ist, dass seine Existenz ohne das Wasser gar nicht möglich wäre. Genauso ist auch unsere Existenz ohne Gott nicht möglich. Es ist also vielleicht nicht Gottes *Distanz* zu uns, sondern unsere *Abhängigkeit* von ihm, die uns blind macht für seine Gegenwart. Wir müssen daher lernen, sie zu erkennen.

In dem Buch *Früchte des Zorns* gibt es eine wunderbare Szene, als sich Tom Joad von seiner Mutter verabschiedet und ihr versichert, seine Gegenwart werde über alle physischen Grenzen mit ihr sein, auch wenn sie ihn nicht sehen kann:

*Wo immer darum gekämpft wird, dass hungrige Menschen zu essen haben, werde ich da sein. Wo immer ein Bulle jemanden verprügelt, werde ich da sein… Ich bin da, wenn wütende Männer schreien; ich bin da, wenn hungrige Kinder lachen, weil sie wissen, dass das Abendessen fertig ist. Und wenn unsere Leute essen, was sie angebaut haben, und in den Häusern wohnen, die sie gebaut haben – dann bin ich da.*[23]

Da Gottes Gegenwart geistiger Natur ist – was zunächst ein Hindernis für Intimität zu sein scheint –, geht die Vertrautheit in der Beziehung zu Gott in Wirklichkeit noch viel tiefer als in jeder anderen Beziehung. Er ist uns näher als unsere eigene Haut.

Mein Freund Sean erzählte mir, dass er in einer Familie aufgewachsen ist, wo Vater und Mutter eine so große Abneigung gegeneinander hegten, dass sie nicht miteinander sprachen. Doch aus finanziellen Gründen wollte keiner der beiden ausziehen. Als Sean klein war, musste er tatsächlich Botschaften zwischen den beiden überbringen, als seien sie aus irgendeinem übernatürlichen Grund nicht in der Lage, einander zu hören.

„Sean, sag deiner Mutter …"

Sie lebten zwar unter einem Dach, aber emotional waren sie Welten voneinander entfernt.

Andererseits können manche Beziehungen auf mysteriöse Weise räumliche Entfernungen überwinden. Quantenphysiker sagen, dass zwei verschränkte Teilchen, auch wenn sie weit voneinander entfernt sind, auf unerklärliche Weise miteinander verbunden sein können, sodass sie schneller als mit Lichtgeschwindigkeit aufeinander reagieren.

Das ist wie bei einer Mutter, deren Sohn auf einem Auslandseinsatz ist und verwundet wird, oder bei jemandem, dessen bester Freund am anderen Ende der Welt schwer erkrankt. Es gibt eine geistige Verbindung zwischen diesen Menschen, und die „Geistgeschwindigkeit" ist schneller als die Lichtgeschwindigkeit.

Ein weiterer Grund, weshalb es uns schwerfällt, uns in einer innigen Beziehung mit Gott zu sehen, ist der gleiche, weshalb ich mir nicht vorstellen kann, mich mit Mark Zuckerberg anzufreunden, mit einem Filmstar zu Mittag zu essen oder mit einem milliardenschweren Geschäftsmann Geschäftsideen auszutauschen. Solche Beziehungen liegen jenseits meiner Gehaltsstufe. Der Komiker Groucho Marx sagte einmal, er wolle keinem Klub angehören, der ihn als Mitglied aufnehmen würde. Da ich mich kenne, fällt es mir schwer, mir vorzustellen, dass Gottes Standard so niedrig sein soll, dass ich zu seiner Familie gehören kann. Aber ich tue es trotzdem.

Es gibt natürlich noch einen anderen Grund, weshalb manche Menschen sich eine enge Beziehung mit Gott nicht vorstellen können: Sie wissen nicht, ob es ihn wirklich gibt.

In seinem Buch *Ein säkulares Zeitalter* stellt Charles Taylor die Frage: „Warum war es um 1500 herum in der westlichen Gesellschaft nahezu unmöglich, *nicht* an Gott zu glauben, während es [im 21. Jahrhundert] vielen nicht nur leichtfällt, sondern sogar unausweichlich scheint?"[24] Jeder kennt die Geschichte über des Kaisers neue Kleider. Aber was ist, wenn es nicht einmal den Kaiser gibt? Wir leben in einer Zeit, in der Glauben schwerfällt, weil wir mehr Angst davor haben, leichtgläubig zu sein (etwas zu glauben, das *nicht* stimmt), als skeptisch zu sein (etwas *nicht* zu glauben, das stimmt). Wir sprechen oft von „ehrlichen Zweifeln" und „blindem Glauben", aber niemals von „ehrlichem Glauben" und „blinden Zweifeln" (obwohl es beides gibt).

In einer innigen Beziehung lenkt einer oft die Gedanken des anderen: Weil wir endliche Geschöpfe sind, bedienen wir uns endlicher Hilfsmittel. Wir machen Laute, die zu Worten werden, oder malen Zeichen auf Papier. Aber weil Gott unendlich ist, kann er unsere Gedanken direkt lenken, ohne endliche Hilfsmittel. Gott kann in unserer Dankbarkeit für einen Sonnenaufgang sein oder in unserem Bedauern, wenn wir gelogen haben. Er kann in unserer Kreativität zugegen sein, in unserer Freude beim Aufwachen oder unserer Zufriedenheit, wenn wir gut geschlafen haben. Lewis Smedes schreibt in seinem Buch *Union with Christ*: „Unsere Pilgerreise ist kein mühsames Sich-Dahinschleppen auf einer einsamen Straße; es ist der Weg, der durch Jesus Christus selbst geht. Das Leben hat seinen Ursprung, seine Fortdauer und sein Ende in Christus."[25]

Wie können wir also eine innige Beziehung mit Gott haben? Das ist ganz einfach: genauso, wie wir eine vertraute Beziehung mit anderen Menschen haben können.

Alles, worüber wir bisher im Hinblick auf unsere zwischenmenschlichen Beziehungen gesprochen haben, gilt auch für unsere Beziehung zu Gott. Sie ist chaotisch, hat Höhen und Tiefen, sie braucht Zeit und Aufmerksamkeit, um zu wachsen, sie basiert auf Gegenseitigkeit, wird durch Liebe genährt, und – das ist die Hauptsache – sie steht *allen* offen.

Genauso können aber auch alle Hindernisse, die sich einer zwischenmenschlichen Beziehung in den Weg stellen, unserer Beziehung zu Gott im Weg stehen: wenn wir nicht genug Zeit mit ihm verbringen, ihm nicht unsere volle Aufmerksamkeit schenken, ihn nicht richtig kennenlernen, unseren Frust an ihm auslassen, ihn nicht beachten und nicht nach seinem Willen leben.

Der Prophet Jeremia bietet uns einen wunderbaren, ganz einfachen Gradmesser für unsere Beziehung zu Gott: „Vergisst ein Mädchen seinen Schmuck oder eine Braut ihr Hochzeitskleid? Niemals! Mein Volk jedoch hat mich seit langer Zeit vergessen!"[26]

Ich bezeichne das gern als *strategischen Gedächtnisverlust* – eine Krankheit, die uns alle befällt. Wir versprechen, etwas zu erledigen, uns um eine Kleinigkeit zu kümmern, etwas sauber zu machen, etwas einzukaufen oder zu reparieren, und dann vergessen wir es. Aber wenn jemand uns einlädt, in einem Rennwagen zu fahren, uns einen fetten Scheck überreicht oder uns ein großartiges Geschenk macht, *das* vergessen wir nicht. Wir vergessen die Dinge nicht rein zufällig. Wir erinnern uns an die Dinge, die uns wirklich wichtig sind.

Wenn ich Verpflichtungen vergesse oder Dinge, die ich tun wollte, die aber ein anderer Vater, Ehemann, Pastor oder Freund *nicht* vergessen würde, sagt das etwas darüber aus, was mir wichtig ist. Was verrät es über unsere Prioritäten, wenn wir vergessen, Zeit mit Gott zu verbringen? Neal Plantinga, Präsident i. R. des Theologischen Calvin Seminars, hat die Beobachtung gemacht:

*Gott mit dem Verstand zu lieben heißt, ihn zu studieren – echtes Interesse an Gott zu zeigen. Ist Ihnen schon einmal aufgefallen, dass eine beträchtliche Anzahl von Christen sich nicht wirklich für Gott interessiert? Einige davon sind sogar Pastoren. Es sind Menschen, die nicht nach Gott fragen, nicht über ihn sprechen und vielleicht nicht einmal über ihn nachdenken, wenn sie es nicht müssen. Ihr Interesse an Gott scheint rein beruflicher Natur zu sein.*

*Ist das nicht seltsam? Sollten wir denn nicht über nichts anderes nachdenken als über ihn? Liebende denken doch nur noch über den anderen nach. Und ihnen fallen an dem Menschen, den sie lieben, tausend Dinge auf.*[27]

Es mag seltsam klingen, aber ich kann die Sünde begehen, mich *nicht* mit Gott zu beschäftigen, *nicht* über ihn nachzudenken, *nicht* jeden Augenblick danach zu fragen, was sein Wille für mich ist. Mit der Zeit wird Gott für meine Gedanken ein Fremder. Ich vergesse ihn, ich zweifle an ihm – nicht weil ich echte intellektuelle Fragen hätte, sondern weil ich ihn nicht liebe. Ich schlage ihm tausend Mal am Tag die Türe vor der Nase zu und wundere mich dann, warum er so fern zu sein scheint.

Stellen Sie sich selbst einmal folgende Fragen, um einzuschätzen, wie eng Ihre Beziehung zu Gott ist:

- Wie sehr erlebe ich zurzeit Gottes Gegenwart?
- Wie sehr sehne ich mich danach, in der Bibel zu lesen?
- Wie selbstverständlich sind für mich eine dankbare Einstellung und auch Gott zu danken?
- Bete ich mehr oder weniger als früher?
- Baut Gebet für mich Stress ab oder macht es mir Stress? Warum?
- Wird mein Gewissen für persönliche Dinge geschärft? Und mein soziales Gewissen?

Jesus sagte, diejenigen, die ihn „Herr" nennen, sich aber nicht um „einen meiner geringsten Brüder oder [ ] eine meiner geringsten Schwestern" kümmern, dachten vielleicht, dass sie eine innige Beziehung zu Gott hatten, aber da irrten sie sich.[28] Menschen, die wirklich eine enge Beziehung zu Gott haben, kümmern sich um die Schwächsten unter denen, die Gott liebt.

- Fallen mir zunehmend die Menschen auf, die in unserer Gesellschaft benachteiligt sind?
- Gebe ich mehr? Will ich mehr geben?
- Bin ich zunehmend geduldiger?

Unsere Beziehung zu Gott beinhaltet noch einen weiteren Aspekt, den wir beachten sollten – allerdings geht er auch gleichzeitig mit der Warnung einher, die Tiefe unserer Beziehung zu Gott zu messen: Eine innige Beziehung zu Gott ist etwas Geheimnisvolles und kein menschlicher Maßstab kann das Ausmaß von Gottes Liebe wirklich erfassen. Deshalb ist die Leere in jedem von uns unser Geheimnis, unsere Scham, unsere Sorge und unsere Hoffnung.

Manchmal erleben wir etwas, das man vielleicht „die Gegenwart der Abwesenheit Gottes" nennen könnte. Wir halten

Ausschau nach ihm, wir beten, wir lesen in der Bibel, wir geben, wir sehnen uns nach ihm – aber wir spüren seine Gegenwart nicht.

Das heißt aber nicht, dass er nicht da ist.

Das heißt aber nicht, dass wir ihm gleichgültig sind.

Auf eigenartige Weise sind wir auch in diesen Momenten bei Jesus. Vielleicht sogar ganz besonders dann. Als Jesus am Kreuz hing, als er den größten und heiligsten Dienst erfüllte, als er sich dem Willen seines Vaters auf eine noch nie da gewesene Weise hingab, rief er: „Mein Gott, mein Gott, warum hast du mich verlassen?"[29] Dieses Leid, diese Erfahrung der menschlichen Gottesferne hat allen Menschen den Weg in Gottes Gegenwart frei gemacht.

Es ist also durchaus möglich, dass Gott uns dann am nächsten ist, wenn wir ihn am wenigsten spüren.

Der einzige Maßstab, der wirklich zählt, ist der, den wir erst dann ablesen können, wenn wir auf der anderen Seite angekommen sind.

Kapitel 3

# Für Nähe geboren

Wir wurden dafür erschaffen,
Beziehungen einzugehen

Wir können aus „Die Schöne und das Biest"
eine Lehre ziehen: Etwas muss erst geliebt werden,
damit es liebenswert wird.

G. K. Chesterton: Orthodoxy

Als unsere älteste Tochter auf die Welt kam und wir sie aus dem Krankenhaus nach Hause brachten, fiel mir auf, wie hilflos sie war. Sie war sogar für den Babysitz, den wir für unser Auto gekauft hatten, viel zu klein. Ich musste ihn mit Decken und Kissen ausstopfen und hatte Angst, dass ihr Köpfchen herunterhängen und sie sich den Nacken verletzen könnte. Auf dem Nachhauseweg vom Krankenhaus fuhr ich tatsächlich nur mit 30 km/h auf der rechten Spur der Schnellstraße und hatte den Warnblinker an. Nancy hielt derweil immer wieder einen Spiegel unter Lauras Nase, um sicher zu sein, dass sie noch atmete.

Wenn ein Kind schreit, trösten die Eltern es. So ist das Leben. Hilflosigkeit und Verletzlichkeit treiben uns zur Intimität.

Eltern werden ein schreiendes Baby instinktiv trösten. Nancy verwendete dafür immer einen der beiden folgenden

Aussprüche: „Mein Schatz, mein Schatz" oder: „Ich weiß, ich weiß". Mütter sagen immer: „Ich weiß", auch wenn sie eigentlich keine Ahnung haben.

Auf diese Weise lernen Kinder, dass sie wertvoll sind. Jemand, der größer, stärker und klüger ist, sagt: „Ich nehme dich wahr. Ich sehe, dass es dir schlecht geht, dass du Schmerzen hast, hungrig bist, und ich werde mich darum kümmern. Ich werde dafür sorgen, dass es besser wird."

Eltern stellen diese Verbindung automatisch her. Wenn ein Kind schreit, reagiert die Mutter nicht mit einem Lächeln. Als Erstes wird sie traurig schauen – sie spiegelt die Gefühle des Kindes wider. Das ist ein wichtiger Teil von Vertrautheit. Sie gibt dem Baby zu verstehen: „Jemand kennt dich und weiß, wie es dir geht." Und nicht nur das, sondern auch: „Du bist es wert, gekannt zu werden. Du bist zwar winzig und hilflos – und sogar runzelig –, aber du bist so wertvoll, dass ich mich gern in deine Situation hineinversetze und mich um dein Wohlergehen kümmere."

Als wir Laura nach Hause holten, ging ich oft nachts in ihr Zimmer – ich wollte sie einfach nur anschauen und sie betrachten, wenn sie in ihrem Babybett schlief. Als sie auf die Welt kam, hatte sie einen schmalen Streifen rotes Haar mitten auf dem Kopf. (Rechtzeitig zum Collegeabschluss war daraus eine wunderbar wallende Mähne aus kupferrotem Haar geworden.) Und wenn sie einsam war oder wimmerte, strich ich ihr mit zwei Fingern sanft über ihren Iro und sagte: „Ich streichle dein Köpfchen." Irgendwann tat mir dann der Rücken weh, und ich versuchte, mich davonzuschleichen. Doch wenn sie noch wach war, protestierte sie, und ich ging sofort wieder zu ihr.

„Dein Köpfchen streicheln? Soll ich dein Köpfchen streicheln?"

Als sie etwa ein Jahr alt war, fing sie manchmal morgens an zu weinen, wenn sie wach wurde und wir sie nicht sofort aus ihrem Bettchen nahmen. Aber sie schrie nicht, sondern brabbelte weinend vor sich hin: „Mein Schatz, mein Schatz... Ich weiß, ich weiß... Köpfchen streicheln", wie sie es von uns gehört hatte. Wenn wir das mitbekamen, lagen Nancy und ich im Bett und lachten.

Heute bedaure ich das.

Ich hätte aufstehen und es filmen sollen.

Aber genau so sieht eine enge Bindung, so sieht Verbundenheit aus. Unsere Hilflosigkeit treibt uns zu jemandem, der sich um uns kümmert – der uns wiederum tröstet und verspricht, dass alles gut werden wird.

Wenn das Kleinkind die tröstenden Worte hört, schaltet das Gehirn um. Die Angst lässt nach. Ein Gefühl der Sicherheit breitet sich aus. Die Welt wird sicherer.

„Mein Schatz, mein Schatz, mein Schatz... Ich weiß, ich weiß."

Die Art und Weise, wie sich das Gehirn eines Kindes entwickelt, spiegelt auf faszinierend schöne Weise wider, was Gott bei der Schöpfung getan hat.

In 1. Mose heißt es, dass die Erde am Anfang „leer und ungestaltet" war. Neal Plantinga schreibt dazu:

*Das gesamte Universum ist wild durcheinandergewürfelt, und so fängt Gott an, kreativ zu sortieren: Er trennt Licht und Dunkelheit, Tag und Nacht, Wasser und Land, Meereslebewesen und Landtiere. Gott bringt die Dinge an den richtigen Ort, indem er sie ordnet und sortiert.*

*Gleichzeitig verbindet er Dinge miteinander: Er bindet den Menschen als Verwalter und Herrscher an den Rest der Schöpfung. Er bindet ihn an sich selbst, weil er sein Ebenbild in sich trägt. Und er bindet die Menschen als perfekte Ergänzungen aneinander – ein Paar aus Mann und Frau, die zusammenpassen und deren vollkommene Zusammengehörigkeit wiederum Gott selbst widerspiegelt.*[1]

Gott trennt und fügt zusammen, um das zu erschaffen, was Plantinga „den Bau von Schalom, die Neuverbindung von Gott, Mensch und der gesamten Schöpfung in Gerechtigkeit, Harmonie, Erfüllung und Freude" nennt.[2]

Das biblische Wort für „abgesondert" ist *kadosch*. Es wird oft mit „heilig" übersetzt. Mit der Zeit wurde aus „heilig" aber eher „heiliger als du", was eine distanzierte und hochnäsige Haltung vermittelt. Aber ursprünglich war das anders. Gott sonderte etwas ab oder *trennte eine Sache ab*, damit er die Dinge in immer komplexeren Systemen *zusammenfügen* konnte, die gediehen und Freude schenkten. *Heilig* zu sein heißt, *nützlich* zu sein.

Das menschliche Gehirn besteht aus etwa 86 Milliarden Nervenzellen.[3] Würde man diese aneinanderreihen, ergäbe das ein Band von mehr als drei Millionen Kilometern Länge.[4] Das Gehirn ist damit die komplexeste Struktur, die es auf dieser Welt gibt – und das beinhaltet sowohl natürliche als auch künstliche Strukturen.

Der Wissenschaftler Daniel Siegel schreibt, dass sich das Gehirn mithilfe von *Differenzierung* (Teile des Gehirns spezialisieren sich und trennen sich von anderen) und durch *Verknüpfung* entwickelt (was den Fluss von Energie und Information begünstigt).[5] Jede Erfahrung schafft bestimmte neuronale Verbindungen („Zellen, die gemeinsam senden, verbinden sich"[6]) und trennt andere. Diese Verbindungen und Trennungen ermöglichen das, was Neurologen *Integration* nennen – die individuelle Version jedes Gehirns von *Schalom*. „Umgangssprachlich

ausgedrückt", schreibt Siegel, „führt Integration zu Lebensfreude und Harmonie. … Und das macht unsere Gesundheit
aus."[7]
Erkennen Sie den Zusammenhang? Es ist fast so, als würde
Gott die Welt mit jedem Kind neu erschaffen. Aber es wird
noch besser! Siegel schreibt auch: „Die Erfahrung, dass man
dem eigenen emotionalen Zustand Ausdruck verleihen kann,
und die Wahrnehmung und Reaktion anderer auf diese Signale scheint für die Entwicklung des Gehirns lebenswichtig zu
sein."[8] Das Gehirn und der Verstand eines Kleinkindes werden
buchstäblich durch Worte geformt. Zwischenmenschliche Bindungen haben also einen unglaublich großen Einfluss auf die
Entwicklung eines kleinen Menschen.
Das Gute daran ist, dass wir nicht perfekt sein müssen. Das
können wir auch gar nicht. Uns werden viele Augenblicke entgehen, in denen wir die Beziehung hätten formen können. Ihr
Kind möchte die Bindung mit Ihnen vielleicht vertiefen, aber
dann klingelt das Telefon oder Sie sind müde oder Sie lesen gerade ein Buch über Beziehungen oder Sie haben die Emotionen Ihres Kindes falsch gedeutet. Eine Studie hat gezeigt, dass
Mütter in 70 Prozent der Fälle die negativen Signale ihrer Kinder missdeuten![9] Sie denken zum Beispiel, Ihr Kind sei hungrig, dabei ist es nur müde. Oder Sie denken, das Kind möchte
auf Ihrem Schoß wippen, aber es muss eigentlich nur aufstoßen. Wenn Sie eine Münze werfen, wäre die Wahrscheinlichkeit, dass Sie richtigliegen, größer.
Da wundert es nicht, dass das Gleiche auch zwischen Erwachsenen passiert. Genau wie Kleinkinder kommunizieren
auch wir nicht immer eindeutig. Und wir missverstehen die
Signale des anderen auch immer wieder. Sie denken vielleicht,
Ihre Frau sei müde, dabei ist sie sauer und zeigt Ihnen nur die
kalte Schulter. Oder Sie denken, Ihr Mann höre Ihnen nicht zu,

dabei überlegt er nur, was er jetzt sagen soll. Niemand macht es immer richtig. Der Schlüssel zur Pflege vertrauter Beziehungen besteht darin, dass man einfach dranbleibt. Mit der Zeit lernen zwei Menschen, ihre gegenseitigen Signale besser zu verstehen. Man muss es nur immer wieder versuchen.

Aber wenn wir es richtig machen, dann *wissen* wir, dass wir geliebt werden. Wir wenden uns mit all unserer Verwundbarkeit an den anderen und verspüren die Freude, getröstet zu werden, während der andere die Freude darüber spürt, dass er Trost spenden kann. Wir spüren, dass jemand fühlt, was wir fühlen.[10] Die Kraft des anderen fließt in uns. Die Stimme des anderen dringt ganz buchstäblich in unsere Gedanken.

Wir können zu uns selbst sagen: „Mein Schatz, mein Schatz… Ich weiß, ich weiß." Wir können die Welt weiter erkunden, und wenn wir verletzt werden, hungrig sind oder Angst haben und uns auf der Suche nach Trost wieder an den anderen wenden, werden wir die Worte hören: „Fürchte dich nicht, denn ich stehe dir bei."[11] Und dann werden wir getröstet. Und so weiter und so fort, immer wieder, tausendmal.

Verletzlichkeit. Bindung. Mut. Risiko. Angst. Und wieder von vorn.

Ohne Intimität, ohne vertraute Beziehungen können wir nicht überleben.

## Geschlüpft, um uns zu verbinden

Unmittelbar nach der Geburt, damals, als Sie gerade zum ersten Mal nach Hause gekommen waren, war es Ihnen gleichgültig, wer Sie im Arm hielt. Sie haben im Grunde nur eines gedacht: „Füttere mich, wasch mich, streichle mich, lass mich aufstoßen, zieh mich an, wickle mich und verhätschle mich."

Die Erwachsenen in Ihrem Umfeld waren austauschbar, wie Socken oder Besteck.

Allmählich erkannten Sie, dass bestimmte Erwachsene jeden Tag bei Ihnen waren. (Das ist hoffentlich passiert, bevor Sie von zu Hause ausgezogen sind.) Diese Menschen mussten nicht die intelligentesten oder schönsten oder stärksten Menschen der Welt sein. Es waren *Ihre* Leute. Sie haben Sie wahrgenommen, sich um Sie gekümmert, wenn Sie traurig waren. Sie haben Ihnen Dinge gegeben, mit Ihnen geweint und mit Ihnen gelacht. Sie haben gelernt, dass diese Menschen wichtiger waren als Fremde.

Das nennt man *Bindung*, was wiederum eine Mischung aus Abhängigkeit und Liebe ist. Wenn kleine Kinder eine Bindung zu ihrer Mutter haben, fühlen sie sich wohler, wenn diese in der Nähe ist. Wenn sie Mama aus dem Blick verlieren, werden sie unruhig.

Bindungen sind so wichtig für uns, dass es neuronale Netze in unserem Gehirn gibt, die nur dafür da sind. (Kein Wunder, dass der Psalmist schreibt, wir seien „wunderbar und einzigartig gemacht".[12])

Das Geniale an diesem System der Bindungen ist, dass es uns hilft, mit dem Leben fertigzuwerden. Die beruhigende Stimme Ihrer Mutter, die zu Ihnen sagt: „Ist schon in gut", verdrahtet Ihr Gehirn buchstäblich so, dass Sie dann zu sich selbst sagen können: „Ist schon gut." Die tröstende Gegenwart Ihrer Mutter ist jetzt in Ihnen (was irgendwie passt, denn früher waren Sie in ihr).

Wenn die Eltern in der Nähe sind, fühlen Kinder sich sicherer, sind entspannter und können daher auf Entdeckungsreise gehen. „Hab keine Angst", ist die häufigste und wichtigste Anweisung, die Eltern geben können. Auch Kleinkinder suchen die Nähe ihrer Eltern, wenn sie Angst haben. Sie glauben von allein, dass sie es wert sind, dass die Eltern sich um sie kümmern, und setzen auf die Fürsorge ihrer Eltern. So sind wir Menschen eben geschaffen. Wir „schlüpfen", um uns mit anderen zu verbinden.

Manchmal haben wir aufgrund der Umstände, unter denen wir aufgewachsen sind, jedoch Probleme damit, engere Bindungen einzugehen. Dies bezeichnet man als Bindungsstörung. So lernen zum Beispiel Kleinkinder, deren Eltern nicht auf ihre Hilfeschreie reagieren, so zu tun, als bräuchten sie ihre Eltern nicht. Sie weinen nicht, wenn die Eltern weggehen, und sie laufen nicht zu ihnen, wenn sie zurückkommen. (Allerdings verraten ihr Puls und ihr Blutdruck die innere Anspannung, die sie gelernt haben, nach außen hin nicht zu zeigen.) Wenn Eltern völlig unterschiedlich bzw. widersprüchlich auf die Bedürfnisse der Kinder reagieren, bekommen die Kinder folglich ein sehr zwiespältiges Verhältnis zu Bindungen.

Paradoxerweise werden wir als Erwachsene vermutlich scheitern, wenn wir versuchen, uns aus einem unreifen Bedürfnis heraus immer wieder an andere zu binden. Als Erwachsener ist es meine Aufgabe, eine eigenständige Person zu sein – meine eigenen Werte, Überzeugungen und Ansichten zu haben. Ich sollte mein wahres Ich nicht verbergen, damit man mich akzeptiert. Ich sollte Verantwortung für mein eigenes Handeln und Fühlen übernehmen, aber für das Handeln und Fühlen anderer bin ich nicht zuständig.

Je besser ich weiß, wer ich auch ohne den anderen bin, desto enger können die Bindungen sein, die ich mit anderen Menschen eingehe, weil ich sie lieben kann, ohne sie benutzen zu müssen, um eine Leere in mir zu füllen. Das ist der *Schalom*, der aus Trennung und Verbundenheit entsteht.

Die Menschen sagen mir oft, wie sehr sie meine Frau mögen. Wenn ich irgendwo hinkomme, wo sie schon als Rednerin war, ist das oft der erste Kommentar, den ich zu hören bekomme. Wenn ich jemanden kennenlerne, der meiner Frau schon begegnet ist, ist sie oft das erste Gesprächsthema.

Als ich mich damals in der Gemeinde vorstellte, in der ich jetzt arbeite, bot man Nancy ebenfalls einen Job an, also trafen wir uns gemeinsam mit dem Team der Gemeinde. Hinterher sprach einer aus diesem Team, mit dem ich schon seit Jahren befreundet bin, mit mir über das Vorstellungsgespräch.

„Du hast deine Sache gut gemacht, aber von Nancy waren wir wirklich überrascht", sagte er.

„Das ist ja toll."

„Ja", fuhr er fort. „Die Leute mochten dich, aber Nancy hat uns umgehauen."

„Das freut mich."

„Das soll nicht bedeuten, dass es bei dir irgendwelche Probleme gab", versicherte er mir, „aber Nancy – meine Güte! Sie hat wirklich für Stimmung gesorgt."

„Was willst du mir damit sagen, Larry?"

Das bedeutet nicht, dass Nancy immer ein angenehmes Gegenüber ist. Ich bin eigentlich viel netter. Aber sie kann den Menschen auf eine Art und Weise widersprechen, dass sie sich sogar noch mehr mit ihr verbunden fühlen, als wenn sie ihnen höflich zustimmen würde. Sie ist anderen gegenüber ganz sie selbst und bringt ihre Meinung frei zum Ausdruck. Sie zeigt fast immer, was sie wirklich denkt, und das lieben die Leute.

Der Apostel Paulus hat dies folgendermaßen in Worte gefasst: „Eure Liebe soll aufrichtig sein."[13] Wenn wir zu erraten versuchen, was anderen gefallen könnte, mit unserer eigentlichen Meinung hinter dem Berg halten und unsere Äußerungen anpassen, zerstören wir sogar jede Hoffnung auf die tiefe Vertrautheit, nach der wir uns so sehnen.

## Friede durch Loslösung

Als Gott die erste Frau erschuf, nahm er sie aus Adams Seite. Er „löste" sie aus Adam heraus. Sein Plan war es, sie zu einer vollständigen, eigenständigen Person zu machen, die Adam als gleichwertiges Gegenüber lieben konnte. Dann fügte Gott Mann und Frau wieder zusammen und erschuf damit etwas, das größer war als die Summe der beiden Teile: *tiefe Vertrautheit, innige Gemeinschaft*. Aus zwei *Ich* wurde ein *Wir*.

Wenn Schalom-Friede die Verknüpfung von Gott, Menschen und der gesamten Schöpfung in Gerechtigkeit, Erfüllung und Freude ist, dann ist Intimität die Verknüpfung von mehreren Ich, die Gott voneinander gelöst hat, zu einem *Wir* (Ehepaare, Familien, Freunde, Teamkollegen).

Als Kinder brauchten wir Bindungen, um zu überleben. Aber als Erwachsene müssen wir losgelöst voneinander sein, damit Bindungen funktionieren können. Gott hat sich dieser Loslösung eigenständiger Menschen voneinander so sehr verschrieben, dass er uns sogar von sich selbst gelöst hat, damit das geschehen kann. Dieser Gedanke hilft mir manchmal, mich daran zu erinnern, dass Gott nicht abwesend ist, nur weil ich seine Gegenwart gerade nicht spüre.

Rankin Wilbourne schreibt über eine alte Unterscheidung zwischen *Einheit* mit Gott und *Gemeinschaft* mit Gott. *Einheit* ist eine objektive Verbindung – so wie ich zum Beispiel immer der Sohn meiner Eltern sein werde. *Gemeinschaft* ist dagegen die subjektive Empfindung von Nähe, die mal stärker und mal schwächer ist.[14]

Gott lässt zu, dass wir losgelöst von ihm existieren, damit wir zu uns selbst finden. Es ist auffällig, dass Gott weit und breit nicht zu sehen war, als die Schlange im Garten Eden die Frau in Versuchung führte. Später, so heißt es, kam Gott, um in der Kühle des Tages durch den Garten zu spazieren. Warum war er nicht die ganze Zeit da? Wäre er da gewesen, hätte Eva der Versuchung sicher standgehalten.

Adam und Eva waren in ihrem ursprünglichen Zustand zwar sündlos, aber nicht reif. Sie hatten zwar noch nichts Unrechtes begangen, aber sie hatten auch bis zu diesem Zeitpunkt keine starke Bindung an das entwickelt, was richtig ist. Gottes oberstes Ziel mit uns ist die Entwicklung unseres *Charakters*, nicht unsere *Unschuld*. *Unschuld* heißt, ich habe nichts Falsches getan. *Charakter* heißt, ich habe es mir zur Gewohnheit gemacht, das Richtige zu tun. Säuglinge sind unschuldig. Heilige haben Charakter.

Nur Menschen mit gefestigtem Charakter können echte innige Beziehungen mit anderen erleben. Und gerade in diesen Augenblicken der Versuchung, diesen Augenblicken, wenn wir uns ganz allein fühlen, treffen wir Entscheidungen, die unseren Charakter auf ganz einmalige Weise prägen.

## Göttliche Bindungsstörung

Ob wir es zugeben wollen oder nicht: Das führt uns schließlich zu Gott, dem Einzigen, der mächtig und stark genug ist, um uns allen das zu sagen, was wir hören müssen: „Hab keine Angst. Alles ist gut."

Eltern sagen diese Worte auch dann zu ihren Kindern, wenn *nicht* alles in Ordnung ist (vielleicht gerade dann). Aber wir müssen diese grundlegende Wahrheit verinnerlichen – dass alles in Ordnung ist –, damit wir uns zu gesunden Persönlichkeiten entwickeln können.

Und das ist die gute Nachricht, die uns die Bibel vermittelt: Alles ist in Ordnung – mit Gott, mit seinem Reich und für diejenigen, die in seinem Königreich leben. Deshalb suchen wir auch Gottes Nähe. Unsere Bindung an ihn ist die Grundlage für unsere tiefsten Überzeugungen. Der einzige Unterschied besteht darin, dass die Bibel das, was Psychologen *Bindung* nennen, *Glaube* nennt.

Wir wurden dafür erschaffen, in einer vertrauensvollen Bindung zu Gott zu leben, genauso wie ein Kind eine vertrauensvolle Bindung zu seiner Mutter hat. Deshalb ist eine stabile Bindung an Gott die Grundlage für vertraute Beziehungen zu anderen. Der Prophet Jesaja verwendet das Bild einer Mutter-Kind-Beziehung, um unser Bedürfnis nach einer engeren Bindung an Gott zu unterstreichen: „Kann eine Mutter ihren Säugling vergessen? Bringt sie es übers Herz, das Neugeborene seinem Schicksal zu überlassen? Und selbst wenn sie es vergessen würde – ich vergesse dich niemals!"[15]

Dallas Willard schreibt: „Das menschliche Leben ist grundsätzlich sozial. Genauso wie ein fester Tritt die Voraussetzung für Laufen und eine sichere Fortbewegung ist, so ist die Gewissheit, dass andere hinter uns stehen, für ein stabiles und gesundes Leben notwendig. Das kann sich auf vielfältige Weise äußern, doch diese Gewissheit muss vorhanden sein."[16] Wir wurden dazu erschaffen, in „Kreisen der Erfüllung" zu leben, wie Willard es nennt, die uns das Gefühl vermitteln, dass alles in Ordnung ist – auch wenn kein menschlicher Kreis alles in Ordnung bringen kann.

Nur wenn sie im göttlichen Kreis von Vater, Sohn und Heiligem Geist verwurzelt sind, können zerbrochene Menschen sich von den Wunden erholen, die ihnen ihre Ursprungskreise zugefügt haben. Heilung können wir, wenn überhaupt, nur dort finden. Es ist kein Zufall, dass die häufigste Aufforderung einer Mutter an ihr Kind gleichzeitig auch die häufigste Aufforderung Gottes an seine Kinder ist: „Fürchte dich nicht, ich bin bei dir."

Ich glaube, dass wir an einer Art göttlichen Bindungsstörung leiden, die uns unfähig macht, die Worte zu hören, von denen unser himmlischer Vater so sehr möchte, dass wir sie hören. Diese Störung kann man in der Bibel bis zum Propheten Hosea zurückverfolgen:

*Als Israel jung war, habe ich es ins Herz geschlossen …*
*Dabei habe ich Ephraim doch das Laufen gelehrt und ihn immer wieder auf meine Arme genommen, wenn er fiel. Aber die Menschen in Israel haben nicht erkannt, dass ich es war, der ihnen Gutes tat und sie heil machte. …*
*Mein Volk ist mir untreu, und davon lässt es sich nicht abbringen!*[17]

Manche Menschen behaupten, die Beziehung zu unseren Eltern präge unser Gottesbild. Wenn unser leiblicher Vater kühl und distanziert war, denken wir, unser himmlischer Vater sei genauso. Aber ich habe den Verdacht, dass das Wesen unseres Glaubens und das, was wir glauben, viel komplexer ist. Ich glaube, dass unser Glaube über unsere Eltern hinaus durch das geprägt wird, was wir als Kinder über Gott lernen, sowie durch unsere eigene genetische Veranlagung (manche bezeichnen die Veranlagung für geistliche Dinge auch als das „Gott-Gen"), durch unsere Vorlieben und Abneigungen, durch die Menschen, mit denen wir Zeit verbringen, und durch die Ziele, die wir uns selbst stecken.

Vielleicht gehören Sie zu denen, die bezweifeln, dass es Gott überhaupt gibt. Vielleicht beten Sie schon seit Monaten oder sogar Jahren wegen einer bestimmten Sache zu ihm, aber Ihre Gebete wurden noch nicht erhört. Vielleicht haben Sie in der Bibel gelesen und finden, dass sie mehr Fragen aufwirft als beantwortet. Vielleicht befürchten Sie, dass die Wissenschaft und unser Verstand beweisen, dass der Glaube an Gott wider die Vernunft ist.

Vielleicht glauben Sie aber auch, dass es einen Gott gibt, doch Sie sind sich nicht sicher, ob er wirklich gut ist. Eine Freundin von mir ist in dem Glauben aufgewachsen, Gott laure nur darauf, sie für ihre Verfehlungen zu bestrafen, wenn sie nicht aufpasse. Vielleicht wurde Ihnen beigebracht, dass der Gott, der die Welt regiert, gemein und hinterhältig ist.

Aber vielleicht glauben Sie auch, dass es Gott gibt und dass er gut ist, aber dass er irgendwo da draußen im All ist und sich um die ganz großen Dinge kümmert und dass Ihr kleines Leben zu unbedeutend ist. In Ihrer Vorstellung ist Gott jemand, der sich nicht mit Alltagsdingen abgibt, und deshalb ist es Ihnen unmöglich, eine tiefe Beziehung zu ihm aufzubauen.

Vielleicht haben Sie Angst, dass Sie, um eine enge Beziehung zu Gott zu haben, etwas tun müssen, das Sie nicht tun wollen, oder dass Sie etwas aufgeben müssen, das Ihnen wichtig ist. Vielleicht haben Sie ja, wenn Sie ehrlich sind, irgendeine schlechte Angewohnheit, die Sie einfach nicht ablegen wollen.

Oder vielleicht sind Sie in der Vergangenheit von Gott enttäuscht worden. Sie haben es versucht, aber es hat nicht funktioniert. Sie haben ihn gebeten, Ihnen bei einem Problem zu helfen, aber nichts ist passiert. Sie haben sich einer Gemeinde angeschlossen und sind im Stich gelassen worden. Früher haben Sie sich Gott einmal nahe gefühlt, aber Sie sind müde geworden und treiben von ihm weg. Sie machen sich schon seit Jahren Sorgen über alles Mögliche, aber all das Gerede über „den Frieden, den Gott uns schenkt", macht Ihnen bloß ein schlechtes Gewissen, und Sie sind frustriert.

Wie auch immer Ihr Gottesbild aussieht, es beeinflusst nicht nur Ihren Umgang mit anderen und Ihrer Umgebung, sondern auch Ihr Selbstbild. Aber eines kann ich Ihnen sagen: Je näher

Sie Gott sind und je enger Ihre Bindung an ihn ist, desto sicherer werden Sie sich in dieser Welt, mit sich selbst und mit anderen fühlen.

## Wir sind nie allein

Unsere Bindungen führen zu etwas, das Forscher unsere „Geisteshaltung" nennen. Damit ist ein Bild der Welt gemeint, die wir entweder als sicher oder gefährlich, als verlockend oder langweilig, als großzügig oder knauserig verstehen. In Psalm 23 lesen wir die vielleicht beste Beschreibung für die Geisteshaltung eines Menschen, der eine enge Bindung an Gott hat: „Der Herr ist mein Hirte, nichts wird mir fehlen ... Auch wenn es durch dunkle Täler geht, fürchte ich kein Unglück, denn du, Herr, bist bei mir."[18]

Juliana von Norwich liefert uns ein wunderbares Bild für die Geborgenheit, die wir bei Gott finden: eine Haselnuss. Sie schreibt: „Dreierlei sah ich in diesem kleinen Ding: erstens, dass Gott es schuf, zweitens, dass Er es liebt, und drittens, dass Er es erhält. Aber was hat das mir zu bedeuten? Dass Er wahrhaftig der Schöpfer, der Liebhaber und der Erhalter ist. Solange ich nicht wesentlich mit Ihm vereint bin, kann ich niemals Liebe, Ruhe und Seligkeit finden, so lange nämlich, als ich nicht so an Ihm hafte, dass gar nichts Erschaffenes zwischen meinem Gott und mir steht."[19]

Vor ein paar Wochen war ich surfen und es war niemand sonst im Wasser. Genauer gesagt war überhaupt niemand in der Nähe, außer einem Typen, der eher an Goliat erinnerte und am Strand Taekwondo machte.

Als ich schon eine Weile auf dem Wasser gewesen war, kam auf einmal wie aus dem Nichts ein Dreikäsehoch angepaddelt.

Ich konnte kaum fassen, dass er allein auf dem Wasser war. Er paddelte mit seinem kleinen Brett zu mir hin. Er war so klein, dass er eigentlich kein Surfboard gebraucht hätte, er hätte auch auf einer Frisbeescheibe Platz gehabt. Jedenfalls fing er an, sich mit mir zu unterhalten, als seien wir alte Freunde. Er erzählte mir, sein Name sei Shane, und fragte mich, wie lange ich schon surfe. Ich erkundigte mich im Gegenzug dann auch bei ihm, wie lange er schon surfe.

„Sieben Jahre", antwortete er.

„Und wie alt bist du?", fragte ich.

„Acht."

Er erkundigte sich nach meinen Kindern und meiner Familie. Dann sagte er: „Was mir am Surfen so gefällt, ist, dass es so friedlich ist. Man trifft hier viele nette Leute."

„Du bist ein netter Kerl, Shane", sagte ich, „und deshalb triffst du lauter nette Leute."

Wir unterhielten uns noch eine Weile. Dann wollte ich wissen: „Wie bist du hierhergekommen, Shane?"

„Mein Vater hat mich hergebracht", sagte er. Dann drehte er sich um und winkte in Richtung des menschenleeren Strands. Der Goliat, der seine Kampfsportübungen machte, winkte zurück.

„Hallo, mein Junge", rief er.

Da wusste ich, warum Shane sich auf dem Wasser so sicher fühlte. Es lag nicht an seiner Größe. Auch nicht an seinen Fähigkeiten. Es lag an dem, der am Strand saß. Sein Vater hatte ihn immer im Blick. Und sein Vater war sehr groß. Shane war eigentlich gar nicht allein. Und wir sind es auch nicht.

In seinem Kern ist die Gute Nachricht eine Einladung zu einer innigen Beziehung mit Gott. Sie macht uns deutlich, dass wir niemals allein sind. Auch wenn wir ihn nicht sehen können, ist unser Vater doch immer da und passt auf. Wir können uns ihm jederzeit zuwenden. Wir können uns beruhigt anderen zuwenden und die Menschen um uns herum lieben. Selbst wenn ein Sturm der Ablehnung oder des Schmerzes über uns hinwegbraust, sind wir sicher. Gott ist nie weit weg. Er verliert uns nie aus den Augen und seine Stimme spricht immer zu uns. Um es mit Juliana von Norwich zu sagen: „Alles wird gut werden, und ein jegliches Ding wird gut werden, und alles jeglicher Art wird gut werden."[20]

*Hab keine Angst.*

*Mein Schatz, mein Schatz… Ich weiß, ich weiß.*

*Alles ist gut.*

Kapitel 4

# Angebote

Einladungen zu Beziehungen

Ja, sie teilen ein Getränk, das sie Einsamkeit nennen,
aber das ist besser, als allein zu trinken.

Billy Joel: „Piano Man"

2015 kündigten Wissenschaftler von der Universität im kalifornischen Berkeley an, dass sie an einem 100-Million-Dollar-Raumfahrtprojekt mitarbeiten würden. Im Rahmen dieses Projekts sollte erforscht werden, ob es im Weltall intelligentes Leben gibt.[1] (Rein zufällig kündigte Stanford, der große Rivale von Berkeley, kürzlich an, man würde ein groß angelegtes Projekt ins Leben rufen, um zu erforschen, ob es intelligentes Leben in Berkeley gäbe.) Geplant war, winzige Nanocrafts – Miniaturraumschiffe –, die mit zwanzig Prozent der Lichtgeschwindigkeit fliegen, zum 4,3 Lichtjahre entfernten Sternsystem Alpha Centauri zu schicken. Stephen Hawking fasste das Ziel der Unternehmung sehr prägnant in Worte: „Es ist wichtig für uns zu wissen, ob wir allein in der Dunkelheit sind."[2]

Die Leute von Berkeley sind nicht die Einzigen, die das wissen wollen. Wir alle – auch Sie und ich – senden unablässig winzige Sonden aus, emotionale Nanocrafts, um herauszufinden, ob wir allein in der Dunkelheit sind. Sie fliegen mit hoher Geschwindigkeit und man kann sie leicht verfehlen. Diejenigen, die geübt darin sind, diese Sonden zu erkennen und entsprechend darauf zu antworten, besitzen die wunderbare Gabe, neue Beziehungen einzugehen und zu pflegen. Diejenigen, die blind dafür sind oder nicht darauf reagieren, bleiben oft allein in der Dunkelheit zurück.

Diese emotionalen Nanocrafts bezeichnet John Gottman als „Angebote" für emotionale Bindungen.[3] Noch bevor wir sprechen können, geben wir schon die ersten Angebote ab. Der Schrei eines Säuglings ist sein Angebot für eine Beziehung. Wenn wir älter werden, nehmen diese Einladungen, eine Beziehung zu uns einzugehen, andere Formen an. „Ein solches Angebot kann in Form einer Frage, einer Geste, eines Blick, einer Berührung ausgesprochen werden – mit jeder Ausdrucksform, die sagt: ‚Ich möchte mich dir verbunden fühlen.'"[4] Und je nachdem, wie gut wir mit den unterschwelligen Nanocrafts in unseren Beziehungen umgehen können, wird Vertrautheit entweder aufgebaut oder zerstört.

Gottmans Forschungsteam an der Universität von Washington machte einige interessante Entdeckungen, als es die „Angebote" von Ehepaaren unter die Lupe nahm. „Wir fanden heraus, dass zum Beispiel Ehemänner, die vor einer Scheidung stehen, die Beziehungsangebote ihrer Frauen in 82 Prozent der Fälle missachten, während Männer in stabilen Beziehungen die Angebote ihrer Frauen nur in 19 Prozent der Fälle missachten."[5] Bei Frauen lagen die Quoten bei 50 beziehungsweise 14 Prozent. Und nicht nur das: Paare, die in einer glücklichen Beziehung leben, gehen in einem Zeitraum von zehn Minuten eineinhalbmal so oft aufeinander ein wie Paare in einer schlechten Beziehung.[6]

Wir senden unablässig solche kleinen Sonden aus – ob sie nun angenommen werden oder nicht.

Sie können klein sein: „Hast du gestern Abend das Spiel gesehen?"

Sie können schmerzlich sein: „Ich werde meinen Vater nie wieder anrufen."

Sie können tief gehen: „Ich weiß nicht, ob meine Frau mich überhaupt noch liebt."

Sie können dringlich sein: „Ich habe niemanden, mit dem ich reden kann. Kann ich vertraulich mit dir sprechen?"

Sie können lustig sein: „Klopf, klopf." (Zumindest wenn man sechs Jahre alt ist.)

Sie scheinen vielleicht unbedeutend zu sein: „Bringst du mir bitte mein Handy mit, wenn du in die Küche gehst?"

In diesen Situationen können Sie entweder auf eine Weise reagieren, dass Vertrautheit entsteht: „Klar, brauchst du sonst noch was?", oder so, dass sie im Keim erstickt wird: „Hol es dir doch selbst."

Manchmal ist das, was wir *nicht* sagen, genauso vielsagend wie das, was wir sagen. Wenn ich zum Beispiel eine kleine Pause mache, bevor ich Ja sage, drücke ich damit aus: „Das macht mir wirklich Umstände. Ich hole dir dein Handy, aber ich tue es zähneknirschend und es bereitet mir auch keine Freude." (Das ist übrigens die übliche skandinavische Antwort.)

Eine Einladung zum Aufbau einer Beziehung kann auch zwischen den Zeilen stehen. Am Ende meines ersten Jahres auf dem College fragte ich meinen Freund Kevin: „Mit wem wirst du nächstes Jahr das Zimmer teilen?" Aber eigentlich meinte ich damit etwas anderes: „Ich habe niemanden, mit dem ich das Zimmer teilen könnte. Ich komme mir vor wie ein totaler Versager. Würdest du mir jetzt bitte sagen, dass du mit mir das Zimmer teilen willst?" Als das nicht funktionierte, versuchte ich, ihm ein schlechtes Gewissen zu machen, indem ich den

Märtyrer spielte. Glücklicherweise hatte Kevin schließlich Mitleid mit mir und lud mich zu einer Freundschaft und damit zu einer Gemeinschaft ein, die mein Leben veränderte.

Manchmal schicken wir schwammige Aufforderungen zu einer vertrauten Beziehung, weil wir Angst haben, abgelehnt zu werden. Oder wir hoffen, dass unser Gegenüber eher positiv reagiert, wenn wir durch eine indirekte Frage weniger Druck ausüben. Oder wir kommunizieren einfach schlecht. Doch bei solchen schwammigen Aufforderungen besteht immer die Gefahr, dass sie unbeachtet bleiben.

An Heiligabend 1982 weckte ich Nancy nachts um eins aus dem Tiefschlaf auf. Ich fuhr mit ihr auf den Parkplatz der Gemeinde, in der ich aufgewachsen bin (ich besitze die besondere Gabe, die romantischsten Fleckchen zu finden), und überreichte ihr als Weihnachtsgeschenk zwei kleine Porzellanbären, die als Braut und Bräutigam gekleidet waren. Doch sie blickte mich nur verwirrt an. Meine Einladung war also zu schwammig gewesen. Also musste ich es ihr vorbuchstabieren: „Willst du mich heiraten?"

Im Allgemeinen reagieren die Menschen auf drei verschiedene Arten auf die Einladung zu einer Beziehung (vier, wenn man das gelegentliche „Hä?" mitzählt): Sie nehmen sie an, sie lehnen sie ab oder sie ignorieren sie. Wenn Ihr Freund zu Ihnen sagt: „Hey, ich gehe einen Kaffee trinken, willst du mit?", haben Sie drei Möglichkeiten:

1. *Annehmen.* Manche Menschen besitzen ein besonderes Gespür dafür, solche Einladungen anzunehmen. „Ich komme nicht nur mit – ich lade dich sogar ein!" Natürlich müssen wir auf solche Einladungen nicht immer wie ein Motivationsredner nach einer Überdosis Koffein reagieren. Wichtig ist nur, dass wir uns bewusst machen, dass wir ständig

Signale aussenden – durch unseren Gesichtsausdruck, unseren Tonfall, unsere Körpersprache und unsere Gesprächspausen –, die unserem Gegenüber verraten, ob wir aufrichtig an einer Kontaktaufnahme interessiert sind. Und wenn wir eine konkrete Einladung nicht annehmen können, gibt es doch Wege, wie wir die Einladung zum Beziehungsaufbau allgemein annehmen können. „Im Moment kann ich leider nicht, aber wie wäre es mit heute Nachmittag?"

2. *Ablehnen.* Damit geben wir unserem Gegenüber aktiv zu verstehen, dass die Einladung nicht erwünscht ist. „Du bist vielleicht lustig! Ich habe viel zu viel zu tun." Menschen, die eher die Sprache der Logik sprechen als die Sprache der Emotionen, lehnen manchmal eine solche Einladung ab und schließen dadurch unabsichtlich auch die Tür zu einer engen Beziehung. Für manche Menschen ist diese Sprache der Einladungen eine völlige Fremdsprache. Sie werden sie vielleicht niemals fließend sprechen, aber sie können lernen, sich damit zu verständigen, wenn auch mit einem – durchaus reizvollen – Akzent.

3. *Ignorieren.* Wenn wir auf eine Einladung zu einer Tasse Kaffee mit einem ganz nüchternen Hinweis auf unseren Koffeinspiegel antworten – „Nein danke. Ich hatte schon einen" –, dann machen wir damit entweder deutlich, dass wir die eigentliche Einladung nicht bemerkt haben: Zeit miteinander zu verbringen. Vielleicht haben wir die Einladung tatsächlich nicht bemerkt (manche von uns sind auf diesem Ohr ganz einfach taub). Aber vielleicht haben wir die Einladung andererseits auch ganz genau wahrgenommen, aber wir haben kein Interesse an einer Beziehung und tun so, als hätten wir nicht mitbekommen, dass hier neben der Einladung zu einem Kaffee unterschwellig auch eine Einladung zu einer Beziehung ausgesprochen wurde. So oder so wird

es durch unsere Ablehnung weniger wahrscheinlich sein, dass unser Gegenüber seine Einladung noch einmal ausspricht.

In Beziehungen, in denen die Vertrautheit wächst, werden solche Einladungen oft geschickt und verspielt geäußert und aufrichtig und mit Freude wahrgenommen. Jede Begegnung ist wie eine Einzahlung auf ein Emotionskonto. Wenn ich eine meiner Töchter anrufe, trällert sie ihr „Hello" geradezu ins Telefon, als wäre sie Adele. Ich antworte mit einem melodischen „Hello, how are you? – Hallo, wie geht's dir?", und wir trällern noch ein paar Zeilen aus dem bekannten Lied. Es sind nur klitzekleine, alberne, kindische, liebevolle Begegnungen – doch genau so nimmt man das Angebot zu einer Beziehung an. Wenn ich einfach losreden würde, als hätte ich die Anspielung auf das Lied von Adele nicht bemerkt, hätte ich ihr Angebot ignoriert. Wenn ich gesagt hätte: „Können wir uns endlich mal normal unterhalten?", hätte ich ihr Angebot abgelehnt.

Wenn solche Einladungen nicht erkannt oder angenommen werden, geht es mit der Beziehung bergab.

Ein Ehepaar sitzt am Tisch und isst. Beide schauen auf das Display ihres Smartphones, lesen Facebook-Einträge und Büro-Mails.

„Schau dir mal dieses Video mit den Katzen an, die Schach spielen", sagt sie.

Er kichert. Oder auch nicht. Oder er grunzt oder schüttelt den Kopf oder beugt sich über den Tisch, um es sich anzuschauen.

Je nachdem, wie er auf ihr Angebot reagiert, macht er entweder eine Einzahlung auf das Intimitätskonto oder eben nicht.

Und das ist das Erstaunliche daran: Nimmt man eine solche Einladung an, folgt meist eine weitere.

Ein Freund fragt mich, ob ich schon gehört habe, dass die *Golden State Warriors* den Basketballer Kevin Durant verpflichtet haben.

Meine Tochter erzählt mir von dem Rockstar, der einen Beitrag für ihre Internetseite schreibt.

Mein Nachbar erkundigt sich, ob ich wüsste, wo er Büroräume mieten kann.

Meine Frau erzählt mir von ihrer Verhandlungstaktik, mit der sie die Bluse, die sie gerade trägt, 40 Prozent billiger bekommen hat und dass sie glücklicherweise schon passende Schuhe dazu hatte.

Verstehe ich die Botschaften? Werde ich lächeln? Werde ich nachhaken? Freue ich mich mit ihnen? Wenn ja, geht der Reigen weiter. In zwischenmenschlichen Beziehungen sind wahrgenommene und angenommene Einladungen wie die Zellen unseres Körpers: Diese winzigen Bausteine, derer wir uns gar nicht bewusst sind, machen in der Summe das Leben erst möglich.

## Die wahre Einladung

Jesus war der Meister in Sachen Einladungen. Er verteilte seine Einladungen zu Begegnungen recht furchtlos, wenn man bedenkt, wie groß manchmal die Wahrscheinlichkeit war, dass sie abgelehnt werden würden:

*   Er bat eine Samaritanerin, ihm etwas zu trinken zu geben. Damit fing eine sehr persönliche Unterhaltung an, die ihr Leben verändern sollte.
*   Er bemerkte einen zu kurz geratenen Steuereintreiber namens Zachäus, der in einem Baum saß, und lud ihn ein, herunterzukommen und mit ihm zu Abend zu essen.

• Er bemerkte die kleinen Kinder, die alle anderen verscheuchten. Er lud sie ein, zu ihm zu kommen, nahm sie in die Arme und segnete sie.

Sein ganzes Leben lang pflegte Jesus enge Gemeinschaft mit allen – Fischern, Prostituierten, Zöllnern, Soldaten, mit Pharisäern, die nachts zu ihm kamen, und Leprakranken, die tagsüber seine Nähe suchten.

Er sprach die großartigste Einladung aus, die uns je angeboten wurde, und das mit drei ganz einfachen Worten: „Folge mir nach." Er sprach diese Einladung gegenüber Menschen aus, die am Seeufer entlanggingen, gegenüber einem Mann am Zoll, einem reichen Jüngling (der sie ablehnte) und gegenüber Menschen, die Verluste erlitten hatten.

Jesus pflegte drei Jahre lang eine enge Freundschaft mit Petrus. Und nachdem Petrus Jesus verleugnet und Jesus ihm vergeben hatte, sprach er seine Einladung an Petrus noch einmal aus: „Folge mir nach!"[7]

Und jetzt spricht Jesus Ihnen gegenüber die gleiche Einladung aus. Genauso wie er damals angeboten hatte, bei denen zu sein, die ihm nachfolgten, in ihrem ganz alltäglichen Leben, bietet er auch Ihnen heute an, in Ihrem ganz alltäglichen Leben bei Ihnen zu sein.

Werden Sie seine Einladung annehmen, ablehnen oder ignorieren?

Doch glauben Sie nicht, es sei das Ende der Geschichte, wenn Sie sich für Möglichkeit 2 oder 3 entscheiden. Gott lädt uns ständig ein, ihm zu begegnen, und er gibt nie auf.

Jeder neue Sonnenaufgang ist nicht weniger spektakulär, nur weil wir uns an Sonnenaufgänge gewöhnt haben. Dass wir morgens aufwachen, ist eine Gewohnheit, aber es ist auch ein Mysterium und kann ein Geschenk sein. Wir können den

Beginn eines neuen Tages als Einladung sehen, das Geschenk des Lebens zu genießen, und nicht als Last, die wir zähneknirschend ertragen.

Jesus machte deutlich, dass auch ein Mensch in Not eine Einladung sein kann: „Was ihr für einen meiner geringsten Brüder oder für eine meiner geringsten Schwestern getan habt, das habt ihr für mich getan!"[8] Aber wir müssen bereit sein, unseren Alltag unterbrechen zu lassen, und uns auf das Leid einlassen.

Selbst unsere Arbeit kann eine Einladung sein: „Worin auch immer eure Arbeit besteht – tut sie mit ganzer Hingabe, denn letztlich dient ihr nicht Menschen, sondern dem Herrn."[9] Unser Computer könnte zu einem kleinen Altar werden, wenn wir zur Maus Gottes greifen.

Sogar Einsamkeit kann eine Einladung zu einer tiefen Beziehung sein, wenn wir bereit sind, stillzuhalten und zuzuhören, statt uns mit einem Bier oder dem Fernseher abzulenken: „… eine Tiefe ruft die andere."[10]

Das Licht zeigt uns Gottes Güte; Finsternis führt uns unsere Bedürftigkeit vor Augen. Aber beides kann ein Angebot sein, Gott nahezukommen: „Am Tag wird der Herr mir seine Gnade schenken, und in der Nacht begleitet mich sein Lied."[11]

Der Himmel verkündet Gottes herrliche Gegenwart, aber das tun auch einfachere Dinge auf dieser Erde, „zum Beispiel solche vortrefflichen Schöpfungen Gottes wie das samtige Fell eines Hundewelpen oder der Schrei der Wildgänse, wenn sie im November vorüberfliegen, oder junge Käfer, die auf dem Rücken von Bienen fliegen".[12]

Ein schlechtes Gewissen und Schuldgefühle können ebenfalls eine Einladung sein, Gottes Gnade und Barmherzigkeit anzunehmen.

Vielleicht hatte Elizabeth Barrett Browning doch recht:

*Die Erde ist voller Himmel*
*und jeder gewöhnliche Busch brennt vor Gott.*
*Aber nur wer es sieht, zieht die Schuhe aus.*
*Die anderen sitzen drum herum und pflücken Brombeeren.*[13]

Gott spricht jeden Tag Einladungen aus, ihm zu begegnen. Wir können sie annehmen, ignorieren oder ablehnen. Wir können aber lernen, diese Einladungen zu einer innigen Beziehung mit Gott immer besser zu erkennen. Machen Sie es sich in einem Sessel gemütlich. Werden Sie ruhig. Kochen Sie sich Kaffee, wenn Ihnen das hilft. Laden Sie Jesus ein, diesen Tag mit Ihnen zu erleben. Nehmen Sie sich einen Augenblick Zeit, um Gott dafür zu danken, dass er zu Ihnen kommt. Bekennen Sie Gott, wo Sie seine Einladungen ignoriert oder abgelehnt haben, und bitten Sie um Vergebung. Bitten Sie Gott, Ihnen dabei zu helfen, seine Einladungen zu erkennen und anzunehmen. Und hören Sie dann, wie Jesus noch einmal seine ganz große Einladung ausspricht:

„Folge mir nach."

Obwohl Sie versagt und ihn verraten haben, lädt er Sie noch einmal ein, genau wie Petrus.

„Folge mir nach."

Sagen Sie Ja. Laden Sie ihn ein, mit Ihnen durch jede Minute Ihres Tages zu gehen.

Heißen Sie seine Gegenwart in Ihrem Leben willkommen – und sei es nur, damit Sie die Gewissheit haben, dass Sie in der Dunkelheit nicht allein sind.

# Kapitel 5

# Mein Ich und die Lügen

## Selbstwahrnehmung

„... doch hat er sich von jeher nur obenhin gekannt."

William Shakespeare: König Lear

In seinem Buch über emotionale Intelligenz präsentiert Daniel Goleman den Gedanken der Selbstwahrnehmung oder der Selbstbeobachtung anhand eines alten japanischen Gleichnisses.

*Ein angriffslustiger Samurai... forderte einst einen Zen-Meister heraus, ihm Himmel und Hölle zu erklären.*

*Aber der Mönch antwortete verächtlich: „Ihr seid nichts als ein Rüpel – ich kann meine Zeit nicht mit solchen wie euch verschwenden."*

*Da er sich in seiner Ehre gekränkt fühlte, wurde der Samurai wütend, zog sein Schwert und schrie: „Für diese Unverschämtheit könnte ich euch töten!"*

*„Das", erwiderte der Mönch ruhig, „ist die Hölle."*

*Weil er verblüfft war über die Wahrheit, die der Meister ihm über die Wut, die ihn im Griff hatte, gezeigt hatte, beruhigte sich der Samurai, steckte sein Schwert zurück in die Scheide, verbeugte sich und dankte dem Mönch für diese Erkenntnis.*

*„Und das", sagte der Mönch, „ist der Himmel."*[1]

Es ist ein riesiger Unterschied, ob man unbewusst in einer Stimmung, einem Gefühl, einem Gedanken oder einem Verhaltensmuster gefangen ist oder ob man sich dessen auch *bewusst* ist.

Wenn ich denke: *Was für ein schrecklicher Tag*, werde ich traurig. Wenn ich denke: *Ich bin traurig*, schafft dieser Gedanke eine winzige, aber entscheidende Distanz zwischen mir und diesem Gefühl der Traurigkeit.

Wenn ich denke: *Du machst mich wahnsinnig*, werde ich wütend. Wenn ich denke: *Ich werde wütend*, fange ich sogar an, mich zu beruhigen.

Das Bewusstsein für meine Emotionen weckt in mir gleichzeitig das Bewusstsein dafür, dass ich nicht meine Gefühle *bin*. Und dann kann ich mein Gegenüber klarer erkennen und besser zu verstehen versuchen und eine engere Beziehung aufbauen. Es ist ein bisschen so, als würde ich nicht mehr *durch* eine Glasscheibe schauen, sondern die Scheibe *selbst* betrachten und all die Streifen, den Staub und die Sprünge bemerken, die meine Sicht behindern.

In der Bibel wird ein Mangel an Selbsterkenntnis oft mit Blindheit oder einem Problem mit den Augen verglichen. Und Blindheit gilt oft als das Haupthindernis für eine enge Beziehung zu Gott und anderen. Jesus hat viel Zeit damit verbracht, Menschen in ihrer Blindheit zu helfen – sowohl physisch als auch geistlich.

Als Martha sich bei Jesus darüber beklagte, dass die Arbeit an ihr hängen blieb, während ihre Schwester nur dasaß und ihm zuhörte, versuchte Jesus, mit seiner Antwort ihre Blickrichtung zu ändern: „Martha, Martha, du bist um so vieles besorgt und machst dir so viel Mühe."[2] Warum sagte er das? Weil Martha nicht bewusst war, dass sie sich viele Sorgen machte.

Als ein Mann einmal versuchte, Jesus in einen Streit um sein Familienerbe hineinzuziehen, antwortete Jesus: „Hütet euch vor der Habgier!"[3] Warum sagte er das? Weil dem Mann nicht bewusst war, dass er habgierig war.

Und nachdem er sein Leben lang beobachtet hatte, wie Menschen, die sich selbst für etwas Besseres hielten, die kleinen Fehler anderer kritisieren, aber blind waren für ihre eigenen großen Charakterschwächen, fragte Jesus sie: „Warum siehst du jeden kleinen Splitter im Auge deines Mitmenschen, aber den Balken in deinem eigenen Auge bemerkst du nicht?"[4] Warum sagte er das? Weil er von Splitter-Ziehern umgeben war, die nicht wussten, dass sie balkenblind waren.

Martha war enttäuscht von Jesus, weil er ihrer Meinung nach Maria nicht angemessen zurechtgewiesen hatte (und deshalb musste Martha das tun). Der habgierige Mann war wahrscheinlich enttäuscht von Jesus, weil der seinem Bruder nicht sagte, er solle das Erbe teilen. Menschen mit Balken im Auge versuchen oft, die Splitter aus den Augen der anderen zu entfernen, weil sie meinen, dass Gott nicht genügend Splitter entfernt.

Unsere Fähigkeit zum Selbstbetrug ist grenzenlos und ein echtes Problem, wenn es um tiefe Beziehungen geht. Warum? Weil Vertrautheit durch *gemeinsame* Erfahrungen wächst, und wir können uns anderen nicht öffnen, wenn uns nicht bewusst ist, was in unserer Seele und unserem Geist vor sich geht.

Außerdem hält uns unser Mangel an Selbsterkenntnis auch davon ab, Gott besser kennenzulernen. Wir haben kein klares Bild von ihm, sondern starren ihn durch die dicken Gläser unserer blinden Flecken an.

In der Antike forderte das Orakel von Delphi die Besucher des Tempels auf: „Erkenne dich selbst" – diese Erkenntnis sei der Kern der menschlichen Weisheit. Nach biblischem

Verständnis ist Selbsterkenntnis noch aus einem anderen Grund wichtig: Sie hängt ganz grundlegend mit unserer Fähigkeit zusammen, eine vertraute Beziehung zu Gott zu haben. Alle großen geistlichen Denker haben erkannt, dass es einen engen Zusammenhang gibt zwischen sich selbst kennen und Gott kennen.

Augustinus bittet in seinen *Selbstgesprächen* um etwas, das oft als zweifache Weisheit bezeichnet wird: „Gott, der ewig Gleiche, lass mich mich erkennen, lass mich dich erkennen!"[5]

Johannes Calvin greift Augustinus' Gedanken im ersten Buch seiner Reihe *Unterricht in der christlichen Religion* auf: „Die Erkenntnis Gottes und die Erkenntnis unserer Selbst sind miteinander verknüpft."[6]

Der mittelalterliche Zisterzienserabt Bernhard von Clairvaux sagte: „Kenne dich selbst, dann hast du eine gesunde Ehrfurcht vor Gott; erkenne ihn und du wirst ihn lieben."[7]

Wenn es uns an Selbsterkenntnis mangelt, kann es sein, dass wir die Angst, Wut, Habgier und Klagen, die unter der Oberfläche unseres Lebens gären, auf Gott oder andere Menschen projizieren. In dem Gleichnis von den anvertrauten Talenten erzählte Jesus von einem „bösen und faulen Verwalter"[8], der die Schuld an seinen eigenen schlechten Entscheidungen seinem Herrn zuschieben wollte: „Ich kenne dich als strengen Herrn und dachte: Du erntest, was andere gesät haben; du nimmst dir, wofür du nichts getan hast."[9]

Heilung fängt da an, wo wir uns der Tatsache öffnen, dass wir die Wahrheit über uns selbst nicht kennen. Heilung beginnt, wenn unser Verlangen, uns der Realität zu stellen, größer ist als unser Wunsch, Schmerz zu vermeiden.

Während einer Nachbesprechung zu unseren Gottesdiensten erwähnte ein Mitarbeiter beiläufig, dass es an diesem Tag Probleme mit der Videoaufnahme der Predigt gegeben hatte.

„Was war denn los?", fragte ich.

„Du hattest die meiste Zeit Speichel auf deiner Lippe. Es ist immer ein Problem, wenn wir die Predigt filmen, und du hast Speichel auf deiner Lippe." Ich hatte keine Ahnung, dass ich Speichel auf der Lippe gehabt hatte, und jetzt erfuhr ich, dass es so häufig vorkommt, dass die Videocrew damit Probleme hat. Ich war der Einzige, der dieses Problem nicht bemerkt hatte. Was soll ich sagen? Das passiert.

Jetzt habe ich einen Kollegen gebeten, mich beim Predigen zu beobachten und mir Zeichen zu geben, wenn ich Speichel auf der Lippe habe. Ich habe also tatsächlich einen Speicheldetektor.

König David sagt Folgendes zum Problem der Selbstwahrnehmung: „Wie kann ich alle meine Sünden erkennen, die ich begehe? Vergib mir diese verborgene Schuld!"[10] Das ist das Seltsame an der Sünde – die Vergehen der anderen sind mir sehr wohl bewusst, aber meine eigenen Probleme sind mir meist nicht so klar.

Vor einigen Jahrhunderten predigte Joseph Butler über unsere Neigung zum Selbstbetrug. Die Sprache ist zwar etwas altmodisch, aber was er sagt, ist zu wichtig, um es nicht zu erwähnen:

*Es gibt nichts in Bezug auf den Menschen und seinen Charakter, das so überraschend und unerklärlich ist wie seine Voreingenommenheit sich selbst gegenüber. ... So sind viele Menschen ihrem eigenen Charakter ganz und gar fremd. Ihr Denken, ihr Argumentieren und ihr Urteilen bezüglich der Dinge, die sie selbst betreffen, ist so gänzlich anders als das bezüglich der Angelegenheiten anderer. ... So kommt es, dass man hört, wie Menschen Torheiten anderer bloßstellen, deren sie selbst teilhaftig sind. Und sie sprechen sich mit großem Ernst gegen bestimmte Laster aus, deren, so sich nicht alle Welt täuscht, sie selbst offenkundig schuldig sind.*[11]

Oft gebraucht Gott andere Menschen, damit wir uns selbst besser kennenlernen. Ich habe zum Beispiel meinen persönlichen Speichelwächter. In seinem Buch *Gottes Ebenbilder-Galerie* erzählt Frederick Buechner eine etwas modernere Version der Geschichte von König David und dem Propheten Nathan:

*So ziemlich jeder König schien einen Propheten gehabt zu haben, der ihm half, ehrlich und rechtschaffen zu bleiben. … Das beste Beispiel ist natürlich gleichzeitig das bekannteste.*

*David war es gelungen, sich Urias, des Hetiters, zu entledigen, indem er ihn an die vorderste Kampflinie beordert hatte, wo er schon bald von feindlichen Scharfschützen umgelegt wurde. Nach einer angemessenen Zeit der Trauer heiratete David dann die bildhübsche Witwe von Uria: Batseba. Die Flitterwochen hatten kaum begonnen, als Nathan auftauchte und David einen Härtefall vortrug, von dem er dachte, der König solle etwas dagegen unternehmen.*

*Da gab es diese beiden Männer, sagte Nathan. Einer war ein Rancher mit riesigen Herden und allen möglichen Vierbeinern, der andere besaß dieses eine Lamm, das ihm so ans Herz gewachsen war, dass er es sich gar nicht als Kotelett oder Steak vorstellen konnte. Es lebte bei ihm zu Hause in seiner Familie, und seine Zuneigung ging sogar so weit, dass es Milch aus seiner Schale trinken und am Fußende seines Bettes schlafen durfte. Eines Tages bekam dann der Großgrundbesitzer überraschend Besuch von einem Freund, und statt etwas aus seinem eigenen vollgestopften Gefrierschrank zu holen, schickte er jemanden los, um das Lamm des armen Mannes zu beschlagnahmen, das er dann mit Bratkartoffeln und Erbsen seinem Freund servierte.*

*Als Nathan fertig erzählt hatte, platzte David der Kragen. Er sagte, jeder, der so eine Nummer abziehe, sollte eigentlich auf der Stelle erschossen werden. Aber er sollte zumindest das Vierfache vom Wert des Lammes ersetzen. Wer war überhaupt dieser gierige, räuberische Drecksack, wollte er wissen.*

*„Wenn du mal wieder an einem Spiegel vorbeikommst, dann schau doch hinein", sagte Nathan. Das war erst der erste Schlag. Als Nathan fertig war, konnte David sich vom Zimmerservice nur noch einen Schnaps in die Hochzeitssuite bringen lassen.*[12]

## Das hervorgelockte Ich

Eine der wichtigsten „Bewusstseinsfragen", die wir uns in jeder wichtigen Beziehung stellen können, ist: „Wie beeinflusst meine Beziehung zu dieser Person meine persönliche Entwicklung?"

So wie jeder Planet ein Gravitationsfeld hat, zieht uns auch jeder Mensch in unserem Leben entweder näher hin oder weiter weg von der Person, die wir werden wollen. Ich bezeichne das gern als „das hervorgelockte Ich".

C. S. Lewis schreibt: „In jedem meiner Freunde steckt etwas, was nur irgendein anderer Freund voll zur Geltung bringen kann. Ich allein bin nicht umfassend genug, um den ganzen Mann in Bewegung zu setzen."[13]

Mein Freund Kent hat zum Beispiel etwas an sich, das die besonders humorvolle Seite in meinem Kumpel Danny hervorbringt. Wenn wir drei zusammen sind, erlebe ich diese Seite von Danny, die nur Kent hervorlocken kann.

Die Vorstellung, dass jemand eine bestimmte Seite von uns hervorbringt, trifft auf alle unsere Beziehungen zu. Wenn ich mit einem bestimmten Freund zusammen bin, stelle ich fest, dass ich mehr zum Tratschen neige, und wir scheinen beide Freude daran zu haben, über andere zu urteilen. Aber ein dritter Freund, der wenig für Tratsch übrighat, bringt das nicht tratschende Ich in mir hervor.

Dieses hervorgelockte Ich wird durch unsere Reaktionen auf die Menschen um uns herum ständig neu geformt – Menschen, die hinterfragen, schmeicheln, herausfordern, lachen, ermutigen oder erniedrigen.

Nathan konnte Davids wahres Ich hervorlocken, auch wenn er sich dabei selbst in Gefahr brachte.

Aber der Meister darin, unser bestes Ich hervorzubringen, ist natürlich Jesus.

Als ein kleiner Zolleinnehmer namens Zachäus mit Jesus in Kontakt kam, machte er eine Kehrtwende wie der alte Earl in *Der kleine Lord.*

Die Samariterin am Brunnen wandelte sich von einer skandalumwitterten Einzelgängerin zur geistlichen Führungspersönlichkeit ihres Dorfes.

Aus dem impulsiven, unbeherrschten Simon wurde Petrus, der Fels.

Der samaritanische Leprakranke wurde zum Musterknaben in Sachen Dankbarkeit.

Ein Dieb am Kreuz zeigte sich reumütig und verteidigte seinen neu gefundenen Retter.

Alle stellten fest, dass sie in der Nähe von Jesus bessere Menschen waren. Sie bezeichneten das als „in Christus sein".[14]

Je enger unsere Beziehung zu Jesus ist, desto mehr werden wir *wie er* – und desto mehr können wir für andere Jesus sein.

## Das große Ich

Fjodor Dostojewski hat einmal festgestellt: „Jeder Mensch hat Erinnerungen, die er nicht jedem erzählt, sondern nur guten Freunden. Und er hat andere Gedanken im Kopf, die er nicht einmal guten Freunden erzählt, sondern nur sich selbst und nur im Geheimen. Aber es gibt Dinge, die ein Mensch sogar fürchtet, sich selbst zu sagen, und jeder normale Mensch hat einige dieser Dinge in seiner Erinnerung gespeichert."[15]

Sozialwissenschaftler haben heutzutage in vielerlei Hinsicht empirisch bestätigt, was die Verfasser der Bibel schon immer behauptet haben: Unsere Schuld macht uns blind für Selbsterkenntnis.

Eine dieser „Blindheiten" ist die sogenannte *selbstwertdienliche Verzerrung*. Die Bibel nennt dies auch als „höher von uns selbst denken, als wir sollten".[16] Die meisten Menschen sind (per Definition) in den meisten Bereichen eher durchschnittlich, aber wir stufen uns darin häufig als „überdurchschnittlich" ein. Die meisten halten sich zum Beispiel für überdurchschnittlich gute Autofahrer (einschließlich derjenigen, die gerade nach einem selbst verschuldeten Verkehrsunfall im Krankenhaus liegen).[17] Nur 2 Prozent der Universitätsdozenten bewerten sich selbst als unterdurchschnittlich; 63 Prozent sagen, sie seien überdurchschnittlich, und 25 Prozent halten ihre Fähigkeiten sogar für außergewöhnlich.[18] (Übrigens ist diese selbstwertdienliche Verzerrung der Grund, warum wir in einem Streitgespräch so selten innehalten und überlegen: *Ihre Argumente sind wahrscheinlich besser durchdacht als meine.*)

Einem anderen Verhaltensmuster – der sogenannte *Attributionsfehler* oder *Korrespondenzverzerrung* – zufolge neigen wir dazu, unser eigenes Versagen äußeren Ursachen zuzuschreiben, dagegen aber das Versagen anderer als ihre eigene

Charakterschwäche zu betrachten. Wenn Sie bei meiner Predigt einschlafen, sind Sie wohl gestern zu spät ins Bett gegangen. Aber wenn ich bei Ihrer Predigt einschlafe, dann sind Sie offensichtlich ein schlechter Prediger.[19]

Diese Problematik verschlimmert sich zunehmend. David Brooks schreibt: „Wir haben einen Wandel von einer Kultur der Demut zu einer Kultur erlebt, die man das ‚übergroße Ich' nennen könnte – von einer Kultur, die die Menschen angehalten hat, bescheiden von sich zu denken, zu einer Kultur, die die Menschen ermutigt, sich zum Mittelpunkt des Universums zu machen."[20]

1954 hielten sich nur 12 Prozent der Amerikaner selbst für „VIPs" – für sehr wichtige Menschen. 1989 war die Zahl auf 80 Prozent gestiegen.[21]

Wir leben in einer Zeit, in der Menschen wie der Prophet Nathan, die sich ihrer selbst und ihrer Mängel bewusst sind und anderen einen Spiegel vorhalten, kaum einen Job finden würden. Wir hören lieber, wie großartig wir sind, als uns unsere Fehler vor Augen halten zu lassen. Deshalb wird unser Leben immer mehr zu einer schlechten Ausgabe von „Deutschland sucht den Superstar". Wir sind so sehr davon überzeugt, dass wir großartig sind, dass wir nicht merken, wie sehr es uns an echter Begabung fehlt – bis uns jemand die Wahrheit ins Gesicht sagt.

## Mutige Gnade

Jakobus schreibt: „Allerdings genügt es nicht, seine Botschaft nur anzuhören; ihr müsst auch danach handeln. Alles andere ist Selbstbetrug! Wer Gottes Botschaft nur hört, sie aber nicht in die Tat umsetzt, dem geht es wie einem Mann, der in den

Spiegel schaut. Er betrachtet sich, geht wieder weg und hat auch schon vergessen, wie er aussieht."[22]

Selbsterkenntnis bedeutet, dass wir unsere Stärken und Wertvorstellungen kennen, aber auch unsere Schwächen und Fehler sehen.

Ignatius von Loyola, der wichtigste Mitbegründer der Jesuiten, entwickelte eine Reihe von geistlichen Übungen, um sicherzustellen, dass die Mitglieder seiner Glaubensgemeinschaft sich mit Gottes Hilfe ihrer selbst stärker bewusst wurden. Seine Anhänger übten sich darin, ihr Leben Tag für Tag so gründlich zu prüfen, wie ein Arzt einen Patienten nach Symptomen einer Krankheit untersucht. Auch der bekannte, bereits verstorbene Managementberater Peter Drucker wies darauf hin, dass Johannes Calvin und Ignatius von Loyola diese Form der Selbstanalyse begründeten. „Diese Fokussierung auf Leistung und Ergebnis", schreibt Drucker, „erklärt, warum die von diesen beiden Männern begründeten Institutionen – die calvinistische Kirche und der Jesuitenorden – innerhalb von dreißig Jahren in Europa vorherrschend waren."[23]

Manchmal verleitet uns der christliche Glaube – der uns eigentlich bewusst machen sollte, wer oder wie wir wirklich sind – aber auch dazu, uns selbst etwas vorzumachen. „Christen sind meist aufrichtige und gut meinende Menschen", schreibt Richard Rohr, „bis man auf die wirklich relevanten Themen zu sprechen kommt, wie das Selbst, Kontrolle, Macht, Geld, Vergnügen und Sicherheit. Dann sind sie meist auch nicht anders als alle anderen."[24]

Brené Brown schreibt in ihren Büchern über etwas, das sie „Leben aus vollem Herzen" nennt. Zu einem solchen Leben gehört, dass man sich nicht versteckt, dass man das Streben nach Perfektion und Scham ablegt und bereit ist, sich verletzlich zu machen, um wirklich authentisch zu leben. Menschen, die aus vollem Herzen leben, sagt sie, teilen eine Überzeugung: dass sie „es *wert* sind, geliebt zu sein und dazuzugehören".[25]

Diejenigen, die zu mehr Selbstwahrnehmung aufrufen, sprechen oft davon, dass wir den Mut brauchen, der Wahrheit über uns selbst ins Auge zu sehen – Mut, der auf der Überzeugung basiert, dass wir wertvoll und kostbar sind.

Niemand hat die Menschen mehr dazu aufgefordert, den Mut zu haben, sich der Wahrheit über sich selbst zu stellen, als Jesus. *Gnade* war der Grund dafür, dass er uns dazu aufrief. Die folgende Geschichte illustriert sehr schön das Ausmaß dieser Gnade.

Vor einigen Jahren unternahmen wir mit der Familie eine lange Autofahrt, und eine meiner Töchter (die damals etwa sechs oder sieben war) bat mich, ihr eine Geschichte zu erzählen. Ich dachte mir damals ständig Geschichten für meine Töchter aus, aber das ist die einzige, an die ich mich noch erinnern kann. Es war die Geschichte von einem Prinzen und seinem Pferd:

Der Prinz ist mutig und schön, aber er ist auch ziemlich stolz und arrogant. Das Pferd hingegen ist einfach fantastisch: Es ist demütig und treu, liebt und dient dem Prinzen viel mehr, als der es verdient hat. Der Prinz weiß das Pferd nicht wirklich zu schätzen, aber das Pferd lebt nur für den Prinzen.

Als sie eines Tages in einer Schlacht kämpfen und der Prinz zu Fuß in einen Schwertkampf verwickelt wird, schießt jemand einen Pfeil auf ihn. Als das Pferd sieht, dass der Pfeil den Prinzen treffen und töten wird, springt es vor den Prinzen, fängt den Pfeil ab, der es ins Herz trifft, und stürzt zu Boden. Plötzlich wird dem Prinzen bewusst, dass sein Pferd der beste Freund war, den er je gehabt hat, und dass er das nicht verdient hat. Er fängt an zu weinen, aber es ist zu spät. Das Pferd ist tot.

Inzwischen saß auch meine Tochter schluchzend auf der Rückbank und Nancy sagte zu mir: „Musste das Pferd denn wirklich sterben? Weißt du, dass diese Geschichte uns viele Jahre Therapie einbringen könnte?"

Ja, es musste sterben, denn so ist das bei den größten Liebesgeschichten dieser Welt eben immer.

„Niemand liebt mehr als einer, der sein Leben für die Freunde hingibt."[26]

Das hat Jesus gesagt.

Jesus hat uns so sehr geliebt, und er ist für uns gestorben, um uns das zu beweisen – und das beweist, dass wir es wert sind, *geliebt zu werden und Beziehungen einzugehen.* Seine Liebe kann uns den Mut verleihen, uns der Wahrheit über uns selbst zu stellen. Und diese Selbsterkenntnis macht es erst möglich, dass wir vertraute Beziehungen mit anderen Menschen eingehen.

## Das Paradoxe an der Selbsterkenntnis

Hier ist das Paradoxe an der Selbsterkenntnis: Obwohl sie notwendig ist, weil erst dadurch echte Vertrautheit möglich wird, stellt sie gleichzeitig ein großes Hindernis dar. Wenn uns bewusst wird, wie zerbrochen wir sind und wie viel Hässliches es bei uns gibt, wir aber die Gnade und unseren Wert als Kinder Gottes aus dem Blick verlieren, schrecken wir vor vertrauten Beziehungen zurück. Und unsere Welt ist voll von klugen, fähigen, erfolgreichen, einsamen und verängstigten Menschen.

Selbsterkenntnis allein genügt also nicht. Zu echter Vertrautheit gehört auch das Geschenk der Annahme, das uns die Selbsterkenntnis nicht machen kann.

Henri Nouwen erzählt in einem seiner Bücher davon, dass er sich sehr einsam fühlte, und das, obwohl er ein herausragender Autor und Lehrer war. Er hatte den Eindruck, Gott wollte, dass er seinen Lehrstuhl in Harvard aufgab, um in einer Gemeinschaft mit schwerbehinderten Männern und Frauen zu leben und ihnen zu dienen.

*Das Erste, was mich verblüffte, als ich in ein Haus mit geistig behinderten Menschen zog, war, dass ihre Zu- oder Abneigung mir gegenüber völlig unabhängig war von alldem, was ich bis dahin getan hatte. Da keiner von ihnen meine Bücher lesen konnte, konnten diese auch niemanden beeindrucken. Und da die meisten von ihnen nie in die Schule gegangen waren, war auch meine zwanzigjährige Lehrtätigkeit in Notre Dame, Yale und Harvard nicht von Bedeutung. Meine beträchtlichen Erfahrungen im ökumenischen Bereich waren noch weniger wert. Als ich beim Abendessen einem der Mitarbeiter das Fleisch reichte, meinte einer der Behinderten zu mir: „Gib ihm kein Fleisch. Er isst kein Fleisch. Er ist Presbyterianer."…*

*Diese zerbrochenen, verletzten, schlichten Menschen zwangen mich, mein großes Ego abzulegen – jenes Ich, das etwas kann, etwas vorzuzeigen hat, etwas beweisen und erreichen will – und mir mein ungeschminktes Ich zurückzuerobern, in dem ich völlig verletzlich und offen bin. Erst so konnte ich Liebe annehmen und geben, und das völlig unabhängig von irgendwelchen Errungenschaften.*[27]

Als er Jesus Christus „in diesen meinen geringsten Brüdern und Schwestern" entdeckte, fand Henri Nouwen auch Heilung.

Die zentrale Botschaft der Menschwerdung Gottes ist, dass er uns nicht wegen dem liebt, was wir geleistet haben, sondern weil er uns erschaffen hat und bei uns sein möchte. Es ist eine Sache, sich selbst zu kennen. Aber es ist eine andere Sache zu wissen, dass Gott – der heilige Schöpfer des Universums – uns durch und durch kennt und trotzdem liebt – vollständig, ohne Wenn und Aber und grenzenlos.

## Wirklich ich sein

In einem der *Narnia*-Romane von C. S. Lewis wird ein Junge namens Eustachius in einen Drachen verwandelt. Später wird er von Aslan, der Christus-Figur in den Geschichten, aufgefordert, in einem Teich zu baden, dessen Wasser Eustachius reinwaschen, ihn neu machen kann, damit er neugeboren wird. Aber zuerst, so heißt es, muss er sich ausziehen. Eustachius versteht zunächst nicht, was gemeint ist. Doch dann begreift er, dass er seine alte Drachenhaut ablegen soll. Oder anders gesagt: Er soll Buße tun. Er muss sich die Wahrheit über sich selbst eingestehen.

Er versucht es, aber es ist sehr schwer. Es dauert sehr lange, aber er schafft es, die harte, schuppige Drachenhaut abzulegen. Als er zum Wasser geht, schaut er auf seine Füße und merkt, dass sie noch genauso hart und schuppig sind wie vorher. Unter der ersten Drachenhaut ist noch eine zweite. Er versucht es noch einmal, aber es passiert immer wieder das Gleiche, bis er schließlich verzweifelt. Dann sagt Aslan: „Ich werde dich ausziehen müssen."

Und so beschreibt Eustachius dieses Erlebnis:

*Ich hatte ziemliche Angst vor seinen Tatzen, das kann ich dir sagen, aber ich war inzwischen völlig verzweifelt. Deshalb legte ich mich einfach flach auf den Rücken und ließ ihn machen.*

*Der erste Riss war so tief, dass ich dachte, er ginge bis ins Herz. Und als er anfing, mir die Haut abzuziehen, da schmerzte es schlimmer als alles, was ich jemals gespürt habe. Ich konnte es nur deshalb aushalten, weil es sich so gut anfühlte, als das Zeug abging. Weißt du – es ist so, wie wenn man bei einer Wunde den Schorf abreißt. Es tut weh wie verrückt, aber es ist so schön, wenn man sieht, wie er abgeht …*

*Also er zog das schreckliche Zeug einfach ab – so, wie ich dachte, ich hätte es die drei Male vorher getan, bloß hatte es da nicht wehgetan –, und da lag es auf dem Gras; nur war diese Haut sehr viel dicker und dunkler und warziger als die vorherigen. Und ich war so glatt und so weich wie eine geschälte Rute und viel kleiner als vorher. Dann packte er mich – das gefiel mir gar nicht, denn jetzt, wo ich keine Haut mehr anhatte, war ich sehr empfindlich – und warf mich ins Wasser. Es brannte wie die Hölle, aber nur für einen Augenblick. Dann wurde es ganz herrlich, und sobald ich zu schwimmen und zu planschen begann, merkte ich, dass der Schmerz in meinem Arm weg war. Und dann sah ich, warum. Ich hatte mich wieder in einen Jungen verwandelt.*[28]

Stellen Sie sich doch jetzt einmal vor, Sie kommen zu diesem Teich. Bitten Sie Jesus, an Ihrer Seite zu sein. Denken Sie über seine große Liebe zu Ihnen nach und darüber, dass Sie so wertvoll für ihn sind, dass er sein Leben für Sie gab.

Bitten Sie ihn, genau wie Eustachius, diesen geistlichen Eingriff bei Ihnen vorzunehmen. Bitten Sie ihn, all Ihre Verteidigungsstrategien, das Leugnen, die Selbstrechtfertigung und all die kleinen Tricks zu entfernen, die Sie benutzen, um sich nicht der Wahrheit über sich selbst zu stellen. Sagen Sie Gott, dass Sie bereit sind, ihn diese alte Drachenhaut abziehen zu lassen, auch wenn es wehtut. Bitten Sie ihn um Klarheit – damit

Sie sich selbst nicht zu viel und nicht zu wenig vorwerfen. Bitten Sie ihn um die Fähigkeit, das, was gerade geschieht, zu verstehen. Bitten Sie ihn, Ihre Gefühle und Gedanken zu reinigen und Ihnen das Verlangen zu schenken, Ihr Leben ganz anders zu leben.

Beenden Sie diese Zeit des Nachdenkens nicht, ohne auch über Gottes *Gnade* nachzudenken. Jesus selbst hat gesagt: „Niemand liebt mehr als einer, der sein Leben für die Freunde hingibt."

Wenn Sie sich jetzt fragen, wen er damit gemeint hat, dann schauen Sie einmal in den Spiegel, wenn Sie das nächste Mal an einem vorbeikommen.

Kapitel 6

# Die Freuden des
# Geschworenendienstes

Die goldene Regel vertrauter Beziehungen

Wenn zwei Menschen enge Gemeinschaft haben,
wenn ihre Wesen sich so eng verbinden wie zwei Körper
beim Geschlechtsverkehr, dann ergießt sich etwas vom
einen in den anderen, das die Kraft hat, die tiefsten
Wunden der Seele zu heilen und sie wieder gesund zu
machen. Derjenige, der empfängt, erlebt die Freude,
geheilt zu werden. Derjenige, der gibt, erfährt die noch
größere Freude, gebraucht zu werden, um Heilung
herbeizuführen. Im Herzen von jedem Kind Gottes ist
etwas Gutes, das stärker ist als alles Böse. Es ist da und
wartet darauf, freigesetzt zu werden, um Wunder zu
wirken. Aber das geschieht nur selten.

Larry Crabb: Connecting

Es war an einem Montagmorgen um neun Uhr. Ich war einer
der 150 Unglücklichen, die auf Plastikstühlen im unpersön-
lichen, überfüllten Kellergeschoss des Gerichtsgebäudes von
San Mateo County saßen, weil sie als Geschworene geladen
waren. Und wir hatten noch etwas gemeinsam: Wir wünsch-
ten, wir wären woanders.

Bis Larry auftauchte.

Larry arbeitet für die Regierung, und was auch immer wir ihm dafür bezahlen, es ist nicht genug. In nur wenigen Minuten gewann er den ganzen Haufen an potenziellen Geschworenen für sich und vermittelte uns das Gefühl, dass es eine Ehre war und dass wir wirklich gebraucht wurden. Es fing damit an, dass er offen ansprach, was alle dachten:

„Ich weiß, dass Sie alle vielbeschäftigte Leute sind. Sie haben viel zu tun, und deshalb empfinden Sie das hier als Störung. Aber ich möchte Ihnen danken. Ich möchte Ihnen im Namen unserer Richter, unseres Rechtssystems, im Namen von San Mateo County und eigentlich im Namen unseres gesamten Landes sagen, wie dankbar wir Ihnen für Ihren Dienst sind."

Obwohl sich in unserem Land eigentlich niemand darüber freut, als Geschworener berufen zu werden, machte Larry uns deutlich, dass diese Aufgabe sehr wichtig ist und die Grundlage des amerikanischen Rechtssystems bildet, in dem die Menschen ein Recht auf eine Gerichtsverhandlung vor ihresgleichen als Geschworenen haben.

Er erzählte uns die Geschichte einer 95-Jährigen, die nicht mehr Auto fahren konnte und dreimal umsteigen musste, um mit dem Bus zum Gericht zu kommen und dort ihren Beitrag zu leisten.

Als sie schließlich eintraf, erkundigte Larry sich: „Haben Sie auch vorher angerufen, um sicher zu sein, dass Sie noch als Geschworene gebraucht werden?"

„Ich konnte nicht", antwortete sie. „Ich habe doch kein Tastentelefon." Es stellte sich heraus, dass sie noch ein Telefon mit Wählscheibe hatte. (Googeln Sie es, wenn Sie nicht wissen, was das ist.)

Larry erinnerte uns daran, wie wichtig Gerechtigkeit ist, wie viele Jahrhunderte man darum gestritten hat und dass auch heute noch Menschen auf der ganzen Welt um dieses Privileg kämpfen und manchmal sogar dafür sterben.

Bei seinen Worten steckten die Anwesenden ihre Handys weg. Sie richteten sich auf, stießen einander an und waren plötzlich ganz motiviert.

Als meine Nummer aufgerufen wurde, war ich so aufgeregt, dass ich dem Richter auf seine Frage hin, ob ich denn auch jemanden für schuldig erklären könnte, erklärte, dass ich Pastor sei und dass die Bibel sagt, dass wir alle schuldig sind. Ich erwiderte: „Ich könnte sogar *Sie* für schuldig erklären!"

An jenem Tag wurde ich nicht zum Geschworenen berufen, aber hier geht es mir um Folgendes: Innerhalb weniger Minuten waren aus einem Haufen desinteressierter, schweigsamer, auf dem Handy tippender, selbstgenügsamer Geladener begeisterte Patrioten geworden. Als die Menschen an diesem Tag das Gerichtsgebäude verließen, unterhielten sie sich und lachten miteinander, als seien sie alte Freunde.

Was war geschehen?

Die Erklärung dafür nennt sich „die goldene Regel vertrauter Beziehungen".

## Die goldene Regel

Wenn Sie wissen wollen, wie Sie gelingende Beziehungen aufbauen können, müssen Sie nur einen Blick in den Brief an die Gemeinde in Rom werfen. Dort finden Sie eine zentrale Anweisung des Apostels Paulus, und wenn Sie dieses Prinzip befolgen, wird es Ihnen nie an engen Freundschaften mangeln. Wenn Sie es allerdings nicht befolgen, werden Sie nie enge Freundschaften erleben. Es steht im Zentrum dessen, was alle guten Eltern instinktiv für ihr Kind tun. Es ist ein grundlegendes Bedürfnis, das es Kindern erlaubt zu lernen, mit der Realität fertigzuwerden – und es hilft dem Gehirn eines Kindes, sich gesund zu entwickeln.

Diese Regel ist so einfach, dass sogar Kinder sie beherrschen, und gleichzeitig so herausfordernd, dass selbst manche Genies sie nicht verstehen.

Was ist die goldene Regel tiefer Beziehungen? „Freut euch mit den Fröhlichen! Weint aber auch mit den Trauernden!"[1] Freude und Trauer sind gewissermaßen das Herzstück unseres Gefühlslebens. Das Wunder zwischenmenschlicher Beziehung wird Wirklichkeit, wenn wir den emotionalen Zustand einer anderen Person erkennen, mitfühlen und daran teilhaben. Menschen, die uns verstehen – so wie Larry, der Justizbeamte –, knüpfen nicht nur eine Beziehung zu uns, sondern können auch dafür sorgen, dass wir nicht länger von negativen Emotionen beherrscht werden, sondern eine positive Einstellung bekommen. Das ist eine ziemlich geniale Sache.

Damit wir uns freuen, sind normalerweise kleine Erfolgserlebnisse nötig: Ihr Chef war mit Ihrer Arbeit zufrieden. Jemand hat Ihnen ein Kompliment über Ihr Aussehen gemacht. Sie dachten, das Auto müsste in die Werkstatt, aber es hat sich spontan selbst repariert. Die *Chicago Cubs* haben die Baseballmeisterschaft gewonnen. (Haben sie übrigens wirklich!) Wenn Sie jemanden etwas mehr lächeln sehen als gewöhnlich oder jemand etwas gesprächiger oder optimistischer ist als sonst, und Sie freuen sich mit, machen Witze oder necken den anderen, dann bauen Sie an einer Beziehung.

Andererseits muss „Trauern" nicht unbedingt bedeuten, dass man in Sack und Asche geht und in Tränen aufgelöst ist. Trauer kann auch die Enttäuschung darüber beinhalten, dass man zu spät zur Arbeit kommt, weil Stau war. Oder der Schmerz darüber, dass Sie sich vor dem Verlassen des Hauses mit jemandem gestritten haben. Oder eines Ihrer Kinder ist schlecht in der Schule. Oder Sie haben eine Datei gelöscht, die Sie noch brauchen. Oder Sie sind enttäuscht darüber, wie Ihre Präsentation gelaufen ist. Oder die *Cleveland Indians* haben die Baseballmeisterschaft verloren. Wenn Sie jemanden sehen, der niedergeschlagen und in sich gekehrt wirkt, und Sie gehen auf die Person zu und zeigen Mitgefühl, dann bauen Sie an einer Beziehung. Ein einziger Mensch, der uns wahrnimmt und mit uns trauert, kann alles verändern.

Noch bevor wir ein bestimmtes Gefühl, wie zum Beispiel Neid, Dankbarkeit oder Enttäuschung, in komplexe Kategorien einordnen können, lösen unsere Emotionen etwas in uns aus, das entweder positiv oder negativ ist. Sobald das geschieht, halten wir nach jemandem Ausschau, mit dem wir es teilen können.

Beobachten Sie einmal eine Mutter mit ihrem Säugling. Wenn das Kind anfängt zu weinen, schiebt die Mutter instinktiv die Unterlippe vor und macht traurige, tröstende Laute. Damit gibt sie dem Säugling zu verstehen: „Ich verstehe dich. Ich weiß, wie du dich fühlst." Im Gegenzug fühlt sich das Kind „erfühlt". Und dann passiert etwas psychologisch Erstaunliches und Wunderbares: Das Gehirn des Kindes verändert sich ein kleines bisschen und es beruhigt sich ein wenig. Es ist, als hätte die Mutter ein wenig von den Sorgen des Kindes auf sich genommen und hätte dem Kind dafür ein wenig von ihrem Frieden gegeben.

Sich „erfühlt" zu fühlen ist für die Seele das, was für den Magen die Nahrung oder für die Lunge der Sauerstoff ist.

Um sich „erfühlt" zu fühlen, sind zwei Dinge nötig, die wir einander schenken können: Wir müssen den anderen *kennen* und *annehmen*. Wenn Sie meine Schwächen oder meine Verletzungen kennen, sie Ihnen aber egal sind, können Sie mir nicht helfen.

Aber wenn Sie mich dagegen so annehmen, wie ich bin, aber nichts davon wissen, dass mir mein Herzen gebrochen wurde, können Sie auch nicht heilend in meine konkrete Situation hineinwirken.

Aber wenn Sie von meiner Schwachstelle wissen – von meinen Sorgen oder meinem Schmerz – und mich trotzdem ganz und gar annehmen, dann geschieht das Wunder einer Beziehung.

Etwas Ähnliches (aber Lustigeres) geschieht, wenn ein Säugling lächelt. Die Eltern lächeln zurück. Wenn das Kind lustige gurgelnde Laute von sich gibt, dann vollführen die Eltern einen kleinen Tanz, der so viel bedeutet wie: „Ich sehe, dass du fröhlich bist, und du sollst wissen, dass ich fröhlich bin, wenn ich sehe, dass du fröhlich bist. Wir führen einen Freudentanz auf."

Dieser Aufbau einer Beziehung braucht etwas, das Daniel Goleman „Abstimmung" nennt, „eine Aufmerksamkeit, die über ein momentanes Mitgefühl hinausgeht, hin zur vollen, anhaltenden Gegenwart, die ein harmonisches Verhältnis erleichtert".[2] Ein Baby lacht. Die Eltern nicken und lächeln. Das Kind weiß, dass es verstanden wird. So entwickeln wir uns weiter. So leben wir. So lieben wir.

Als wir ganz klein waren, hing die Entwicklung unseres Gehirns vollständig von diesen Vorgängen ab. Auch jetzt, wo wir älter sind, erzeugt diese Abstimmung bei uns ein Gefühl der Verbundenheit mit einem anderen Menschen.

Vertrautheit entsteht dann, wenn man Erfahrungen teilt, und Freude und Trauer sind grundlegende Erfahrungen unseres Herzens. Unser Herz (im übertragenen Sinn) ist der fühlende Teil von uns, der Ort, an dem wir vor Freude fliegen und vor Schmerz sterben könnten. Und diese Erfahrungen mit anderen zu teilen hat etwas Magisches: Wenn wir Freude teilen, wird sie größer, wenn wir Schmerz teilen, wird er kleiner.

Wenn wir allerdings Paulus' goldene Regel für vertraute Beziehungen missachten, dann säen wir Missstimmung. Wenn jemand sich freut, und ich bin darüber traurig, bereitet das den Boden für Neid, Eifersucht, Undankbarkeit, Missfallen und Unzufriedenheit.

Zum Thema „Eifersucht" meinte Anne Lamott, eines der schwierigsten Dinge am Autorendasein sei, dass „den schlimmsten, wütendsten Autoren, die es am wenigsten verdient haben, die spektakulärsten, wunderbarsten Erfolge zufallen – oder um es mit anderen Worten zu sagen: immer den anderen".[3] Das schrieb sie in einem Buch, das *Wort für Wort* heißt, brillant geschrieben und urkomisch ist und sich zigfach verkauft hat. Ich freue mich so für sie!

Genauso schädlich ist es, wenn jemand anderes traurig ist und ich mich darüber freue. Man nennt das auch Schadenfreude. Im Buch der Sprüche heißt es dazu treffenderweise: „Freue dich nicht über das Unglück deines Feindes; juble nicht über seinen Sturz!"[4]

## Weshalb wir dazu aufgefordert werden, uns zu freuen

Der Vers in Römer 12,15 ist einer von zahlreichen Bibelstellen, in denen Paulus (und andere biblische Autoren) uns zur Freude auffordert. Wenn in der Bibel stünde, dass wir uns freuen *können*, würde uns das vermutlich nicht überraschen. Aber warum werden wir dazu *aufgefordert*?

Ich glaube, es liegt daran, dass wir den Menschen, denen wir begegnen, nur dann Freude schenken können, wenn wir selbst zutiefst von Freude erfüllt sind. Unsere Freude ist also nicht nur für uns gedacht. Wir wissen alle, dass unser Leben an Qualität gewinnt, wenn wir mit fröhlichen Menschen zusammen sind, egal, ob wir uns zu Hause, auf der Arbeit, in der Gemeinde oder in anderen Kontexten bewegen. Deshalb sind wir es den Menschen in unserem Umfeld schuldig, so fröhlich wie möglich zu sein. Und weil Freude ansteckend ist, ergibt sich daraus automatisch, dass fröhliche Menschen mehr tiefgehende Beziehungen haben als freudlose.

Als ich klein war, hat mein Vater – wenn er besonders gut gelaunt war – meine Geschwister und mich mit Gesang geweckt. Mein Vater ist kein Naturtalent und sang deshalb das Lied „Good Morning to yooooou" absichtlich so schief, dass es so klang, als singe ein verschnupfter Elch. Aber wir liebten es alle, weil es bedeutete, dass unser Vater fröhlich war. Wenn Kinder merken, dass der Vater gute Laune hat, dann wissen sie: „Das wird ein guter Tag."

Vor Kurzem zogen meine Eltern, die jetzt beide über achtzig sind, aus dem Haus aus, in dem sie viele Jahrzehnte gelebt hatten. Mein Bruder, meine Schwester und ich halfen beim Umzug und entdeckten in den Sachen meiner Eltern Erinnerungen aus einem ganzen Leben.

Morgens verließ mein Vater das Haus, um für alle Kaffee zu holen, und kam singend zurück. Meine Schwester Barbie, die jetzt in ihren Sechzigern ist, erzählt noch heute, wie schön es früher war, unseren Vater vor Freude singen zu hören.

Als ich später zum Flughafen fuhr, fing meine Mutter, die sehr witzig sein kann, an, mich von der Rückbank her wegen meiner Fahrweise auf lustige Art zu piesacken. Es klingt zwar nicht lustig, aber es war so gemeint:

„John, wir wären schneller, wenn du ganz links fahren würdest, auf der Spur für Fahrgemeinschaften", riet sie mir.

Als ich nach links wechselte, sagte sie: „So werden wir die Ausfahrt verpassen."

Als ich wieder rüberwechseln wollte, sagte sie: „Du darfst nicht über die doppelte gelbe Linie fahren."

Als ich wieder auf die Spur für Fahrgemeinschaften fuhr, sagte sie: „Jetzt verpassen wir bestimmt die Ausfahrt."

Schließlich überquerte ich ganz geschmeidig alle vier Fahrspuren und meine Mutter sagte hinten zu meiner Schwester: „Barbie, schnall dich sofort an."

Ich sagte: „Mutter…", und sie murmelte einen dieser mütterlichen Klassiker: „Ich sag ja gar nichts."

Das sagt sie immer.

Dann ging es mir auf: „Wenn du nichts sagst, was sind das dann für Laute, die aus deinem Mund kommen? Wenn du sagst: ‚Ich sag ja gar nichts', musst du etwas sagen, um das zu sagen. Also widersprichst du dir selbst, während du das sagst. Und du sagst das schon dein ganzes Leben lang. Ich weiß jetzt, was ich einmal auf deinen Grabstein meißeln lasse: ‚Hier liegt Kathy Ortberg. Endlich sagt sie wirklich nichts mehr.'"

Wir mussten alle so sehr lachen, dass ich die Ausfahrt tatsächlich verpasste.

Was ich damit sagen will: Wir schätzen fröhliche Augenblicke deshalb so sehr, weil sie uns Heilung schenken und einander nahebringen. Und außerdem geht es bei Freude nicht nur um uns und unser Wohlbefinden. Die Forschung hat herausgefunden, dass fröhliche Menschen mehr Mitgefühl zeigen als weniger fröhliche Menschen. Sie sind in finanzieller Hinsicht großzügiger als weniger fröhliche Menschen. Sie haben mehr und engere Freundschaften als weniger fröhliche Menschen. Ihre Ehen halten statistisch gesehen länger. Sie sind in schwierigen Situationen belastbarer. Sie haben mehr Lebensfreude und Lust am Leben.[5]

Nehemia sagte: „… die Freude am Herrn gibt euch Kraft!"[6] Das stimmt ganz buchstäblich. Wo jemand mehr Freude hat,

134

hat er auch mehr Energie, Gesundheit, Güte und wird eher geneigt sein, sich richtig zu verhalten.

Auch an unserer Arbeitsstelle sind wir aufgefordert, unserer Arbeit mit Freude nachzugehen, denn wenn wir freudig arbeiten, wirkt das ansteckend und verbessert wiederum die Arbeit der Menschen in unserem Umfeld.

Menschen, die sich darauf verstehen, tiefgehende Beziehungen aufzubauen, halten Ausschau nach Gelegenheiten, bei denen sie anderen Freude bereiten können. Ich arbeite zum Beispiel mit einer Kollegin zusammen, die Linda heißt und eine gute Freundin von Nancy und mir ist. Linda hat die Gabe des Neckens. Weil sie weiß, dass ich Bücher liebe, hat sie einmal einen Stapel Liebesromane von Danielle Steel in das Regal neben meine Bibelkommentare gestellt und mit Kollegen darum gewettet, wie lange es dauern würde, bis ich es merke.

Damit es noch lustiger wurde, sorgte sie jedes Mal, wenn ich ein Foto für die Öffentlichkeitsarbeit brauchte, dafür, dass ich genau vor diesen Romanen stand. Jemand mit mehr Blick fürs Detail als ich mag sich vielleicht gefragt haben, warum ich mich mit *Herzstürme* oder *Schicksalstage* habe ablichten lassen. (*Unbeantwortete Gebete*, *Unglaubliche Gnade* und *Der verlorene Sohn* wären sinnvoller gewesen.) Leider mussten wir uns von Linda trennen, aber solange sie da war, hatten wir wirklich Spaß. (Nein, Quatsch, es macht immer noch Spaß, mit ihr zu arbeiten.)

### Wozu trauern?

Paulus fordert uns auch auf, mit den Trauernden zu trauern. Er sagt nicht: „Gebt den Trauernden einen guten Rat." Er sagt nicht: „Erinnert die Trauernden daran, dass sie durch die Auferstehung Jesu siegreich aus schwierigen Situationen hervorgehen und ihre Trauer ein Zeichen für mangelnden Glauben ist." Er sagt auch nicht: „Erklärt den Trauernden, dass Gott bei allem, was passiert, einen guten Plan hat und sie ihm einfach vertrauen sollen."

Nein, er sagt uns, was wir tun sollen: „Helft einander, eure Lasten zu tragen! Auf diese Weise werdet ihr das Gesetz erfüllen, das Christus uns gegeben hat."[7] Und Trauer ist eine dieser Lasten. Wenn wir mit anderen trauern, teilen wir ihre Last mit ihnen. Nichts verändert sich dadurch an der Situation. Nichts kommt in Ordnung. Kein Problem wird gelöst – aber der andere ist mit seiner Trauer nicht mehr allein. Und das ändert alles.

Der Philosoph Nicholas Wolterstorff stellt fest, dass diese Aufforderung antiken Ratschlägen widerspricht. Er schreibt: „Die Stoiker sagten: Bleib ruhig. Distanziere dich. Lache nicht und weine auch nicht. Jesus sagt: Sei offen für die Wunden dieser Welt. Trauere angesichts der Trauer der Menschen, weine über die Tränen der Menschen, lass dich verletzten, so wie auch die Menschen verletzt werden, leide unter dem, worunter auch die Menschen leiden. Aber tu all das in der freudigen Erwartung, dass der Tag des Friedens kommen wird."[8]

Weinen. Tränen sind eines der großen Mysterien der Menschheit. Charles Darwin beschrieb emotionale Tränen einmal als „sinnlos". In den 1960er-Jahren stellte sogar einmal jemand die Theorie auf, dass der Mensch von im Wasser lebenden Menschenaffen abstamme und uns Tränen früher halfen, im Salzwasser zu leben.[9]

Aber in Wirklichkeit sind Tränen eine der genialsten Erfindungen Gottes, um vertraute Beziehungen zu erschaffen. Tränen führen zu Intimität. Tränen zeigen, dass wir verletzlich sind. Um es mit den Worten des Dichters Robert Herrick zu sagen: „Tränen sind die edle Sprache der Augen."[10] Und der führende „Tränen-Forscher" fasst den Sinn des Weinens so zusammen: „Wir weinen, weil wir andere Menschen brauchen."[11]

Im Rahmen einer Studie wurden Probanden Fotos von weinenden Personen gezeigt. Auf manchen dieser Fotos waren die Tränen zu sehen, auf anderen waren sie durch Bildbearbeitung entfernt worden. Es zeigte sich, dass die Probanden bei den Bildern mit Tränen eher bereit waren, Mitgefühl zu zeigen, als bei denen ohne Tränen.[12]

Andere Studien haben gezeigt, dass Menschen, die selten weinen, weniger enge Beziehungen zu anderen haben. Sie neigen stattdessen dazu, sich zurückzuziehen, und beschreiben ihre Beziehungen als weniger verbunden.[13]

Die Bibel ist voller Tränen. Das Wort „Tränen" kommt etwa 30-mal vor und „weinen" weitere ungefähr 60-mal: Jeremia weinte so oft und viel darüber, dass sich sein Volk von Gott abgewandt hatte, dass er sogar „der weinende Prophet" genannt wird. Als Lazarus' Familie um ihn trauerte, trauerte Jesus mit ihnen. Der kürzeste Vers der Bibel ist auch einer der ergreifendsten: „Jesus weinte."[14]

Und der Psalmist schreibt: „Jede Träne hast du gezählt, ja, alle sind in deinem Buch festgehalten."[15]

In der Antike gab es sogenannte Tränengefäße – der Fachbegriff ist *Lacrimarium* –, in denen man Tränen auffing, da man sie für wertvoll erachtete. (Man erzählt sich, im alten Persien habe ein Sultan, der von einer Schlacht heimkehrte, die Tränengefäße seiner Frauen kontrolliert, um zu sehen, welche Frau ihn am meisten vermisst und am meisten um ihn geweint hatte.) Ich habe mir vor 20 Jahren in Israel so ein Lacrimarium gekauft; lange Jahre stand es in meinem Büro. Es sollte mich daran erinnern, wie wichtig es ist, mit den Trauernden zu trauern.

Phyllis, eine unsere Mitarbeiterinnen, hat „die Gabe der Tränen". Sie bringt ihre Gefühle so offen zum Ausdruck, dass wir ihr den Spitznamen „Pfütze" gegeben haben. Jahrelang arbeitete sie bei uns am Empfang, und jedes Mal, wenn jemand, der traurig war, anrief oder vorbeikam, fand der Betreffende in ihr eine meisterhafte „Mittrauernde". Vor Kurzem ging Phyllis in den Ruhestand, um sich um ihren Mann zu kümmern, mit dem sie seit einem halben Jahrhundert verheiratet ist. Er hat ALS (Amyotrophe Lateralsklerose). Ich wusste nicht, was ich ihr zum Abschied schenken sollte – bis ich in meinem Regal das Tränengefäß sah.

Wenn Menschen es zulassen, dass wir mit ihnen trauern, werden wir für sie zu einem sicheren Hafen und sie für uns. Dinah Craik, eine Romanautorin aus dem 19. Jahrhundert, schrieb einmal:

*Oh wie tröstlich – wie unglaublich tröstlich ist es doch, sich bei einem Menschen sicher zu fühlen – Gedanken nicht prüfen und Worte nicht abwägen zu müssen, sondern sie alle auszuschütten, wie sie sind, Spreu und Weizen zusammen; darauf zu vertrauen, dass eine treue Hand sie trennen wird, behalten wird, was es wert ist, behalten zu werden, und den Rest mit einem gütigen Hauch wegbläst.*[16]

Ich gebe zu, dass es manchmal leichter fällt, sich gemeinsam mit Gott zu freuen, als mit ihm zu trauern.

Der Psychologe Paul Ekman, einer der Berater bei dem Disney/Pixar-Film „Alles steht Kopf", in dem es um den Umgang mit Gefühlen geht, hat in einer Studie etwas erforscht, das er „Display Rules" nennt, „Darbietungsregeln". Dabei handelt es sich um oft unausgesprochene Regeln dafür, wie viele Emotionen wir anderen gegenüber zeigen. *Neutralisieren* bedeutet zum Beispiel, ein Pokerface zu machen, weil ich Angst habe, dass meine wahren Gefühle mich in Schwierigkeiten bringen könnten. *Maskierung* heißt, ich überdecke das erlebte Gefühl („ich sterbe innerlich") durch ein anderes („mir geht's gut").[17] Bei Gott gibt es nur eine Darbietungsregel: Bringen Sie ihm Ihr gesamtes Ich – Ihre Trauer, Ihre Enttäuschung, Ihre Wut. Oder um es mit anderen Worten zu sagen: Bringen Sie ihm Ihr wahres Ich.

Die Psalmen sind wahrscheinlich das einzige Buch in der gesamten Weltliteratur, in dem Emotionen so stark, so bewusst und so ehrlich geäußert werden. Die Verfasser der Psalmen kehren ihre Gefühle nicht unter den Teppich. Sie schleudern sie Gott regelrecht ins Gesicht.

Sind Sie gerade traurig? Dann lesen Sie einmal die folgenden Zeilen:

*Gekrümmt und von Leid zermürbt schleppe ich mich in tiefer Trauer durch den Tag. … Zerschlagen liege ich da, am Ende meiner Kraft. Vor Verzweiflung kann ich nur noch stöhnen.*[18]

Wer will schon Ihr Gestöhne hören? Gott! Versuchen Sie nicht, Ihre Traurigkeit zu verdrängen. Tun Sie nicht so, als gäbe es sie nicht. Lassen Sie aber auch nicht zu, dass sie Ihr Leben regiert. Bringen Sie sie zu Gott.

Und Wut? Wohin gehen Sie mit Ihrer Wut? Lesen Sie mal Psalm 137, dessen Verfasser sich Gedanken über Israels Gefangenschaft in Babylon macht. Der Psalmist betet nicht: „Gott, segne die Babylonier. Ich will nämlich, dass du mich für einen richtig guten Menschen hältst." Vielmehr endet der Psalm mit den Worten: „Babylon, auch dich wird man niederreißen und verwüsten! Glücklich ist, wer dir heimzahlt, was du uns angetan hast! Glücklich ist, wer deine kleinen Kinder packt und sie am Felsen zerschmettert!"[19]

*Wie bitte?!*

Dachten Sie, Gott wüsste das nicht? Dachten Sie, Gott sagt jetzt: „O Mann, du hast ein echtes Problem mit deiner Wut. Du darfst in Zukunft keine Psalmen mehr schreiben"? Natürlich wusste er, wie es in dem Psalmschreiber aussah. Er weiß es immer. Und er wird es immer wissen.

Ein Gefühl ehrlich beim Namen zu nennen ist der erste Schritt, um innerlich heil zu werden. Wir dürfen in Gottes Gegenwart unsere Gefühle offen beim Namen nennen und so sein, wie wir wirklich sind. Denken Sie daran, dass wir nicht *sind*, was wir fühlen. Wir *haben* Gefühle, aber die Gefühle *besitzen* uns nicht. Wir gehören zu *Gott*.

## Hören Sie genau hin

Aufmerksames Hinhören ist der Schlüssel, wenn wir herausfinden wollen, wer traurig ist und wer sich freut. Paul Coleman geht in einem seiner Bücher auf den Unterschied zwischen „gutem Zuhören" und „vertrautem Zuhören" ein: Ein guter Zuhörer versteht die Fakten, die mitgeteilt werden. Ein vertrauter Zuhörer versteht die Gefühle dahinter. Ein guter Zuhörer kann genau wiederholen, was Sie gesagt haben. Ein vertrauter Zuhörer spürt, wie Sie sich fühlen. Wenn ein Zuhörer „Verstehen mit völliger Annahme und tiefem Interesse verbindet", dann kommen zwei Welten in Einklang und eine Beziehung entsteht.[20]

Daniel Goleman erzählt eine Geschichte über einen Freund, Terry Dobson, der in den 1950er-Jahren als einer der ersten Amerikaner in Tokio Aikido lernte, die japanische Kunst der Selbstverteidigung.

Eines Nachmittags fuhr Terry mit dem Zug nach Hause, als ein sehr kräftiger, sehr betrunkener Mann zustieg und begann, die anderen Passagiere anzupöbeln. Als er eine Frau schlagen wollte, die ein Baby hielt, und sich ein älteres Ehepaar in Sicherheit brachte, bereitete Terry sich innerlich darauf vor, die gerade erlernte Kampftechnik zum ersten Mal anzuwenden.

Als Terry sich erhob, um einzugreifen, wandte der Betrunkene sich ihm zu und schrie: „Aha! Ein Ausländer! Du brauchst ein bisschen Unterricht in japanischen Sitten!" Aber noch bevor die Situation außer Kontrolle geraten konnte, rief ein älterer japanischer Passagier: „Hey!" in „dem erfreuten Tonfall von jemandem, der unerwartet einen guten Freund trifft". Als der Betrunkene sich umdrehte, um zu sehen, wer ihn da gerufen hatte, „winkte der alte Herr ihn mit einer sanften Handbewegung zu sich herüber" und verwickelte ihn in eine freundliche Unterhaltung.

Zunächst verhielt der Betrunkene sich weiterhin aggressiv, aber schon bald drang die herzliche Wärme des alten Mannes zu ihm durch, der von seiner Frau sprach, seinem Garten und dass sie es genossen, abends auf einer alten Holzbank zu sitzen und zusammen Sake zu trinken.

„Und Sie haben bestimmt auch eine wunderbare Frau", sagte der alte Mann.

„Meine Frau ist gestorben…", erwiderte der Betrunkene und fing an zu schluchzen. Er erzählte dem alten Mann davon, wie beschämend es war, dass er nicht nur seine Frau, sondern auch seine Anstellung und sein Haus verloren hatte.

Bald hielt der Zug an Terrys Haltestelle. Als er ausstieg, hörte er, wie der alte Mann dem Betrunkenen anbot, ihm alle seine Sorgen zu erzählen. Das Letzte, was er sah, war, dass der Betrunkene sich auf der Sitzbank ausgestreckt und den Kopf auf den Schoß des alten Mannes gebettet hatte.

„Das", so Daniel Goleman, „war eine emotionale Glanzleistung."[21]

## Göttliche Vertrautheit

Die Psalmen sind ein großartiges Gebetsbuch und das beste Buch über „Vertrautheit mit Gott" in der gesamten Literaturgeschichte. Gelehrte, die sich mit den Psalmen beschäftigen, haben festgestellt, dass die beiden gängigsten Typen Klagepsalmen und Lobpsalmen sind. Wenn wir dieses großartige antike Buch lesen, können wir sehen, dass Gott jubelt und dass Gott trauert. Und Gott lädt uns ein, dies gemeinsam mit ihm zu tun. Manchmal machen wir das und manchmal nicht.

Bei einer Gelegenheit erzählt Jesus eine Geschichte über unsere Reaktion auf seine Einladung:

*„Wie soll ich die Menschen von heute beschreiben? Sie sind wie Kinder, die sich auf dem Marktplatz streiten und einander vorwerfen: ‚Wir haben fröhliche Lieder auf der Flöte gespielt, und ihr habt nicht getanzt. Dann haben wir Klagelieder gesungen, und ihr habt nicht getrauert'"* (Matthäus 11,16–17; Hfa).

Das ist, als gäbe es das Evangelium in zwei verschiedenen „Geschmacksrichtungen": *traurig* und *fröhlich*. Johannes der Täufer sprach die Sprache der Trauer und der Buße. Er lebte in der Wüste, aß Heuschrecken, fastete und taufte. Er sprach davon, wie sehr Gott um seine gefallene Welt trauert. Johannes war der Sänger der Klagelieder.

Aber die Menschen wollten nicht trauern.

Als Jesus zu predigen begann, sprach er die Sprache der Hoffnung und der Freude. Er feierte mit Sündern und sorgte dafür, dass es auf Hochzeiten genügend Wein gab. Er erzählte Geschichten, in denen es um Festessen, gemästete Kälber und vergrabene Schätze ging. Jesus war der fröhliche Flötenspieler.

Aber die Menschen wollten sich nicht freuen.

Wenn es darum geht, dass wir uns mit Gott freuen sollen, dann bedeutete das in meinem Fall hauptsächlich, dass ich lernen musste, eine Verbindung zwischen beidem herzustellen. Meine Kindheit war von Freude geprägt. Und in der Gemeinde wurde mir beigebracht, viel über Gott nachzudenken. Aber trotzdem war ich nicht in der Lage zu erkennen, dass es eine Verbindung zwischen der Freude gab, die ich in meinem Alltag erlebte, und dem Gott, von dem ich in der Gemeinde hörte. Ich kann mich sogar noch daran erinnern, dass ich meine Eltern einmal fragte: „Warum ist der Pastor immer so wütend auf uns?"

Sich mit Gott zu freuen heißt nicht, dass ich versuche, mich über einen Bibelvers oder den Gottesdienst zu freuen. Es bedeutet, dass ich bei etwas, über das ich mich ganz natürlich freue, im Hinterkopf behalte: „Alles, was gut und vollkommen ist, wird uns von oben geschenkt, von Gott"[22], und ihm dafür danke.

Das kann etwas so Einfaches sein wie ein Sonnenuntergang, das Meer, die Berge, ein Baum, den wir sehen. Es könnte der Geschmack von Pfannkuchen an einem Sonntagmorgen sein. Es könnte Ihr Lieblingslied sein, ein Tor zu schießen oder das Zwitschern eines Vogels zu hören. Es können die Glückwünsche eines Arbeitskollegen sein, die gute Leistung Ihres Kindes in der Schule oder einfach nur die Tatsache, dass Ihnen gerade weder Ihr Kopf noch Ihr Körper wehtut.

Oft schreibe ich morgens fünf einfache Dinge auf, für die ich dankbar bin. Meine Kindheit in Rockford. Der Vater von Laura, Mallory und Johnny sein zu dürfen. Jeder neue Tag bietet mir eine neue Gelegenheit dazu. Wichtig ist, dass ich nichts aufschreiben darf, wofür ich dankbar sein *sollte*. Es muss etwas sein, das in diesem Augenblick ein echtes Gefühl der Dankbarkeit in mir weckt – auch wenn es auf den ersten Blick nicht gerade etwas wahnsinnig Frommes zu sein scheint: der Geschmack des Kaffees. Auf die Waage zu steigen und weniger zu wiegen, als ich dachte. Einen Steuerbescheid zu bekommen und weniger zahlen zu müssen, als ich dachte. Das Gefühl, wenn Baxter, unser Hund, sich auf meine Füße legt. Es erstaunt mich immer wieder, dass etwas so Einfaches wie das Festhalten von Dingen, für die ich dankbar bin, meine Beziehung zu Gott vertieft.

Und mich mit Freude erfüllt.

Und dann gewannen die *Chicago Cubs* die *World Series*.

Und Gott hat sich gemeinsam mit uns gefreut.

# Kapitel 7

# Wir sollten alle verbindlich sein

Hingabe und Vertrautheit: die große Spannung

Es liegt in der Natur der Liebe, sich an etwas zu binden.

G. K. Chesterton: A Defence of Rash Vows

„Willst du mit mir abhängen?"

„Willst du mit mir ausgehen?"

„Willst du mit mir gehen?"

„Wollen wir uns verloben?"

„Willst du meine Frau werden?"

Vertrautheit und Verbindlichkeit gehören zusammen wie Erbsen und Möhren, wie Topf und Deckel, wie Hemd und Hose. Mit dem Verlangen nach Vertrautheit wächst auch das Verlangen, sich aneinander zu binden – an unseren Ehepartner, unsere Kinder und sogar unsere Freunde.

Tagtäglich gehen wir Verpflichtungen ein oder erfüllen diese, und das prägt sowohl unsere Identität als auch unsere engsten Beziehungen:

„Kannst du ein Geheimnis für dich behalten?"

„Könntest du mir einen Gefallen tun?"

„Wollen wir am Donnerstag zusammen Kaffee trinken?"

„Willst du mein Freund sein?"

„Willst du Vater oder Mutter werden?"

„Willst du mit Gott leben?"

Diese Verbindlichkeit gibt uns das, was Lewis Smedes „eine kleine Insel der Sicherheit" in einer unsicheren Welt nennt. „Wenn man genauer darüber nachdenkt, ist es eigentlich seltsam: Ein Mensch kann die Zukunft eines anderen gewissermaßen festlegen. … Ich greife in die vor uns liegenden unvorhersehbaren Tage ein und mache eine Sache für dich vorhersehbar: Ich werde für dich da sein."[1] Verbindlichkeit ist die Grundlage vertrauensvoller Beziehungen, denn ohne Verbindlichkeit gibt es kein Vertrauen und ohne Vertrauen keine Vertrautheit.

Weil wir oft unzuverlässig sind, versuchen wir alles Mögliche, um Menschen dazu zu bringen, uns zu vertrauen. Als Kinder haben wir oft unser „Indianerehrenwort" gegeben, wenn wir wollten, dass uns jemand glaubt.

An anderer Stelle habe ich darüber geschrieben, wie fasziniert Henri Nouwen in seinem letzten Lebensjahr von einer Gruppe von Trapezkünstlern war, die sich die *Fliegenden Rodleighs* nannten. Die Anmut und das Vertrauen, mit dem sie durch die Luft flogen, war für ihn ein Abbild der Vertrautheit, Freude und Sicherheit, die wir in Gottes Reich finden.

Weil ich mehr darüber erfahren wollte, meldete ich mich zu einem Kurs in einem Zirkuszentrum in San Francisco an, wo man die Arbeit am Trapez erlernen kann.[2]

Man hatte mir gesagt, ich stünde auf der Warteliste, also beschloss ich, nur zuzuschauen. Aber als der Kurs anfing und eine der anderen Teilnehmerinnen sah, wie hoch das Trapez war, fiel ihr plötzlich ein, dass sie einen Termin hatte. Also rutschte ich doch noch in den Kurs. Ich wurde Alan vorgestellt, der mein Fänger war. (Ich nahm ihn sofort unter die Lupe, um zu sehen, wie stark er war, wie lang seine Arme waren und ob er feuchte Hände hatte.)

Ich erinnerte mich an das, was der Chef der *Rodleighs* Henri Nouwen über die Beziehung zwischen den zwei unterschiedlichen Arten von Trapezkünstlern erzählt hatte: die Flieger und die Fänger. Die meisten Menschen achten nur auf die Flieger, weil sie die Saltos machen. Aber die Fänger sind die wahren Helden.

*„Das Geheimnis ist", sagte Rodleigh, „dass der Flieger nichts macht und der Fänger alles. Wenn ich auf Joe zufliege, muss ich nur meine Arme und Hände ausstrecken und darauf warten, dass er mich fängt und sicher auf die Trapezstange schwingt."*
*„Sie machen gar nichts?", meinte ich erstaunt.*
*„Nichts", erwiderte Rodleigh. … „Der Flieger fliegt und der Fänger fängt, und der Flieger vertraut mit ausgestreckten Armen darauf, dass der Fänger für ihn da sein wird."*
*Als Rodleigh das mit solcher Überzeugung sagte, schossen mir die Worte Jesu durch den Kopf: „Vater, in deine Hand befehle ich meinen Geist." Sterben heißt, dem Fänger zu vertrauen. Für den Sterbenden da zu sein heißt, ihm zu sagen: „Hab keine Angst. Denk daran, dass du ein geliebtes Kind Gottes bist. Er wird da sein, wenn du deinen großen Sprung machst. Versuch nicht, ihn zu ergreifen, er wird dich ergreifen. Streck einfach deine Arme und Hände aus und vertrau, vertrau, vertrau."*[3]

Als ich Nouwens Worte in der Stille und Geborgenheit meines Arbeitszimmers las, klangen sie so wunderbar, dass ich es unbedingt erleben wollte. Doch als ich im Zirkuszentrum die Leiter zur Plattform hochkletterte, wollte ich überhaupt nicht mehr fliegen. Ich wollte den Anweisungen nicht folgen. Ich wollte mich nicht über den Rand der Plattform lehnen. Ich wollte nicht springen. Ich wollte meine Arme nicht ausstrecken. Ich wollte die Trapezstange nicht loslassen.

Aber mein Vertrauen war gerade groß genug, um es trotzdem zu tun.

Und dann tauchten diese starken Hände wie aus dem Nichts auf und ergriffen meine ausgestreckten Arme. Und ich wurde gefangen.

Aus zwei wurde eins.

Es sind vor allem Hochzeiten, die uns einen Einblick in das geben, was Verbindlichkeit wirklich bedeutet. Eine Hochzeit wird nicht durch die Torte zu einer Hochzeit, auch nicht durch das Brautkleid, die Blumen oder die Musik. Das *Ehegelöbnis* macht die eigentliche Hochzeit aus. In einer Welt, die sich unablässig verändert und in der nichts sicher ist, geben sich ein Mann und eine Frau das Versprechen, dass es von jetzt an eine unumstößliche Gewissheit gibt, auf die sie sich verlassen können: In guten wie in schlechten Zeiten, in Gesundheit oder Krankheit – wenn du jung und sexy bist und die Luft nach Veilchen duftet und wenn du alt bist, getrennt von deinen Zähnen schläfst und die Luft nach Voltaren duftet –, auf dieses Versprechen kannst du dich verlassen. Das ist unser heiliges Ehegelöbnis.

Und Hochzeiten finden deshalb immer vor Zeugen statt, weil wir dann verantwortungsvoller mit unserem Versprechen umgehen. Es ist dokumentiert. Wir bitten die Menschen in unserem Umfeld, diesen Augenblick mit uns festzuhalten und uns an unser Versprechen zu erinnern. Deshalb war es früher in einigen Ländern auch üblich, dass der Pfarrer abschließend noch die Frage stellte: „Wenn irgendjemand etwas dagegen einzuwenden hat, dass dieser Mann und diese Frau in den heiligen Stand der Ehe treten, so spreche er jetzt oder schweige für immer." Heutzutage hört man diesen Satz nur noch bei Filmhochzeiten – und dann kommt es gewöhnlich zu einer dramatischen Offenbarung irgendeines Grundes, weshalb die

Hochzeit nicht stattfinden sollte, und die Braut rennt in Tränen aufgelöst aus der Kirche (und ihre engsten Freundinnen trauern mit ihr).

Als eine meiner Töchter vor einigen Jahren heiratete, beschloss ich, diese Frage zu stellen. Ich hatte vorher mit meinem Schwager Craig abgesprochen, dass er aufstehen und mit lauter Stimme verkünden sollte: „Ja. Ich bin Lauras Bewährungshelfer. Sie hat gegen ihre Bewährungsauflagen verstoßen, und es gibt ernsthafte Einwände gegen diese Eheschließung."

Ich hielt das für sehr witzig. Leider hatte ich vergessen, die Familie des Bräutigams in meinen kleinen Scherz einzuweihen. Sie hatten keine Ahnung, wer dieser Bewährungshelfer war, und fanden das Ganze nicht *wirklich witzig*.

## Das Verhältnis von Vertrautheit zu Verbindlichkeit

Pastor Andy Stanley erzählte einmal, wie er vor einer Gruppe von Schülern davon sprach, mit sexueller Intimität (der höchste körperliche Ausdruck von Vertrautheit) bis zur Ehe zu warten (der höchste Ausdruck von Verbindlichkeit). Später kam eine Frau, die etwa Mitte dreißig war und ebenfalls an dem Vortrag teilgenommen hatte, zu Andy: „Dieses ganze Gerede von ‚Kein Sex vor der Ehe' ist doch nur für Teenager gedacht, oder?" Die Frau war geschieden und hatte jetzt wieder einen Freund, und ihre Frage war ehrlich gemeint. Sie war erst vor Kurzem zum Glauben gekommen und hatte vorher nie davon gehört.

Pastoren lieben Fragen, die sie in Verlegenheit bringen, vor allem, wenn es bei der Antwort nicht mit einem markanten Spruch getan ist. Andy dachte einen Moment nach und fragte sie dann: „Hat Sex außerhalb der Ehe Ihr Leben bereichert oder nur komplizierter gemacht?"[4]

Diese Frage traf sie zutiefst. Wenn es in einer Beziehung Intimität ohne Verbindlichkeit gibt, ist das Risiko, verletzt zu werden, größer.

Andererseits finden sich manche Paare in einer Ehe wieder, in der sie zwar zusammenbleiben, aber das Feuer der Liebe ist schon vor langer Zeit erloschen. Sie sind verbindlich, aber nicht intim. Diese Leere tut ebenfalls weh.

Der Psychologe Robert Sternberg meint, dass die Ehe etwas beinhaltet, das er das „Dreieck der Liebe" nennt: *Vertrautheit* bzw. *Intimität* (womit er Gefühle der Nähe und Verbundenheit meint), *Leidenschaft* (romantische Gefühle und körperliche Anziehung) und *Entscheidung* bzw. *Bindung* (die Entscheidung, diese Liebe weiter zu pflegen).[5] Im Idealfall sind diese drei Komponenten proportional zueinander. Wenn die Intimität die Bindung übersteigt, besteht das Risiko, verletzt zu werden. Wenn die Bindung die Intimität übersteigt, wird das Herz enttäuscht. Aber wenn Bindung, Leidenschaft und Intimität Hand in Hand gehen, blühen Beziehungen auf.

### Der Preis der Verbindlichkeit

Wir alle sehnen uns nach innigen Beziehungen und sind uns bewusst, dass das Verbindlichkeit voraussetzt. Aber das Ganze hat einen Haken: Verbindlichkeit hat ihren Preis.

Manchmal führen wir mit einem unserer erwachsenen Kinder eine Unterhaltung, die ungefähr so verläuft:

„Möchtest du heute Abend zum Essen zu uns kommen?"

„Vielleicht. Ich weiß nicht. Mal sehen."

Dem liegt ein unausgesprochener, quälender Gedanke zugrunde: *Vielleicht ergibt sich noch was Besseres – und wenn ich dir schon zugesagt habe, würde ich diese Gelegenheit verpassen.*

Verbindlichkeit kann beängstigend sein, weil es bedeutet, dass man weniger Möglichkeiten hat beziehungsweise dass man sich auf eine Möglichkeit festlegt. Immerhin ist Verbindlichkeit ein Versprechen für die Zukunft, aber in der Zukunft könnte sich ja etwas ändern. Was ist, wenn ich verspreche, dich zu heiraten, aber mich dann verändere? Was ist, wenn ich verspreche, dich zu heiraten, aber dann veränderst *du* dich? Was ist, wenn ich verspreche, deine Freundin zu sein, aber dann streiten wir uns, oder ich fühle mich dir nicht mehr so nah? Was ist, wenn ich verspreche, Gott nachzufolgen, mir aber morgen nicht danach ist? Was ist, wenn ich mir nicht einmal mehr sicher bin, ob Gott überhaupt existiert?

Lewis Smedes hat festgestellt, dass wir drei Dinge aufgeben, wenn wir uns an einen anderen Menschen binden: unsere *Freiheit*, unsere *Individualität* und unsere *Kontrolle*.[6] Wenn wir uns an jemanden binden, dann bestimmen wir über einige Dinge nicht länger allein. Unsere Zeit und unser Herz gehören nicht mehr nur uns selbst. Verbindlichkeit baut einen unsichtbaren Zaun um uns herum, und wir entscheiden uns freiwillig, diese Einschränkung unserer Freiheit zu akzeptieren und zu respektieren. Wenn wir eine Bindung eingegangen sind, dann heißt es nicht mehr nur *ich, mir, mein* – wir sind dann Teil eines *Wir*.

Jemand, der unter Bindungsangst leidet, fürchtet sich davor, etwas zu verpassen: *Solange ich mich nicht festlege, kann ich tun und lassen, was ich will, kann treffen, wen ich mag, essen, was ich mag, kaufen, was gut aussieht, sagen, was ich sagen will, und meinen Wünschen nachgeben.* Wenn man eine solche Einstellung pflegt, ist man nur dann wirklich frei, wenn man unverbindlich bleibt.

Andererseits erleben aber Menschen, die bereit sind, eine verbindliche Beziehung einzugehen, eine Form von Freiheit, die die Unverbindlichen niemals erfahren werden.

G. K. Chesterton schrieb einmal eine Abhandlung mit dem wunderbaren Titel „A Defense of Rash Vows" – eine Verteidigung voreiliger Versprechen. Darin legt er nahe, dass wir auf eine gewisse Weise die Grenzen der Zeit überwinden und eine bleibende Identität stiften, wenn wir Versprechen geben und halten. „Wer ein Versprechen gibt, trifft eine Verabredung mit sich selbst – in einer fernen Zukunft oder an einem anderen Ort."[7]

Indem ich ein Versprechen gebe, binde ich mich an einen Augenblick in der Zukunft. Ich habe nicht länger die Freiheit, eine andere Frau zu lieben. Ich habe nicht länger die Freiheit, einem anderen Gott zu folgen. Und doch führt dieses Versprechen, gewisse Freiheiten aufzugeben, zu einer tieferen Freiheit als all die anderen Möglichkeiten oder Hintertürchen in unserer bindungsängstlichen Welt.

Chesterton bezeichnete die Flucht vor der Verbindlichkeit als „das Reich der Feiglinge".[8] Wenn wir den Mut haben, uns festzulegen und zu vertrauen, bekommt unsere Beziehung zum anderen eine Tiefe, die wir sonst niemals erleben würden. Und das Ganze funktioniert folgendermaßen: Wir geben ein Versprechen und es wird voller Vertrauen angenommen. Wird das Versprechen gehalten, wird das Vertrauen bestätigt, und die vertraute Beziehung vertieft sich.

Woher weiß ich, dass Nancy mir treu ist? Sie hat es mir versprochen. Ich vertraue ihr. Natürlich könnte ich ihr eine Kamera anstecken, damit ich sie rund um die Uhr beobachten kann, so wie bei den Überwachungskameras an manchen Gebäuden. Aber selbst wenn sie das zuließe (was sie nicht tun würde, glauben Sie mir), würde ich es nicht tun. Ich würde ihr lieber vertrauen. Die Kombination aus Versprechen und Vertrauen ermöglicht uns eine tiefe Vertrautheit, die wir durch „wissen" niemals erreichen würden.

Wir Menschen sind bereit, Versprechen zu geben, weil wir nach dem Bild eines Versprechen gebenden, Versprechen haltenden Gottes erschaffen wurden. In der gesamten Schöpfung sind nur die Menschen in der Lage, ein Versprechen zu geben. Nur Menschen können etwas zusichern und halten. Nur Menschen können sagen: „Wir treffen uns nächsten Donnerstag. Ich werde in diesem Team mit dir zusammenarbeiten. Ich werde das Geheimnis nicht verraten. Ich werde deine Freundin sein. Ich werde für dich beten. Ich bin für dich da. Du kannst dich auf mich verlassen." Hunde können solche Versprechen nicht geben. Wenn sie es könnten, würden sie es tun – und sie würden sie auch unter allen Umständen erfüllen –, aber sie können es nicht. Katzen können solche Versprechen nicht geben. Wenn sie es könnten, würden sie es tun. Und dann würden sie sie brechen und sie würden uns auf ihre stille katzige Art auslachen.

## Gottes Hingabe an uns

Zu biblischen Zeiten haben zwei Menschen, die eine formelle Bindung eingehen wollten, dies durch eine Übereinkunft getan, die man *Bündnis* nannte. Ein Bündnis ist ein Versprechen: Ich werde dies tun, du wirst das tun. Wir können einander vertrauen. Wir haben uns einander verschrieben.

Als Symbol ihres Bündnisses opferten sie ein Tier, schnitten es in zwei Hälften und legten die beiden Hälften auf den Boden – die halbe Kuh hier und die andere Hälfte dort. Die halbe Ziege hier und die andere dort.

Wenn ein solches Bündnis besiegelt wurde, sahen und rochen die beiden Parteien Leben und Tod auf sehr realistische Weise. Sie verliehen ihrem Bekenntnis zueinander dadurch Ausdruck, dass sie zwischen den beiden Tierhälften hindurchgingen und einen feierlichen Eid leisteten, der manchmal auch als Verwünschungsschwur bezeichnet wurde: „Möge das, was mit diesen Tieren passiert ist, mit mir passieren, wenn ich meinen Eid breche."

Wenn im Alten Testament die Rede davon ist, dass zwei Menschen ein Bündnis schlossen, so bedeutet das im Hebräischen wörtlich „ein Bündnis *schneiden*". Dadurch wird der Bezug zu diesem gruseligen Brauch hergestellt, durch den Gott den Menschen beibringen wollte, wie man ein Versprechen gibt – und auch *einhält*.

Zum ersten Mal lesen wir in 1. Mose 15 von diesem Brauch, als Gott einen Bund mit Abraham schließt und Abraham wissen will, ob er Gottes Versprechen vertrauen kann. In einer schaurigen Szene fällt Abraham, nachdem er die Tiere geschlachtet und die Hälften auf den Boden gelegt hat, „in einen tiefen Schlaf. Eine schreckliche Angst überkam ihn, und dunkle Vorahnungen beunruhigten ihn sehr".[9] Aber jetzt kommt das wirklich Seltsame: Er sieht einen rauchenden Ofen und wie eine brennende Fackel – die für Gottes Person steht – *allein* zwischen den Teilen des Opfers hindurchgeht, um den Bund zu schließen (was normalerweise beide Parteien tun würden). Im Grunde macht Gott damit deutlich: Egal, was passiert – auch wenn der Bund durch die Menschen gebrochen wird und nicht durch Gott –, er wird den Fluch des gebrochenen Bundes allein tragen. Später sollte er dieses Versprechen einlösen, als Christus am Kreuz starb, um den Bund, den die Menschen gebrochen hatten, wiederherzustellen.

## Hingabe an Gott

In 1. Könige 19 gibt es in der Geschichte von der Berufung des Elisa ein wunderschönes Bild für einen solchen Bund.

Eines Tages dachte der alternde Prophet Elia (ich weiß auch nicht, warum ihre Namen so ähnlich sein müssen; ich verwechsle sie dauernd) über seinen Ruhestand nach und machte sich auf die Suche nach einem Nachfolger:

*Als Elia wieder in Israel war, suchte er Elisa, den Sohn von Schafat, auf. Elisa pflügte gerade ein Feld. Vor ihm her gingen elf Knechte mit je einem Ochsengespann, und er selbst führte das zwölfte und letzte Gespann. Elia kam ihm über das Feld entgegen, warf ihm seinen Mantel über die Schultern und ging weiter. Elisa ließ seine Rinder stehen, lief hinter Elia her und bat ihn: „Darf ich mich noch von meinen Eltern verabschieden? Danach will ich mit dir kommen." Elia antwortete: „Geh nur, ich habe dir ja nichts getan!"*[10]

Das ist ein sehr dramatischer Augenblick: Elia ist ein alter Mann. Er steht auf einem Acker, der von einer Reihe von Arbeitern gepflügt wird. Er sieht zu, wie elf Ochsengespanne vorüberziehen. Dann zieht er seinen Mantel aus und geht zu dem zwölften Mann, der auf dem Feld arbeitet – Elisa –, und legt ihm den Mantel um.

Der Mantel ist ein Symbol für Elias Berufung, für seine Position, sein Lebenswerk. Als er ihn Elisa überwirft, bedeutet das also: „Elisa, Gott hat eine Aufgabe für dich. Lass all das zurück, wir wollen loslegen."

Diese Geschichte lässt eine Menge Details aus. Wenn ich eine solche Aufgabe übernehmen sollte, hätte ich viele Fragen: Was ist mit der Krankenversicherung? Wie viele Urlaubstage habe ich? Wenn Elia Elisa beibringt, ein Prophet zu sein, bekommt er dann auch einen Teil des Prophits? (Entschuldigung, diese Gelegenheit konnte ich mir einfach nicht entgehen lassen.)

Wir wissen, dass gerade zwölf Ochsengespanne im Einsatz sind, die Elisas Familie gehören – unter den damaligen Bedingungen ein gewaltiger Reichtum. Elisa stehen viele Möglichkeiten offen. Er ist ein echter Goldjunge. Er könnte jede Frau in seinem Dorf kriegen, die er haben will. Und jetzt kommt Elia daher und verlangt, dass er all das zurücklässt, um einem mittellosen Prediger zu folgen und ein Leben voller Widerstand, Gefahr und Opfer zu führen? Wirklich? Was wird er tun, wenn ein besseres Angebot daherkommt?

Bevor er unterschreibt, hat Elisa eine Bitte: „Darf ich mich noch von meinen Eltern verabschieden? Danach will ich mit dir kommen."

Ist nachvollziehbar, aber Elias Antwort klingt ein wenig nervös: „Geh nur, ich habe dir ja nichts getan!"

Man kann förmlich hören, wie sich die Rädchen in Elias Kopf drehen.

*Wenn er jetzt zu Mama und Papa rennt, werden sie ihn an den Treuhandfonds erinnern, der auf seinen Namen läuft, und an die Autoschlüssel und das Ferienhaus. Er wird bestimmt einen Rückzieher machen und ich werde ihn wahrscheinlich nie wiedersehen.*

Aber Elia tut dennoch etwas sehr Wichtiges: Er gibt Elisa Zeit und Raum, sich selbst für dieses Versprechen zu entscheiden.

„Das ist nicht *meine* Sache. Du entscheidest."

Wenn ein Versprechen halten soll, muss es aus freien Stücken gegeben werden. Ohne Druck. Ohne Manipulation. Ohne Appell an die Gefühle. Wir müssen die Versprechen aus tiefster Überzeugung machen, sonst werden wir sie brechen, sobald wir unter Druck geraten. Und wir *werden* irgendwann unter Druck geraten.

Als Elisa nach Hause kommt, tut er noch etwas, um sein Versprechen zu besiegeln: Er schlachtet die beiden Ochsen und macht mit dem Holz vom Pflug Feuer, um das Fleisch zu braten und eine Abschiedsparty für sich selbst zu geben. „Danach schloss er sich Elia an und wurde sein Diener."[11]

Er verbrennt den Pflug. Er tötet die Ochsen.

Er gibt alles. Er macht ganz *praktisch* deutlich, was er persönlich und geistlich gibt.

Wenn man ein Versprechen wirklich ernst meint, dann sollte man es öffentlich machen. Wie bei einer Hochzeit. Und Elisa macht es so richtig öffentlich. Er beschließt, aus seinem Opfer ein Fest zu machen, und verteilt das Fleisch an alle. (Haben Sie eine Ahnung, wie viele Menschen man mit zwei Ochsen satt kriegt?)

Als Elia ihn später verlässt und in den Himmel aufgenommen wird, sagt Elisa: „Ich kann nicht zurück. Ich habe den Pflug verbrannt."

Als sich bei einer anderen Gelegenheit eine Horde Jungen über ihn lustig macht und er einen Bären herbeiruft, der sie übel zurichtet, denkt er vielleicht: *Ich werde niemals ein Mann Gottes sein. Ich krieg das nie hin.* Aber er weiß: *Ich kann nicht zurück. Ich habe den Pflug verbrannt.*

Als der König ihn töten will, als Israels Feinde ihn umzingeln, als eine Hungersnot droht, ihn und das Volk zu töten, als Israel ihn so entschieden ablehnt, dass er über sein Versagen weint, gibt es eine Sache, die er ganz sicher weiß: *Ich kann nicht zurück. Ich habe den Pflug verbrannt. Ich habe mich von meinem alten Leben abgewandt. Es gibt kein Zurück.*

Elisa gibt also nicht nur ein Versprechen, er gibt ein VERSPRECHEN!

1519 landete Hernán Cortés mit elf Schiffen, 500 Soldaten und 100 Seeleuten in Mexiko, um in der Neuen Welt zu Ruhm und Ehre zu gelangen. Als die Männer in diesem unbekannten Land von Bord gingen, waren sie voller Ungewissheit und Angst. Einige wollten zurück nach Kuba, von wo sie gekommen waren, deshalb befahl Cortés seinen Männern: „Verbrennt die Schiffe." Mit anderen Worten: „Zurücksegeln kommt gar nicht infrage. Wir werden Erfolg haben, und wenn es uns das Leben kostet. Wir werden hier erfolgreich sein oder untergehen, aber wir werden nicht davonlaufen. Verbrennt die Schiffe."[12] Unternehmensberater und Motivationstrainer lieben diese Geschichte. Aber es sei hier erwähnt, dass eine solche Geschichte völliger Hingabe uns zwar inspirieren kann, dass wir aber Hingabe nicht um ihrer selbst willen verherrlichen sollten. Hingabe an die falsche Sache kann viel Schaden anrichten. Wenn ein Footballspieler mit einer solchen Hingabe versucht, die Meisterschaft zu gewinnen, aber nicht mit gleicher Hingabe an seiner Frau hängt, dann ist seine Hingabe nicht gut. Wenn ein Geschäftsmann sich unermüdlich seiner Arbeit widmet, aber schnell ermüdet, wenn es um seine Familie geht, dann ist das Götzendienst.

Aber wenn wir uns einer ehrenvollen Berufung von Gott hingeben – wenn wir als ganz normale Menschen sagen: „Wir gehen nicht zurück. Wir haben den Ochsen gegrillt. Wir haben uns vom Treuhandfonds verabschiedet. Wir haben die Schlüssel abgegeben. Wir haben den Pflug verbrannt" –, dann wird Gottes Kraft in unserem Leben freigesetzt.

Vor unserer Heirat hatten Nancy und ich nur ein einziges Ehevorbereitungsgespräch, um über Geld, Sex, Konflikte, Schwiegereltern, Erziehung, Ziele, Arbeitsteilung, Erwartungen und so weiter zu sprechen. Ich kann das nicht empfehlen. Wir hätten mehr gebrauchen können.

Einmal fragte uns unser Berater: „Was werden Sie tun, wenn Sie eines Morgens aufwachen und Ihre Gefühle für den anderen sind weg?"

Nancy antwortete sofort: „Ich werde mich an mein Versprechen halten."

Damals hielt ich das für die falsche Antwort. In meinen Augen waren wir etwas so Besonderes und unsere Beziehung schiere Magie, und ich war so außergewöhnlich und einzigartig, dass meine Gefühle niemals verschwinden würden. Bei gewöhnlichen Menschen würde das vielleicht passieren, aber nicht bei mir. Unsere Liebe würde stattdessen von Tag zu Tag wachsen und noch magischer werden. Die Vorstellung, dass Nancy einmal aus reiner Verbindlichkeit bei mir bleiben würde, schien mir völlig verkehrt – und ich zeigte ihr das durch mein Schmollen.

Aber Nancy liebt mich immer noch. Wie hat sie das geschafft? Sie hat sich an ihr Versprechen gehalten. Das heißt nicht, dass sie zu sich selbst sagt: „Ich werde eine Märtyrerin sein. Das wird entsetzlich schwer." Und es bedeutet auch nicht, dass sie sagt: „Welch ein ehrenwerter Mensch ich doch bin, dass ich jemand so Unreifes wie dich weiterhin ertrage."

Nein, die Grundlage für ihre Hingabe sind tausend kleine Versprechen, die Gott immer wieder bestärkt. Es bedeutet, dass man sagt: „Ich werde zuhören. Ich werde geben. Ich werde ehrlich um unsere Beziehung ringen. Ich werde Fehler wiedergutmachen. Ich werde nicht im Internet auf Seiten surfen, die ich mir lieber nicht anschauen sollte. Ich werde nicht in der Kneipe flirten. Ich werde nicht zur Flasche greifen oder mich vor den Bildschirm flüchten. Ich habe es versprochen, in guten wie in schlechten Tagen, in Krankheit und Gesundheit. Ich habe den Pflug verbrannt. Ich gebe mich ganz hin."

## Hingabe an den Ehepartner

Der Psychologe Aaron Beck sagt, dass es in der Ehe zwei Arten von Beziehungsproblemen gibt: große Hintertüren und kleine Hintertürchen. Zu den großen Hintertüren gehört etwas so Dramatisches wie Scheidung, Betrug, Auszug, Untreue. Wenn Paare heiraten, versprechen sie sich, nicht durch die große Hintertür zu verschwinden.

Aber durch das, was Beck „kleine Hintertürchen" nennt, kann es zu unterschwelligen Problemen kommen: Wir gehen Konflikten aus dem Weg, flüchten uns vor den Fernseher, investieren mehr Zeit in die Beziehung zu Freunden als in die Ehe oder arbeiten zu viel. Zu den kleinen Hintertürchen können auch Shoppingtouren oder Alkohol gehören oder nebeneinanderher zu leben oder sich mit Gleichgültigkeit und innerem Rückzug zufriedenzugeben.

Jeder Flucht durch die große Hintertür gehen tausend kleine Hintertürchen voraus, die am Fundament unseres Versprechens nagen. Nur weil wir noch keine große Hintertür genommen haben, heißt das nicht, dass wir unser Versprechen halten. Es kann auch bedeuten, dass wir uns der Wirklichkeit nicht stellen wollen, dass wir zwar unter einem Dach leben, aber zwei getrennte Leben führen.

Wenn wir heiraten, versprechen wir uns nicht nur, uns nicht scheiden zu lassen, wir versprechen uns, Intimität anzustreben – eins zu werden. Das heißt, dass wir uns keine Hintertüren erlauben können, weder große noch kleine.[13]

## Hingabe an die Familie

Familien werden in Wirklichkeit nicht durch Blutsbande zusammengehalten, sondern durch Verbindlichkeit. Wenn Mann und Frau das Versprechen halten, das sie einander gemacht haben, dann sickert das auch in die Herzen der Kinder. Ein Forscher hat die Familie einmal als „eine Gruppe von Menschen" beschrieben, „die sich wider aller Vernunft dem Wohl der anderen verschrieben haben".[14] Deshalb ist es eigentlich lachhaft, wenn ein Unternehmen sich als „große Familie" beschreibt.

Hier ein kleiner Tipp, wie Sie wirklich erkennen können, ob das Unternehmen, bei dem Sie tätig sind, Ihre Familie ist: Gehen Sie einfach nicht mehr zur Arbeit, und warten Sie, bis die Kündigung in der Post ist. Und sagen Sie dann zu Ihrem Chef: „Hey, Sie können mir gar nicht kündigen. Ich gehöre doch zur Familie!"

Ich garantiere Ihnen, dass Ihr Chef dann zu Ihnen sagt: „Das *war* einmal Ihre Familie. Jetzt sind Sie gefeuert."

Wenn man wirklich Teil einer Familie ist, kann man nicht gefeuert werden. Als Vater bin ich durch unzerstörbare Bande mit meinen Kindern verbunden. Vielleicht tun sie etwas ganz Schreckliches. Vielleicht führen sie ein Leben, das meinen Werten und Überzeugungen widerspricht. Vielleicht lehnen sie Gott ab. Vielleicht brechen sie mir das Herz. Aber uns verbinden Bande, die man nicht durchtrennen kann. Ich werde niemals aufhören, sie zu lieben.

Es ist durchaus schon vorgekommen, dass ich erkannte, dass ich meiner Familie gegenüber nicht wirklich *hingegeben* war. Ich wollte so tun und mich so fühlen wie jemand, der hingegeben ist, wollte aber auch den Pflug nicht wirklich verbrennen.

Bei meiner Heirat sagte ich, dass ich mich verbindlich für eine gleichberechtigte Partnerschaft einsetzen wolle. Ich sagte, ich wolle ein hingegebener Diener sein. Aber nach einigen Jahren Ehe – etwa zu der Zeit, als wir drei Kinder im Kindergartenalter hatten – stimmte das, was ich *tat*, nicht länger mit dem überein, was ich *gesagt* hatte.

Als Nancy mich fragte: „Willst du dich für eine wirklich gleichberechtigte Partnerschaft einsetzen – die Arbeit teilen, Geschirr spülen, Wäsche waschen, putzen, Kinder baden, kochen? Setzt du dich hundertprozentig für eine gleichberechtigte, dienende Partnerschaft ein?", dachte ich im Stillen: *Nun ja, ich hab nichts dagegen. Aber müssen es wirklich hundert Prozent sein?*

Es gibt einen Unterschied zwischen echter Hingabe und einem „Ich mache mit, wenn jemand mir sagt, was ich tun soll". William Law hat schon vor langer Zeit festgestellt: Der Nachfolger Jesu „fragt nicht, was *erlaubt* und was *verzeihlich* ist, er fragt, was *vorbildlich* und *lobenswert* ist".[15]

Ich habe noch nie ein Vorstellungsgespräch geführt, bei dem der Bewerber wissen wollte: „Mit wie wenig Arbeit kann ich meinen Job gerade noch behalten?" Und genauso wenig möchte ich, dass *das* das Niveau meiner Hingabe an meine Familie ist.

In unserer Hingabe finden wir uns selbst. Ich bin derjenige, der sich selbst an Nancy, Laura, Mallory und Johnny hingibt und auch an meinen Vater, meine Mutter, meine Schwester und meinen Bruder.

## Hingabe an unsere Freunde

Im 12. Jahrhundert war ein Mönch namens Aelred von Rievaulx so fasziniert von der Kraft der Freundschaft, dass er verkündete: „Gott ist Freundschaft." Aelred zitierte auch Cicero und sagte: „Wahrlich die Sonne scheinen die aus der Welt zu nehmen, welche die Freundschaft aus dem Leben nehmen, das beste und erfreulichste Geschenk, das wir von Gott haben."[16]

Auch eine der berühmtesten Freundschaften – die von Jonatan und David – gründete sich auf Hingabe und auf ein Versprechen: „So schloss Jonatan einen Bund mit David … Und Jonatan ließ auch David bei seiner Liebe zu ihm schwören, denn Jonatan liebte David wie sein eigenes Leben."[17]

Gewöhnlich geben wir Freundschaftsversprechen nicht in der Weise, wie wir Eheversprechen geben. Aber wenn man ein bisschen in der Erde herumstochert unter dem, was der Dichter Samuel Taylor Coleridge den „schützenden Baum"[18] der Freundschaft nennt, dann findet man an dessen Wurzel ein Versprechen.

Menschen mit einem großen Freundeskreis haben den Dreh mit der Verbindlichkeit raus. Sie sind fest davon überzeugt, dass es sowohl möglich als auch wünschenswert ist, ein Leben lang mit einem Menschen befreundet zu sein. Und sie halten auch in Wüstenzeiten zu ihren Freunden: „… ein echter Freund steht mehr zu dir als ein Bruder."[19]

Ein Freund glaubt an Sie, wenn Sie selbst nicht an sich glauben. Ein Freund sieht etwas in Ihnen, das Sie selbst nicht sehen. Ein Freund ist gern mit Ihnen zusammen, freut sich über Ihre Erfolge und feiert Ihren Geburtstag. Ein Freund verspricht, treu zu sein. Ihre Kollegen halten vielleicht zu Ihnen, solange es ihnen gelegen kommt, aber: „Ein guter Freund steht immer zu dir."[20]

Ich kenne meinen guten Freund Rick seit fast 38 Jahren. Im ersten Jahr unserer Freundschaft wollte ich seinen Geburtstag auf besondere Weise feiern und plante, ihn zusammen mit ein paar Freunden von seiner Arbeitsstelle zu entführen – allerdings befand sich diese in einem Beratungszentrum in einer zwielichtigen Gegend von Pasadena. Wir zogen uns sogar

Nylonstrümpfe über den Kopf, damit das Ganze noch dramatischer wirkte.

Gegen Ende seines Arbeitstages warteten wir draußen auf ihn, aber eine halbe Stunde später war er immer noch nicht aufgetaucht. Also ging ich hinein, um nachzusehen, was los war. Was wir jedoch nicht wussten: Vier Ladenbesitzer hatten der Polizei eine Gruppe verdächtig aussehender Typen gemeldet, die sich mit Nylonstrümpfen über dem Kopf in einer Gegend von Pasadena herumtrieb, in der die Verbrechensrate sehr hoch war.

Bevor wir uns versahen, kamen fünf Streifenwagen mit quietschenden Reifen auf den Parkplatz gefahren, die Autotüren flogen auf, und die Beamten richteten ihre Waffen auf uns. Von oben sorgte ein Polizeihubschrauber für Deckung aus der Luft.

„Keine Bewegung oder wir schießen", riefen die Polizisten meinen Freunden zu, die noch draußen standen. Drinnen, aus der Sicherheit der Beratungseinrichtung heraus, musste ich mich entscheiden, ob ich zu meinen Freunden halten oder dafür sorgen wollte, dass mein Lebenslauf (fast) frei von Gefängnisaufenthalten war. Es war keine schwere Entscheidung.

Vor ein paar Wochen saß ich mit etwa zwanzig anderen um einen Tisch herum. Wir feierten wieder einmal Ricks Geburtstag. Diesmal gab es keine Festnahmen, aber 37 Jahre voller Erinnerungen, für die wir dankbar waren. Freunde verpflichten sich, zusammen zu feiern. Und sie lassen auch nicht zu, dass ihre Freunde von einem Sondereinsatzkommando hochgenommen werden.

Ein wahrer Freund hilft uns auch dabei, dass unsere besten Seiten zum Vorschein kommen. Aristoteles hat einmal gesagt, Freundschaft sei eine „Übung in Tugenden".[21] Freunde bemühen sich, ihre Versprechen zu halten. Aelred von Rievlaux riet, die Rechtschaffenheit und den Charakter anderer sorgfältig zu prüfen, bevor wir uns auf eine enge Freundschaft mit ihnen einlassen.[22] Die Politologin Hannah Arendt meinte, dass uns gerade die Versprechen ausmachen, von denen wir fürchten, dass sie uns einschränken. „Wenn wir nicht an die Erfüllung unserer Versprechen gebunden wären, würden wir unsere Identität nicht bewahren. Wir wären dazu verdammt, hilflos und ziellos in der Dunkelheit unseres einsamen Herzens umherzuwandern."[23]

## Wenn wir ein Versprechen brechen

Als das sogenannte Enneagramm – ein Persönlichkeitstest – mir verriet, dass eine der Schattenseiten meiner Persönlichkeit die sei, dass ich dazu neige, anderen etwas vorzumachen, beschloss ich, mich zur Aufrichtigkeit zu verpflichten. Ich hielt mich bis dahin zwar nicht für einen unehrlichen Menschen, aber ich beschloss, mir immer wieder die Frage zu stellen: „Bist du wirklich ehrlich?"

Am ersten Tag meines Entschlusses, in Zukunft aufrichtig zu sein, war ich mit meiner Frau und einer meiner Töchter lange im Auto unterwegs. Ich versuchte, eine Predigt auswendig zu lernen, und hatte den Text auf meinen Schoß gelegt, um gelegentlich hineinzuschauen. Die meiste Zeit schaute ich nach vorn auf die Straße, aber manchmal warf ich doch einen kurzen Blick nach unten. Und wenn ich am Ende der Seite angelangt war, blätterte ich um.

Einmal überraschte mich meine Tochter dabei: „Papa, was machst du da? Liest du etwa, während du Auto fährst?" Wie sich zeigte, schlief sie nicht, was sie gewöhnlich im Auto tat.

„Nein", sagte ich.

„Warum hast du dann die oberste Seite umgeblättert?"
Alles, was mir einfiel, war: *Warum bist du überhaupt wach?*
*Du solltest gar nicht wach sein. Du hast Hausarrest. Mir egal,*
*dass du schon dreißig bist!*
Hier war ich also. Es war der 1. Januar, ich hatte mir vorgenommen, ein Jahr lang ehrlich zu sein, und schon log ich
meine Familie wegen einer Predigt zum Thema „Ehrlichkeit"
an.

Doch dabei muss es nicht bleiben: Wenn ich meinem Vorsatz am 1. Januar untreu werde, fange ich einfach am 2. Januar
noch einmal neu an. Wenn ich einen Vorsatz um 10:00 Uhr
breche, fange ich um 10:01 Uhr noch einmal neu an. Warum?
Weil Gott mir gern vergibt. Weil unser Gott ein Gott ist, der
Versprechen hält, und dafür ist Jesus sogar am Kreuz gestorben: auch wenn wir versagen, auch wenn wir scheitern,
selbst wenn wir unsere Versprechen ihm gegenüber nicht
halten.

## Verbindlichkeit und Vertrautheit mit Gott

Manchmal machen christliche Redner oder Autoren einen
sehr emotionalen Aufruf zur Hingabe an Gott. „Hast du dich
Jesus hundert Prozent, total hingegeben, ganz gleich, was
kommt, ohne Wenn und Aber?" Dann wird Hingabe ziemlich
schnell zu einem Wettbewerb. Ich fange an, mich mit anderen
zu vergleichen, die weniger hingegeben sind. Ich singe Lieder
darüber, wie hingegeben ich bin, und bin völlig ergriffen, wenn
ich darüber nachdenke, wie sehr ich mich gerade Gott hingegeben fühle (obwohl ich vor einer Minute vielleicht noch alle
möglichen Sünden begangen habe und es in einer Minute wieder tun werde).

Wenn Alkoholiker Mitglied bei den Anonymen Alkoholikern werden, gehen sie damit eine Verpflichtung ein, die ihre Identität definiert und ihr Leben bestimmt. Aber für sie hat das Ganze nichts Heldenhaftes. Die Verpflichtung ist eher ein Rettungsring, der ihnen hilft, den Verstand nicht zu verlieren und ihr Leben zu bewältigen. Ein gutes Versprechen funktioniert genauso.

Dallas Willard wurde einmal gefragt: „Wenn jemand geistlich wachsen will, wo sollte er anfangen? Sollte er in der Bibel lesen? Mehr beten? Eine Gemeinde besuchen?" Die Antwort von Dallas war erstaunlich und völlig unerwartet. Er sagte: „Tu einfach das Erstbeste, von dem du weißt, dass du es tun solltest. Wenn du das machst, könnte es sein, dass du in einer Gemeinde landest, weil du dabei Hilfe brauchst. Nichts wird dich so sehr ins Reich Gottes treiben wie der Versuch, das Erstbeste zu tun, von dem du weißt, dass es richtig ist… denn du *wirst* Hilfe brauchen, und du *wirst* diese Hilfe bekommen, denn genau an diesem Punkt begegnet dir Gott."[24]

Also tun Sie heute, gleich jetzt, das Erstbeste, sobald Ihnen etwas einfällt:

- Gehen Sie Ihrer Arbeit gewissenhaft und mit Freude nach.
- Ermutigen Sie einen Menschen in Ihrem Umfeld.
- Fügen Sie einer E-Mail einen scherzhaften Spruch bei, um jemanden aufzumuntern.
- Achten Sie bei Unterhaltungen einfach aufmerksam auf den Gesichtsausdruck Ihres Gegenübers. Wie geht es ihm oder ihr wohl gerade?
- Entschuldigen Sie sich.
- Schieben Sie es nicht auf den Verkehr, wenn Sie zu spät zu einem Termin kommen, weil Sie nicht genug Zeit eingeplant hatten.

- Lassen Sie jemanden vor, wenn Sie in einer Schlange stehen.
- Seien Sie geduldig mit einem schwierigen Menschen.
- Schreien Sie Ihre Kinder nicht an.

Manchmal kommt es uns unmöglich vor, dieses „erstbeste Richtige" zu tun, obwohl es das gar nicht ist. Nach einem Vortrag von Dallas Willard über „das erstbeste Richtige" kam ein Mann auf ihn zu und meinte: „Ich habe einen rebellischen Sohn und kann mich nicht beherrschen. Ich schreie ihn immer wieder an." Dallas riet ihm, einfach seiner Frau zu versprechen, wenn er seinen Sohn das nächste Mal anschrie, würde er einer Hilfsorganisation ihrer Wahl 5000 Dollar spenden.[25]

Oft übersteigt es unsere Kraft, das „erstbeste Richtige" zu tun. Auch im Fall des Alkoholikers, der beschließt, dass das „erstbeste Richtige" darin besteht, nicht zu trinken, reicht Willenskraft allein nicht aus. Um es zu schaffen, müssen wir auf eine Kraft zurückgreifen, die größer ist als wir selbst.

Das Schöne am „erstbesten Richtigen" ist, dass es uns oft zeigt, dass wir nicht in der Lage sind, das erstbeste Richtige zu tun. Diese Erkenntnis treibt uns dazu, Gott zu suchen – und wir werden ihn finden. Aber zunächst müssen wir ehrlich sein, was unsere *Absichten* angeht.

Als ich in Chicago lebte, beschloss ich, etwas fitter zu werden.

Dann lernte ich Doug kennen, einen professionellen Trainer und Bodybuilder, und wir fingen an, gemeinsam zu trainieren. Es war erstaunlich. Wenn ich mit Doug zusammen war, kam es mir vor, als würde ich zu einer ganz anderen, unterentwickelten Spezies gehören. Nancy fragte mich immer: „Kann ich mal mitkommen und dir und Doug zuschauen?"

„Ich schaffe es heute nicht", sagte ich ihr dann. „Heute trainiert Doug allein."

„Das ist schon in Ordnung", versicherte sie mir.

Einmal meinte ich zu ihm: „Ich möchte so aussehen wie du."

„Bist du bereit, alles zu geben?", wollte er wissen.

„Wie meinst du das?"

„Ich habe diesen Körper nicht über Nacht bekommen", erklärte er mir. „Ich hebe Gewichte, bis meine Muskeln schmerzen. Manchmal treibe ich mich so an, dass mein gesamter Körper brennt. Manchmal kann ich mich morgens nicht einmal mehr bücken, um meine Schuhe zu binden. Ich zähle jede Kalorie, die ich zu mir nehme. Ich stehe nachts auf, um Protein zu mir zu nehmen, weil der Körper es da am besten aufnimmt. Aber vor allem braucht man den Mut, sich dem Schmerz zu stellen – brennendem Schmerz. Also: Bist du bereit, alles zu geben?"

Es stellte sich heraus, dass ich das nicht war. Ich wollte nur einen Teil geben. Ich war schließlich damit zufrieden, nicht ganz so auszusehen wie Doug. Ich will ja auch noch leben! Und ich bin mehr ein Bewunderer dieser Sache als ein Jünger.

Und hier kommt unser Freund Jesus ins Spiel: Er sucht Jünger, Menschen, die bereit sind, ihr Leben hinzugeben – Geld und Ruf und Errungenschaften (die wir nicht behalten können) –, um sich von ihm verändern zu lassen und in einem herrlichen Königreich zu leben, das wir nicht verlieren können.

Es ist an sich nichts Schlechtes, sein Fan, sein Bewunderer zu sein. Aber er sucht nach Jüngern. Er verspricht, für uns da zu sein, wenn wir es hinkriegen, und für uns da zu sein, wenn wir es vermasseln. Großes Indianerehrenwort.

Am Ende seiner Abhandlung über voreilige Versprechen schreibt G. K. Chesterton einen der besten Sätze in der englischen Literatur: „Rings um uns ist die Stadt der kleinen Sünden, mit reichlich Hintertüren und Unterschlupfen. Aber sicherlich wird früher oder später die gewaltige Flamme aus dem Hafen aufsteigen, die verkündet, dass das Ende der Herrschaft der Feiglinge gekommen ist und ein Mann seine Schiffe verbrennt."[26] Sind Sie bereit, mit Jesu Hilfe alles zu geben – bei Ihrer Frau oder Ihrem Mann, Ihren Freunden, Ihrer Familie?

Verbrennen Sie den Pflug. Verbrennen Sie die Schiffe.

Kapitel 8

# Es gibt etwas, das mag die Mauern nicht…

Vertrautheit und Hindernisse

Sie verfielen rasch in eine Vertrautheit,
von der sie sich nie wieder erholten.

F. Scott Fitzgerald: Diesseits vom Paradies

1991 war das Chase-Memorial-Seniorenheim in der kleinen Stadt New Berlin im Norden des Bundesstaates New York ein Ort der Verzweiflung. 80 schwerbehinderte alte Menschen lebten dort, von denen viele dement waren. Sie hatten keinen Kontakt mehr zu ihren Angehörigen, zu den Mitarbeitern, zueinander und zur Außenwelt. Sie starben an etwas, das Bill Thomas, der als Arzt neu dorthin kam, die drei Plagen des Altenheims nannte: *Langeweile*, *Einsamkeit* und *Hilflosigkeit*.[1]

Bill war ein Arzt mit der Tatkraft eines Vertreters und der Persönlichkeit eines Fernsehshowmoderators, und er hatte beschlossen, dass die Bewohner nicht länger *Schutz*, sondern mehr *Beziehung* brauchten. Er sprach mit dem Heimleiter und der Pflegedienstleitung und schlug ihnen vor, Grünpflanzen in alle Räume zu stellen.

Sie willigten ein.

„Und wie wäre es mit einem Hund?", fragte er.

171

Da gab es Probleme mit den Sicherheitsvorschriften. „Ja, vielleicht."

„Versuchen wir es doch mit zwei Hunden", meinte er.

„Das verstößt gegen die Sicherheitsvorschriften", wiederholten sie.

„Halten wir die Idee doch einfach mal schriftlich fest", sagte er.

Die Reaktion der anderen war nicht gerade begeistert, aber er dachte, da er schon mal dabei war, könnte er auch weitermachen. „Was wäre mit Katzen?"

„Sie wollen Hunde *und* Katzen?", fragte man zurück.

„Manche Menschen mögen keine Hunde", argumentierte er. „Wie wäre es mit zwei Katzen pro Stockwerk?"

„Wir sollen also dem Gesundheitsamt schreiben und darum bitten, uns zwei Hunde und vier Katzen zu genehmigen?"

„Perfekt", erwiderte Bill strahlend. „Und wir brauchen mehr akustische Lebenszeichen. Wissen Sie, was das Beste wäre? Vogelgezwitscher."

„Von wie vielen Vögeln sprechen wir hier?"

Bill dachte einen Augenblick nach und meinte dann: „Sagen wir mal einhundert."

*„Einhundert Vögel, hier im Haus?",* riefen die Verantwortlichen entsetzt. „Sie müssen verrückt sein! Haben Sie schon einmal in einem Haus gelebt, in dem es zwei Hunde, vier Katzen und einhundert Vögel gab?"

„Nein", erwiderte Bill lächelnd. „Aber wäre es nicht einen Versuch wert?"

Zu guter Letzt gelang es Bill, sie zu überreden, und man bestellte einhundert Papageien, die auch alle am gleichen Tag geliefert wurden. Aber die Vogelkäfige waren noch nicht da. Also ließ der Lieferant die Vögel einfach im Friseurzimmer des Hauses los.

Es war das reinste Chaos. Überall flogen Federn herum, und viele der Heimbewohner standen vor dem Fenster zu dem Raum, um sich das Ganze anzuschauen. „Und sie haben sich kaputtgelacht", sagte Bill. Es war ein „herrliches Chaos". Klingt ein bisschen wie der Anfang der Schöpfungsgeschichte.

Atul Gawande, der diese wunderbare Geschichte in seinem Buch *Sterblich sein* erzählt, fügt hinzu: „Der positive Einfluss auf die Heimbewohner war bald nicht mehr zu übersehen: Sie wachten auf und wurden regelrecht lebendig. ‚Menschen, von denen wir dachten, sie könnten nicht mehr sprechen, fingen an zu reden', erklärte [Bill]. ‚Menschen, die sich völlig in sich zurückgezogen hatten und nicht mehr gehen konnten, kamen ins Stationszimmer und sagten: ‚Ich gehe mal mit dem Hund spazieren.'"[2]

Dem Heim war nicht nur neues Leben eingehaucht worden, sondern es starben auch nicht mehr so viele Bewohner. Die Sterblichkeitsrate sank um 15 Prozent und die Medikamentenkosten waren nur noch halb so hoch wie in einer vergleichbaren Einrichtung.[3]

Gawande beschreibt in seinem Buch den Zustand älterer Menschen, die nicht mehr mit der Familie zusammenleben und in ein Seniorenheim gehen; Soziologen verwenden dafür den Begriff „Vertrautheit auf Entfernung".[4] Er stellt fest, dass man älteren Menschen früher so viel Ehrfurcht entgegenbrachte und dass der geschuldete Respekt so groß war, dass Menschen, die man nach ihrem Alter fragte, sich gewöhnlich älter machten statt jünger. Heute ist es andersherum.[5]

Nach dem Erfolg von Bills Einfällen untersuchten Fachleute das Chase-Memorial-Seniorenheim. Sie sahen, welche positiven Auswirkungen die neuen Strategien hatten, aber sie konnten sie nicht erklären. Bill hingegen schon: Menschen brauchen einen Grund zum Leben. Menschen müssen spüren, dass sie *dazugehören*. Wir haben ein angeborenes Bedürfnis, Teil von etwas Größerem zu sein als nur wir selbst. Wenn wir mit dem Leben und miteinander verbunden sind, blühen wir auf. Wenn wir isoliert sind, sterben wir.

Er nannte dieses Experiment die „Eden Alternative"[6] – wie in „Garten Eden". Wie in dem herrlichen Chaos, das den Menschen anvertraut wurde, damit sie sich darum kümmern. Wie in „Es ist nicht gut, dass der Mensch allein ist".

Was wäre, wenn Gott letztlich doch nicht so unsichtbar und schweigsam ist? Was wäre, wenn das Trällern jedes Vogels, das Bellen jedes Hundes, das Licht jedes Sonnenaufgangs, das kriechende Leben in jedem Quadratzentimeter Erde und das Ticken jeder kostbaren Sekunde Gottes Weg ist, uns mitzuteilen: „Ich lade dich ein, dich mit mir eins zu machen und alles Lebende zu lieben und für alles Lebende zu sorgen"?

Der Garten Eden ist ein Bild dafür, was es bedeutet, tiefgehende Beziehungen zu pflegen: Mann und Frau gingen mit Gott in der Kühle des Tages spazieren (vertraute Freundschaft mit Gott). Sie „waren nackt und schämten sich nicht" (vertraute Liebe zueinander). Sie beobachteten die Tiere und gaben ihnen Namen (innige Verbindung zur Schöpfung). Sie bebauten den Garten (inniger Bezug zu ihrer Arbeit).

Mit dem Sündenfall kamen der Verlust des Gartens Eden und der Verlust der Vertrautheit. Seither stehen wir uns selbst im Weg. Wir leben auf der falschen Seite dessen, was der Dichter John Milton „des Paradieses grüner Wall"[7] nennt.

Wir leben in einer Welt voller Mauern. Da ist die Chinesische Mauer, deren Bau Jahrhunderte dauerte und die sich über Tausende von Kilometern erstreckt. Der Bau war so arbeitsaufwendig, dass 400 000 Arbeiter dabei starben; viele davon sind in ihr begraben.[8] Dann gab es noch den Eisernen Vorhang, den

Bambusvorhang, die Berliner Mauer und geschlossene Wohnanlagen. Aber am schwierigsten zu überwinden ist die Mauer um das menschliche Herz.

## Die Mauer des Ich

Die unantastbarste Mauer ist eigentlich ein Vorhang. Er trennt die Menschen, die im Flugzeug in der Businessclass sitzen, vom gemeinen Fußvolk weiter hinten. Diese beiden Klassen von Menschen führen ein völlig unterschiedliches Leben. Zwischen ihnen gibt es keine vertrauten Beziehungen.

Wenn Sie in der Businessclass sitzen, bringen Ihnen die Flugbegleiter unaufgefordert ein feuchtes Tuch zur Erfrischung für das Gesicht. Wenn Sie Economy fliegen, ist es Ihr Problem, wie Ihr Gesicht aussieht. Wenn Sie Businessclass fliegen, bringt ihnen ein Flugbegleiter – ebenfalls unaufgefordert – ein Schälchen Nüsse und ein Glas Wein und vielleicht sogar Stoffpantoffeln. In der Economyclass muss man sich mit dem begnügen, was man selbst dabeihat.

Normalerweise fliege ich Economy. Dann ertappe ich mich oft dabei, dass ich denke: *Diese arroganten Menschen da vorn in der Businessclass, die sollten mal mit uns hier hinten fliegen. Wir sind das Volk … hier spielt sich das Leben ab. Hier findet man wahre Güte. Sie sollten hier bei uns sitzen.*

Hin und wieder lande ich aber durch irgendeinen glücklichen Umstand in der Businessclass. Dann ertappe ich mich dabei, dass ich denke: *Die Ärmsten da hinten in der Economyclass … Sie sind unter meinem Niveau. Wahrscheinlich sind sie nicht so klug wie meine Freunde und ich hier in der Businessclass.*

Aber eines habe ich noch nie erlebt: dass jemand aus der Businessclass aufsteht, den Vorhang herunterreißt und ruft:

175

„Ich reiße die trennende Mauer der Feindschaft nieder. Von jetzt an essen wir alle das Gleiche und trinken aus demselben Becher, denn wir sind eins."

Und dann gab es da noch den Moment, in dem ich mich entscheiden musste, auf welcher Seite der Mauer ich sitzen wollte. Ich saß an einem Sonntagnachmittag mit meiner Frau im Flieger. Ein Flugbegleiter kam zu uns und sagte: „Mr Ortberg, wir sind bei Weitem nicht ausgebucht und haben ein Upgrade für Sie. Sie können in der Businessclass fliegen."

Aber es gab nur einen Platz ... für mich.

Was die Sache noch schlimmer machte, war, dass ich am Morgen über den Bibelvers in Apostelgeschichte 20,35 gepredigt hatte, wo Paulus Jesus mit den Worten zitiert: „Geben macht glücklicher als Nehmen." Ich hatte also darüber gesprochen, dass auf dem Geben ein größerer Segen liegt als auf dem Nehmen.

Also drehte ich mich zu meiner Frau um und sagte: „Nancy, möchtest du das Upgrade? Oder möchtest du lieber den größeren Segen? Ich will dir da nicht im Wege stehen." Es stellte sich heraus, dass ihr der geringere Segen genügte.

In allen Beziehungen – selbst bei den Menschen, die mir am nächsten stehen – laufe ich immer wieder gegen eine Wand aus dem, was Immanuel Kant „das liebe Selbst"[9] nennt – ein Handeln aus Selbstliebe statt aus reinem Pflichtgefühl (was nach Kants Auffassung das einzige Handeln von moralischem Wert ist).[10]

Es gibt ein Gedicht von Robert Frost, das ich sehr schätze. Es trägt den Titel „Beim Mauernflicken". Es erzählt von einem Farmer, der jedes Frühjahr gemeinsam mit seinem Nachbarn auf der anderen Seite der Mauer seine Grundstücksgrenze abgeht. Sie setzen gemeinsam die Steine wieder in die Mauer ein, die über den Winter herausgefallen sind. Dabei beobachtet der

Farmer, dass eine seltsame Kraft im Universum am Werk ist. Es ist, als versuche die Schöpfung selbst, die Mauer zwischen den Nachbarn einzureißen.

„Es gibt etwas, das mag die Mauern nicht …"

Während die beiden Männer gemeinsam arbeiten, fragt sich der Farmer laut, ob die Mauer überhaupt notwendig sei. Sein Nachbar antwortet spontan: „Gute Zäune – gute Nachbarn."

„Der Frühling macht mich boshaft", sinniert der Farmer, „ob ich ihm nicht einmal was begreiflich machen könnte? ‚Wieso denn »Gute Zäune – gute Nachbarn? …«‚ Bevor ich eine Mauer baue, will ich wissen, was sie umschließen oder schützen soll und wer wohl Anstoß nähme, wenn sie fehlte. Es gibt etwas, das mag die Mauern nicht, das reißt sie ein.'"[11]

Mein Ego macht mich blind für Mauern. Mein Ego flüstert mir zu, dass ich ein Recht darauf habe, ein privilegiertes Leben zu führen. Mein Ego macht mich blind dafür, dass auch die Mitarbeiter bei McDonald's und an der Tankstelle und die Türkin im Friseursalon Menschen sind.

Brené Brown schreibt, dass sie einmal gerade telefonierte, als man ihr am Drive-in eines Fast-Food-Restaurants ihre Bestellung brachte. Sie entschuldigte sich, sobald sie das Handy weggelegt hatte. „Tut mir leid. Das Handy klingelte genau in dem Moment, als ich an den Schalter kam, und ich dachte, es sei die Schule meines Sohnes."

Der Frau am Schalter standen die Tränen in den Augen: „Vielen Dank. Sie ahnen ja nicht, wie demütigend das manchmal ist. Die nehmen uns oft nicht einmal wahr."[12]

Eine Bekannte von mir ist in der Gastronomie tätig und fürchtete immer die Sonntage. Sie erzählte einmal, dass Kirchgänger die anspruchsvollsten und gleichzeitig geizigsten Gäste seien. Eine Gemeinde stellte sogar die Internetseite SundaysAreTheWorst.com (Sonntage sind am schlimmsten) online, auf der Mitarbeiter von Restaurants Geschichten über unhöfliche fromme Kunden posten konnten, die sonntags nach dem Gottesdienst bei ihnen einfallen. Einer der Kommentatoren berichtete von einem Pastor (ein Pastor!), der die Bedienung nicht nur angeschnauzt, sondern auch noch auf die Rechnung geschrieben hatte: „Ich gebe Gott 10 Prozent, warum sollte ich Ihnen da 18 geben?"[13]

Mein Ego sorgt dafür, dass ich innerhalb der Mauern meines Stammes, in meinem ganz persönlichen Wohlfühlbereich, bleibe. Aber die Sache ist die: Erst wenn die Mauern fallen, wächst die Vertrautheit.

In seinem Buch *When Helping Hurts* beschreibt Brian Fikkert, wie die Menschen in seiner presbyterianischen Kirche beschlossen, hinter ihren Mauern hervorzukommen, und anfingen, trennende Mauern in ihrer Stadt einzureißen. Sie gingen in ein sozial schwaches Viertel, das zum größten Teil von Afroamerikanern bewohnt wurde, und fragten die Menschen dort: „Was können Sie gut?" Dann machten sie eine Erhebung, was in sozial schwachen Gebieten nicht oft geschieht. Die Frage war jedoch nicht „Wie können wir euch helfen?", sondern „Was sind eure Stärken?".

*Jeder Einzelne aus unserer Gruppe ging von Tür zu Tür und sagte: „Hallo, ich bin von der presbyterianischen Kirche gleich hier um die Ecke. Wir machen eine Erhebung, um herauszufinden, welche Gaben Gott den Menschen in diesem Viertel gegeben hat. Welche Fähigkeiten und Begabungen haben Sie?"*

*Ich wäre fast gestorben. Es gibt in unserer Stadt immer noch Rassenkonflikte. Ich wusste, dass die Umfrage zumindest einiges Unbehagen auslösen würde, sowohl bei den afroamerikanischen Bewohnern des Viertels als auch bei mir. Außerdem kann meine Größe recht einschüchternd wirken, was bei fast jeder ersten*

*Begegnung etwas befangen macht. Und die Worte, die ich sagen sollte, klangen in meinen Ohren auch abgedroschen: „Hallo, ich bin von der Community Presbyterian Church gleich hier um die Ecke ..."* Igitt! *Lieber hätte ich Kekse für die Pfadfinder verkauft. Ich stand dieser ganzen Sache ablehnend gegenüber und wünschte mir, ich hätte mir die Gruppe ausgesucht, die sich mit den besseren Seiten des Presbyterianismus beschäftigte. Aber ich hatte mir nun mal diese Gruppe ausgesucht, also marschierte ich pflichtbewusst los und klopfte an die erste Tür.*

*Die gut dreißigjährige Afroamerikanerin, die die Tür einen Spalt öffnete, war etwa einen Meter fünfundfünfzig und schaute mir direkt auf den Bauchnabel. Sie hob erstaunt den Kopf, als würde sie gerade zum ersten Mal einen Marsmenschen sehen. Ich versuchte, nicht zurückzuweichen, und begann mit meinem „Verkaufsgespräch": „Hallo, ich bin von der Community Presbyterian Church gleich hier um die Ecke ..."*

*„Was?", sagte sie und schaute mich noch ungläubiger als vorher an ...*

*Ich schluckte heftig und wiederholte noch einmal: „Welche Fähigkeiten haben Sie? Was können Sie besonders gut?"*

*„Was?", wiederholte sie und ich wiederholte meine Frage noch einmal. Innerlich bat ich Gott, er solle ein paar extra Juwelen in meine Krone setzen, weil ich das hier über mich ergehen ließ ...*

*„Na ja, ich glaube, ich kann kochen."*

*Plötzlich kam eine Stimme aus dem Dunkel der Wohnung: „Sie kocht Kutteln wie ein Weltmeister!"*

*Eine andere Stimme rief: „Ja, keiner kann so kochen wie sie!"*

*Langsam breitete sich ein Lächeln auf ihrem Gesicht aus und sie sagte: „Ja, ich glaube, ich kann kochen."*

*Ehe ich mich versah, saß ich im Wohnzimmer mit sechs anderen Afroamerikanern um mich herum. Ich lebe in den Südstaaten, dort passiert so etwas nicht einfach so. Da ich nicht wusste, was ich tun sollte, hielt ich mich an meinen Text: „Hallo, ich bin von der Community Presbyterian Church…"*

*Dann übernahmen sie. „Das ist Joe. Er kann Fahrräder reparieren. … Und das hier ist Mac. Wenn du jemals Probleme mit deinem Auto hast, dann bring es hierher zu Mac."… So ging es immer weiter. Stolz erzählten sie mir voneinander …*

*Wir brachten mit einer ganz einfachen Frage eine Emanzipationsbewegung ins Rollen: „Welche Begabungen hast du?" In einer Randgruppe der Gesellschaft kann so eine Frage Wunder bewirken.*[14]

Es gibt etwas, das mag die Mauern nicht…

## Die Mauer der Technologie

Lassen Sie mich vorab eines klarstellen: Technologie ist etwas Wunderbares. Nahezu während der gesamten Menschheitsgeschichte konnten die meisten Leute weder lesen noch schreiben. Und wenn sie es konnten, besaßen sie keine eigene Bibel. Aber dank der modernen Technologie können wir jetzt:

• die Bibel überall und zu jeder Zeit lesen.
• die erhabensten Gedanken großer Denker lesen.
• die beste Musik hören, die je geschrieben wurde.
• mit Menschen überall auf der Welt kommunizieren und ihnen dabei sogar in die Augen schauen.
• Informationen nachschlagen, die eine ganze Bibliothek nicht fassen könnte.
• unendlich viele Rechenaufgaben lösen.
• uns ohne Straßenkarte, Kreuzung für Kreuzung, zu jedem beliebigen Ziel auf diesem Planeten leiten lassen.

- ein Taxi bestellen, unseren Puls messen, unsere Finanzen überprüfen, kontrollieren, wo unsere Kinder sind, und das alles vom Sessel aus.

Der Begriff „Technologie" besteht aus zwei griechischen Wörtern, die wir auch im Neuen Testament finden (*technē* und *logia*). Diese beiden Wörter hängen eng mit zwei Begriffen zusammen, mit denen Jesus beschrieben wird: *tekton* und *logos*. *Tekton* ist das Wort für einen Bauhandwerker. Jesus fügte das Universum zusammen. Als er Mensch wurde, wurde er tatsächlich als *tekton* bezeichnet: „Er ist doch der Zimmermann *(tekton)*, Marias Sohn."[15] Jesus war also ein Technikfreak. *Logos* ist das griechische Wort für „Vernunft" oder „Wort". Es beschreibt unsere gottgegebene Fähigkeit, etwas zu verstehen oder zu entdecken. „Am Anfang war das *logos*. Das *logos* war bei Gott, und das *logos* war Gott selbst."[16]

Wir bestaunen die Technologie, weil sie ein Ausdruck dessen ist, was Gott uns geboten hat, als er die Menschen nach seinem Bild erschuf und ihnen sagte, sie sollten über den Garten Eden herrschen. Zu herrschen sollte die Erweiterung unserer Beziehung zu Gott, zueinander und zur gesamten Schöpfung sein: *Am Anfang war der Tweet. Der Tweet war bei Gott und der Tweet war Gott. ... Der Tweet wurde Mensch und twitterte unter uns.*

Aber es stellte sich heraus, dass eben die Technologie, die uns dabei helfen sollte, enger miteinander verbunden zu sein, uns in mancher Hinsicht weiter voneinander entfernt hat.

Im Durchschnitt sitzen Kinder in den USA ab einem Alter von acht Jahren mehr als sieben Stunden pro Tag vor einem Bildschirm.[17] Bei einer Umfrage des Pew-Instituts aus dem Jahr 2012 gaben nur 35 Prozent der 12- bis 17-Jährigen an, dass sie „regelmäßig persönlichen Kontakt mit anderen hatten". Dagegen gaben 63 Prozent an, „hauptsächlich über Textnachrichten zu kommunizieren und auf durchschnittlich 167 Nachrichten pro Tag zu kommen".[18] Eine Studie der Universität von Indiana in Fort Wayne ergab, dass 89 Prozent der Befragten unter dem „Phantom-Vibrations-Syndrom" leiden und denken, ihr Handy vibriere, obwohl es das nicht tut oder obwohl sie selbiges nicht bei sich tragen.[19]

Wir glauben, dass wir unsere Handys nur *benutzen*, aber mit der Zeit *brauchen* wir sie. Sie dienen nicht länger uns, sondern wir dienen ihnen. Fragen Sie sich einmal:

- Liegt Ihr Handy nachts auf Ihrem Nachttisch oder sogar in Ihrem Bett?
- Beklagen sich Ihre Freunde oder Ihre Familie darüber, dass Sie dem Display zu viel Aufmerksamkeit schenken?
- Schauen Sie morgens als Erstes und abends als Letztes noch einmal auf Ihr Handy?
- Sind Sie genervt, wenn Sie vergessen haben, Ihr Handy mit ins Bad zu nehmen?
- Beherrschen Sie die Kunst, heimlich eine Nachricht zu schreiben, während Sie jemanden anschauen und so tun, als seien Sie aufmerksam?
- Schauen Sie während geschäftlicher Besprechungen, eines romantischen Abendessens oder der Predigt auf Ihr Handy?

Wenn Sie die meisten (oder alle) Fragen mit Ja beantwortet haben, könnte es sein, dass Sie techniksüchtig sind. Die gute/ schlechte Nachricht ist: Sie sind damit nicht allein.

Weil zu vertrauten Beziehungen *gemeinsame Erfahrungen* nötig sind, müssen wir auch *anwesend sein*. Und anwesend zu sein bedeutet nicht einfach nur, dass mein Körper sich im gleichen Raum befindet wie der Ihre. Es gehört auch anhaltende, konzentrierte *Aufmerksamkeit* dazu. Blickkontakt. Wir müssen von unseren Bildschirmen und Displays aufschauen und unsere Geräte weglegen.

2015 beschloss Brandie Johnson, Mutter von kleinen Zwillingsjungen, ein Experiment zu machen. Sie ging eines Morgens eine Stunde offline und schaute einfach nur ihren Jungs beim Spielen zu. Und sie beschloss mitzuzählen: Sie machte jedes Mal einen Strich auf einem Blatt Papier, wenn die Jungs zu ihr herüberschauten, um zu sehen, ob sie ihnen ihre Aufmerksamkeit widmete. Am Ende hatte sie 28 Striche gemacht. Den folgenden Bericht postete sie auf Facebook:

*Ich saß still in der Zimmerecke und zählte mit, wie oft sie aus unterschiedlichen Gründen zu mir herschauten: um zu sehen, ob ich ihre tollen Tricks gesehen hatte; um zu sehen, ob ich mit ihrem Tun einverstanden war oder nicht; und um meine Reaktionen zu sehen. Ich fragte mich unwillkürlich, welche Botschaft es ihnen wohl vermitteln würde, wenn ich mit irgendeinem technischen Gerät beschäftigt gewesen wäre. 28-mal hätten sich meine beiden Engel gefragt, ob das WWW wohl wichtiger ist als sie. 28-mal hätten meine Jungs nicht die Aufmerksamkeit bekommen, nach der die meisten Erwachsenen noch suchen. 28-mal hätten sich meine Liebsten gefragt, ob ich sie noch lieb hatte. 28-mal hätte ich meinen Kindern vermittelt, dass unsere Onlineidentität das eigentlich Wichtige ist. In einer Welt, in der wir als die angenommen werden, für die uns die Menschen halten, und nicht als die, die wir wirklich sind, in einer Welt, in der unser Wert davon abhängt, wie viele Likes und Besucher wir auf unserer Facebook-Seite haben, in einer Welt, in der mit nahestehenden Menschen verbrachte Zeit durch Isolation und Textnachrichten aus dem Nachbarzimmer ersetzt wird, flehe ich euch an, anders zu sein. Bitte legt die Technik aus der Hand und verbringt*

*Zeit mit eurer Familie und lieben Menschen. Die Generation unserer Kinder verlässt sich darauf, dass wir ihr beibringen, was es heißt, erwachsen zu werden. Verbringt nicht zu viel Zeit mit den sozialen Medien. Ihr wisst nie, wer euch beobachtet und welche Nachricht ihr damit sendet.*[20]

Der Artikel auf der Internetseite, auf der ich zum ersten Mal von diesem Experiment las, endete paradoxerweise mit der Aufforderung: „Bitte schick das an alle deine Freunde auf Facebook." Das zeigt, man merkt oft gar nicht, dass man unter Technologiesucht leidet.

Untersuchungen von Sherry Turkle, einer Wissenschaftlerin am MIT (Massachusetts Institute of Technology), haben ergeben, dass die Technologie uns drei im Grunde begrüßenswerte Wunschträume anbietet, aber nicht erfüllen kann:

- dass wir unsere Aufmerksamkeit auf das lenken können, was auch immer wir wollen,
- dass wir immer Gehör finden,
- dass wir niemals allein sein werden.[21]

Wenn ich diese „Wunschträume" lese, wird mir eines bewusst: Wir wollen deshalb immer online sein, weil wir Beziehungswesen sind – wir wurden dafür geschaffen, mit anderen in Verbindung zu stehen. Und vielleicht sind diese Träume ja gar nicht so unerfüllbar. Vor vielen Jahrhunderten hat jemand diesen Wunsch so in Worte gefasst:

*Herr, du durchschaust mich,*
*du kennst mich durch und durch.*
*Ob ich sitze oder stehe – du weißt es,*
*aus der Ferne erkennst du, was ich denke.*[22]

Ganz gleich, worauf ich meine Aufmerksamkeit richte – Gottes Aufmerksamkeit habe ich auf jeden Fall.

*Schon bevor ich anfange zu reden,*
*weißt du, was ich sagen will.*[23]

Ich finde immer Gehör.

*Stiege ich in den Himmel hinauf – du bist da!*
*Wollte ich mich im Totenreich verbergen – auch dort bist du!*
*Eilte ich dorthin, wo die Sonne aufgeht,*
*oder versteckte ich mich im äußersten Westen, wo sie untergeht,*
*dann würdest du auch dort mich führen und nicht mehr los-*
*lassen.*[24]

Ich bin niemals allein.

Gott schenkt mir jederzeit und überall seine Aufmerksamkeit, ich werde immer gehört, und ich bin nie allein. Nur Gott kann unserer Seele die Verbindung schenken, nach der wir uns zutiefst sehnen.

Wir haben ein unendliches Bedürfnis danach, mit anderen verbunden zu sein, und Gott besitzt die unendliche Fähigkeit, uns mit sich zu verbinden.

Es gibt etwas, das mag die Mauern nicht.

## Die Mauer der Feindschaft

John Gottman ist einer der führenden Wissenschaftler auf dem Gebiet der menschlichen Beziehungen und Intimität. Er ist in der Lage, die Wahrscheinlichkeit vorherzusagen, mit der ein Paar zusammenbleibt oder sich scheiden lässt, und liegt dabei in über 90 Prozent der Fälle richtig – und das nach einem nur fünfzehnminütigen Gespräch![25] Wie macht er das?

Ganz einfach: Er hält Ausschau nach dem, was er „die vier apokalyptischen Reiter" nennt (nach den vier Reitern, die in Offenbarung 6,1–8 genannt werden und für *Sieg, Krieg, Hungersnot* und *Tod* stehen).[26]

In einer Beziehung heißt der erste apokalyptische Reiter *Kritik*. Kritik ist etwas anderes, als sich zu beklagen. In jeder Beziehung gibt es Klagen – gemeint ist damit die Feststellung, *dass* es ein Problem gibt, was oft der erste Schritt ist, um die Probleme zu lösen. Im Gegensatz dazu sind Kritik Klagen mit einem Widerhaken am Ende. Man kann jede Klage in Kritik verwandeln, indem man am Ende ein „Geht's noch?!" anhängt.

Wenn man kritisch ist und mit seinem Partner eine Meinungsverschiedenheit hat, geht man in diesem Fall nicht zur Lösung des Problems über, sondern interpretiert die Meinungsverschiedenheit als Zeichen der unverbesserlichen Charakterschwächen des anderen. Man betont die negativen Eigenschaften des Partners und macht häufig Bemerkungen darüber. Die positiven Eigenschaften werden heruntergespielt und selten erwähnt.

Wenn man kritisch ist, wird Sarkasmus zur festen Gewohnheit. Man kann keine Bitte mehr äußern, ohne eine verbale Spitze hinzuzufügen. „Würde es dir etwas ausmachen, mal den Fernseher auszuschalten, um deinem vaterlosen Sohn bei den Hausaufgaben zu helfen?"

Der zweite Reiter – von dem Gottman sagt, er sei der schlimmste – ist *Verachtung* bzw. *Geringschätzung*. Verachtung ist eine Herabwürdigung, die sich in einem Blick, dem Verdrehen der Augen oder dem Tonfall äußern kann. Verachtung gibt dem anderen zu verstehen: „Du nervst." Dazu gehört oft, dass man den anderen verbal herabwürdigt, ihm nicht zuhört oder ihn absichtlich verletzt.

Wir Menschen sind sehr sensibel für Verachtung. Personen, die verächtlich miteinander umgehen, sind sogar anfälliger für Infektionskrankheiten wie Erkältungen oder Grippe. Andererseits haben Studien ergeben, dass Menschen mit einer gewöhnlichen Erkältung, die zu einem einfühlsamen Arzt gehen, einen Tag früher gesund werden und weniger Schleim absondern als andere Kranke.[27] Es stimmt also buchstäblich – Mitgefühl macht die Menschen weniger rotznäsig.

Der dritte Reiter ist *Abwehr*. Wir werden defensiv, wenn wir nicht zugeben können, dass wir etwas falsch gemacht haben. Wir diskutieren es weg. Wir spielen es herunter. Wir reden uns raus. Wir weichen aus.

Der vierte Reiter ist *Mauern*. Wir verabschieden uns, ohne den Raum zu verlassen. Wir vermeiden Blickkontakt. Wir schauen zu Boden. Wir ziehen uns innerlich zurück. Wir schweigen.

Ein Freund erzählte mir, wenn seine Frau einen Streit mit ihm beginnt, dann stellt er sich die Boxtaktik von Muhammad Ali im Kampf gegen George Foreman vor: „Ich ziehe mich in eine Ecke des Boxrings zurück und lasse sie im übertragenen Sinn so lange zuschlagen, bis sie müde wird.“

Es gibt etwas, das mag die Mauern nicht.

## Die Mauer des Vergleichens

Als König Saul so niedergeschlagen war, dass er zu nichts mehr in der Lage war, konnte ihn nur einer aus seinem Loch herausholen, und das war ein junger Harfenspieler namens David. Dadurch wuchs Sauls Zuneigung zu David. Und als David

Sauls Erzfeind Goliat besiegte, schien ihre Freundschaft endgültig besiegelt.

Aber es stellte sich heraus, dass David ein so erfolgreicher Krieger war, dass nach der Schlacht, so heißt es, „die Frauen aus allen Städten König Saul entgegen[kamen]. Sie sangen und tanzten vor Freude und spielten auf Tamburinen und Zimbeln. Sie sangen: ‚Saul hat Tausende getötet, aber David Zehntausende!‘ Saul wurde sehr zornig, weil ihm das Lied ganz und gar nicht gefiel."[28] Warum missfiel es ihm? Zum einen ist es ein echt lahmer Song. Und sie wiederholten ihn auch noch ständig. „Zugabe!" Da wird doch jeder verrückt.

Aber das eigentliche Problem war das Vergleichen: Saul verglich sich selbst mit David und kam zu dem Schluss, dass David erfolgreicher und beliebter war und daher eine Gefahr für das Glück und die Zufriedenheit des Königs darstellte. Stellen Sie sich einmal das Gespräch zwischen ihm und seinen Freunden vor:

„Warum bist du so wütend, Saul?"

„Ich bin beleidigt. David haben sie zehntausend Tote zugeschrieben, aber mir nur tausend."

„Ist das dein Ernst, Saul? Wer sind denn ‚sie‘?"

„Alle eben."

„Saul, was interessiert es dich, was alle anderen denken? Du bist der König. Du bist hier der Chef. David arbeitet für dich. Seine Siege sind deine Siege."

„Als Nächstes wird er bestimmt noch mein Königreich bekommen."

Wenn man eifersüchtig ist, dann weil etwas Wertvolles auf dem Spiel steht – meistens das eigene Reich. Man sollte sich also lieber ein Reich suchen, das einem nicht genommen werden kann, weil es einem gar nicht gehört.

Ein anderes Wort für Eifersucht ist Neid. Neid entsteht, wenn ich mein Leben mit dem Leben von jemand anderem vergleiche, gefühlt den Kürzeren ziehe und dann traurig bin.

Zahlreiche Studien haben ergeben, dass Menschen umso niedergeschlagener und ängstlicher werden, je mehr Zeit sie in den sozialen Netzwerken verbringen. Wir sehen auf Bildern, dass andere in einem schicken Restaurant zusammen essen und Spaß haben, und fragen uns: *Warum war ich nicht dazu eingeladen?*

Ich vergleiche Ihr Facebook-Leben mit meinem echten Leben, und das führt fast immer dazu, dass ich entmutigt bin. Fakt ist doch, dass Personen die Fotos und die Informationen, die sie posten, sehr genau auswählen. Wir bedienen uns der Technik, um ein Bild unseres Lebens zu vermitteln, das nicht unbedingt mit der Realität übereinstimmt.

Erinnern Sie sich noch daran, als es üblich war, als Familie Weihnachtskarten zu schreiben? Es kam uns immer so vor, als seien die Kinder der anderen alle Neurochirurgen und selbst ihre Hunde studierten in Harvard. Jetzt müssen wir nicht einmal mehr bis Weihnachten warten, um entmutigt zu werden. Wir müssen nur auf Instagram nachschauen und schon werden wir von den Beweisen unserer vergleichsweisen Minderwertigkeit überflutet:

*Die* hat geheiratet?

*Da* waren die im Urlaub? Da war *ich* noch nie.

*So* eine gute Stellung hat sie?

Er hat *so* viel Spaß?

Auf *diese* Uni gehen ihre Kinder?

Es gibt ein großartiges Zitat von Frederick Buechner: „Neid ist das verzehrende Verlangen, dass alle anderen genauso erfolglos sein sollen wie man selbst.“[29]

*Das* sollte mal jemand auf Facebook posten.

189

Es ist eine Sache, unseren Frust den sozialen Netzwerken in die Schuhe zu schieben. Es ist eine andere Sache, sie Gott in die Schuhe zu schieben. Der Film *Amadeus* ist ein großartiges Beispiel dafür. Er erzählt die Geschichte eines Hofmusikers namens Antonio Salieri, dessen Leben durch den Neid zerstört wird. Er vergleicht sein musikalisches Talent – das außergewöhnlich ist – mit dem von Mozart, der ein Genie ist. Salieri ist überzeugt, dass Gott ihm unrecht getan hat, und so betet er:

*Von jetzt an sind wir Feinde, du und ich. Weil du dir einen angeberischen, lüsternen, schweinischen, kindischen Jungen als dein Instrument erwählt und mir zur Belohnung nur die Fähigkeit gegeben hast, diese Verkörperung zu erkennen. Weil du ungerecht und unfreundlich bist, werde ich dir im Wege stehen, das schwöre ich.*[30]

In Wirklichkeit führte Salieri ein unglaublich privilegiertes Leben. Er lebte am Hof. Aufgrund seiner Begabung gehörte er zu den besten zehn Prozent der besten ein Prozent der Welt. Er hätte Mozarts Freund und Unterstützer sein können.

Stattdessen wurde er zu seinem Feind.

Der Titel des Films geht auf Mozarts zweiten Vornamen zurück, Amadeus, was „Freund Gottes" bedeutet. Der Film endet damit, dass Salieri in einer Nervenanstalt landet und dort einem Priester erzählt, dass Gott ihn betrogen habe. „Ich werde für Sie sprechen, Vater. Ich spreche für alle Mittelmäßigen dieser Welt. Ich bin ihr Verfechter. Ich bin ihr Schutzheiliger."[31] Am Ende wird er im Rollstuhl durch den Gang der Anstalt geschoben und sagt zu allen Mitbewohnern: „Ihr Mittelmäßigen, ich erteile euch meine Absolution."[32]

Mit dieser Haltung fällt es schwer, vertraute Beziehungen zu erschaffen.

## Die Mauer der Pseudovertrautheit

Zwei Paare sitzen in einem Restaurant an zwei verschiedenen Tischen. Das eine Paar hat offensichtlich eine Verabredung. Die beiden haben sich schick gemacht. Man kann das Parfüm und das Rasierwasser noch zwei Tische weiter riechen. Sie lachen und gestikulieren, sind bemüht, das Schweigen nie zu lange werden zu lassen, erzählen sich Geschichten und fragen sich gegenseitig, wie das Essen schmeckt. Im Stillen überlegen sie ständig, was sie wohl als Nächstes sagen könnten.

Das andere Paar ist offensichtlich verheiratet. Man riecht nur das Essen. Sie haben sich bequem, aber nicht schick angezogen. Ihre Bemerkungen sind kürzer, sie haben weniger Blickkontakt, und manchmal starren sie minutenlang ins Leere. Erleben sie die Geborgenheit und die Ruhe einer jahrelangen Vertrautheit oder begnügen sie sich mit dem abstumpfenden Einerlei armseliger Langeweile?

Von außen kann man es nicht sehen.

Die wahren Anzeichen für Stagnation finden wir im *Inneren* einer Beziehung. Der Adrenalinrausch der ersten Verliebtheit wird natürlich nachlassen. Dafür gibt es einen guten Grund, und es liegt nicht daran, dass die Liebe scheitert. Die Emotionen am Anfang einer Beziehung entstehen zum großen Teil aus der Intensität der Ungewissheit. Wir fragen uns: „Liebt sie mich wirklich?", und sind erleichtert, wenn die Antwort Ja ist. Wegen dieses Adrenalinrauschs fahren wir auch mit der Achterbahn oder schauen uns Thriller an. Wenn in einer guten Beziehung die Hingabe groß ist und der andere davon weiß, ebbt der Adrenalinrausch ab – und das ist gut so.

Als Nancy und ich im Mittleren Westen lebten, trug sie immer Jogginghosen und Halbschuhe. Als wir uns bei einer Gelegenheit zum Mittagessen trafen und sie wieder einmal diese

Kombination anhatte, sagte ich zu ihr: „Also, entweder du ziehst eine Jogginghose und Turnschuhe an oder Halbschuhe zu einer Jeans. Aber wenn du weiter Jogginghosen mit Halbschuhen trägst, muss ich dich in den Ehefrauen-Laden zurückbringen und umtauschen."

Eigentlich liebe ich die verschiedenen Stile, in denen Nancy sich kleidet – manchmal todschick und manchmal gemütlich. Aber Vertrautheit ist nicht das Gleiche wie Gemütlichkeit. Schnecken sind ja auch gemütliche Wesen.

Folgende Fragen können dabei helfen herauszufinden, ob eine Beziehung stagniert:

- Vertieft sich unsere Beziehung noch?
- Lernen wir immer noch neue Dinge übereinander?
- Spornen wir uns gegenseitig an, unser Bestes zu geben?
- Überschlagen wir uns damit, den anderen zu beschenken?
- Sind wir dankbar oder halten wir zu viel für selbstverständlich?

Scott Peck hat die „Pseudogemeinschaft" als eine der großen Gefahren für zwischenmenschliche Beziehungen erkannt. In einer Pseudogemeinschaft sind die Menschen nett zueinander, sie zeigen sich von ihrer besten Seite, sind umgänglich. Sie erzählen sich kleine Notlügen, um Risse zu kitten und Konflikte zu vermeiden. Sie tun so, als ob. Sie nehmen einander nicht mehr wahr. „Es ist eine einladende, aber unzulässige Abkürzung, die nirgendwohinführt."[33]

Der einzige Weg heraus ist der Weg ins Chaos.[34] Echte Gemeinschaft erfordert den Mut, das zu sagen, was ich wirklich denke, auch wenn ich nicht abschätzen kann, wie mein Gegenüber reagieren wird, und mir dieses Nichtwissen Angst macht.

Sich ins Chaos zu begeben ist wie in kaltes Wasser zu springen. Aber wenn wir ehrlich zu unseren Freunden oder unseren Kindern oder unserem Partner oder unseren Eltern sind, gibt uns das die Gelegenheit, uns viel tiefer und aufrichtiger kennenzulernen. Und dann kann sich unsere Beziehung weiterentwickeln.

In einer vertrauten Beziehung haben sowohl Chaos als auch Geborgenheit ihren Platz.

So ähnlich wie bei Jogginghosen und Halbschuhen.

## Die Mauer des „Ich habe zu viel zu tun"

Eines der größten Hindernisse für vertraute Beziehungen ist ÜBERLASTUNG.

Ich bin überlastet, weil ich denke, ich müsste meine Arbeit perfekt machen, die perfekte Laufbahn hinlegen, damit ich andere nicht enttäusche. Ich bin überlastet, weil ich ein wirklich guter Sohn sein will und ein wirklich guter Bruder und ein wirklich guter Ehemann und ein wirklich guter Vater, aber ich schaffe es nicht.

Ich will den Menschen ein guter Pastor sein, und dann fühle ich mich schuldig, wenn ich durch unser Gebäude hetze. Ich will ein guter Leiter sein und fühle mich unzulänglich, weil ich Fehler mache. Ich will mir Zeit nehmen, wenn meine Freunde mich tagsüber anrufen, damit man mir nicht anhört, dass ich mich gestört fühle oder es eilig habe, aber ich weiß, *dass* man es hört.

Ich will dafür sorgen, dass unsere Geldanlagen sicher sind und will das schon dreißig Jahre alte Testament überarbeiten, damit unser ältestes Kind nicht alles allein erbt. (Ist nur ein Test, um zu sehen, ob eines meiner Kinder dieses Buch liest.)

Ich will Urlaube mit meiner Familie verbringen, die bleibende Erinnerungen schaffen. Ich will meinen Predigtstil verbessern. Ich will großartige Bücher lesen, die ich bis jetzt noch nicht einmal aufgeschlagen habe.

Und ich *will* diese Dinge nicht nur tun, sondern ich habe das Gefühl, dass ich sie tun *muss*. Ich ertappe mich dabei, wie ich bei all diesen Dingen ein schlechtes Gewissen habe.

Und doch werden wir uns später nicht an das erinnern, was wir geleistet haben, sondern an die innigen Momente unseres Lebens.

Als Nancy und ich feststellten, dass sie schwanger war und wir unser erstes Kind erwarteten, wollten wir das meinen Eltern auf besonders eindrückliche Weise mitteilen. Wir luden sie in unser Lieblingsrestaurant ein und baten einen Kellner, ein Tablett mit einer Servierhaube zu bringen. Als meine Eltern die Haube hochhoben, fanden sie darunter ein Paar Babyschuhe.

Ich gebe mich der Illusion hin, ich würde schon dazu kommen, dieses kleine Persönchen, das in diesen Schuhen steckt, zu lieben, wenn ich einmal genug Zeit habe. Aber in Wirklichkeit wachsen diese Füßchen sehr schnell, und wenn ich sie lieben will, dann muss ich *heute* Zeit dafür finden.

Selbst der Ausdruck „Zeit finden" ist eigentlich nicht korrekt.

Gott verlangt nicht von uns, Dinge zu tun, ohne uns auch die Zeit dafür zu geben.

Eile ist der Feind der Vertrautheit.

Druck ist der Feind der Vertrautheit.

Stress ist der Feind der Vertrautheit.

Eine alte Redensart sagt: „Wenn der Teufel dich nicht verführen kann, dann sorgt er dafür, dass du beschäftigt bist."

Beziehungen sind nicht effektiv. Menschen sind nicht effektiv. Menschen brauchen Zeit. Wie können wir also Vertrautheit aufbauen?

Die Autorin Anne Lamott berichtet davon, wie ihr damals zehnjähriger Bruder sich einmal überfordert fühlte, weil er einen Aufsatz über Vögel schreiben musste. Er hatte drei Monate Zeit gehabt, aber er schob die Aufgabe immer wieder vor sich her. Schließlich stand der Abgabetermin vor der Tür:

*Wir waren in unserem Wochenendhäuschen in Bolinas, und er saß den Tränen nahe am Küchentisch, umgeben von gelochten Blättern, Stiften und Büchern über Vögel. Er war wie versteinert angesichts des Ausmaßes der vor ihm liegenden Aufgabe. Dann setzte sich mein Vater neben ihn, legte seinen Arm um ihn und sagte: „Ein Vogel nach dem anderen, mein Kleiner. Schreib einfach über einen Vogel nach dem anderen."*[35]

Eine mitternächtliche Unterhaltung.

Ein Telefonat mit einer Freundin.

Ein Wochenende mit ein paar Studienkollegen.

Ein Besuch im Seniorenheim.

Ein Kinobesuch mit Freunden.

Sich Zeit nehmen, um sich bei einem Kollegen nach seiner Frau zu erkundigen, die im Krankenhaus liegt.

Oder eben das nicht tun.

Willkommen an der Mauer von „Ich habe zu viel zu tun".

Wir haben nie genug Zeit.

Wir haben immer genug Zeit.

## „Seid stille"

Die Verbindung, nach der wir uns am meisten sehnen, ist nicht technischer Natur, sie ist geistlicher Natur. Es ist nicht die Verbindung mit dem Internet, sondern mit Gott. Und manchmal müssen wir alle anderen Verbindungen kappen, um mit Gott in Verbindung zu treten.

Eines der wichtigsten Gebote der Bibel ist: „Seid stille und erkennet, dass ich Gott bin!"[36] Ich glaube, dieses „seid stille" fällt uns heute schwerer denn je.

In einer Reihe von Studien, die in der Zeitschrift *Science* veröffentlicht wurden, gaben die Wissenschaftler den Probanden zwei Möglichkeiten zur Auswahl: sechs bis fünfzehn Minuten ganz allein mit den eigenen Gedanken zu sein oder sich selbst einen Elektroschock zu versetzen. *Ein Viertel* der Frauen und *zwei Drittel* der Männer entschieden sich für den Elektroschock. Ein Mann gab sich innerhalb einer Viertelstunde sogar 190 Elektroschocks. Manche Menschen würden sich lieber mit den Schmerzen eines Elektroschocks bestrafen, als still zu sein.[37]

Aber wenn wir nie bereit sind, still zu sein, werden wir auch nie erfahren, dass Gott Gott ist.

Wenn wir nie bereit sind, still zu sein, werden wir nie wirklich beten.

Wenn wir nie bereit sind, still zu sein, werden wir nie echten Frieden erleben.

Vor ein paar Wochen habe ich es einmal mit einem „Techniksabbat" probiert. Bei Sonnenuntergang am Freitagabend schaltete ich meinen Computer, mein Handy und den Fernseher aus und machte 24 Stunden lang einen kalten Entzug. Keine Anrufe, keine Textnachrichten, keine Tweets, keine E-Mails, keine WhatsApp-Nachrichten, keine Blogs. Stattdessen machte ich einen langen Spaziergang. Ich führte einige lange Gespräche mit Menschen, die mir am Herzen liegen. Ich las einfach nur aus Spaß am Lesen. Ich betete. Ich spielte Klavier. Es war wunderbar.

Wenn der Gedanke, ein ganzes Wochenende ohne Handy zu verbringen, zu viel für Sie ist, können Sie stattdessen vielleicht mit diesen einfachen Gedanken zu Psalm 46 anfangen:

*Seid stille und erkennet, dass ich Gott bin.*
*Seid stille und erkennet, dass ich bin.*
*Seid stille und erkennet.*
*Seid stille.*
*Seid.*

Im Alten Testament gibt Gott einer Gruppe von Leviten eine wunderbare Anweisung: „Morgens und abends sollen die Sänger den Herrn mit ihren Liedern loben und preisen."[38]

Was wäre, wenn Sie Tag für Tag Ihre ersten und letzten Worte an Gott richten würden und nicht an Ihren E-Mail-Eingang?

Wir haben das Bedürfnis, ständig mit etwas oder jemandem verbunden zu sein, weil wir dazu erschaffen wurden, immer enger *mit Gott* verbunden zu sein. Denken Sie an die Zwillinge zurück, die mit Spielen beschäftigt waren, während ihre Mutter sie beobachtete und darauf wartete, dass sie aufsahen. Irgendwann fragt sich jeder Mensch: „Sieht mich irgendjemand? Hört mich irgendjemand?"

Auf Gottes Strichliste sind bereits unzählige Striche.

„Ich", sagt er.

In den Anfängen des Internets war es immer eine erstaunliche Erfahrung, wenn man Zugang dazu bekam. Man musste sich einwählen. Das dauerte ewig. Man musste dafür bezahlen.

Jetzt kann man in ein Café oder ein Hotel oder eine Bibliothek gehen und hat unbegrenzten, ununterbrochenen, augenblicklichen, kostenlosen Internetzugang.

Paulus liebte das kleine Wort „Zugang": „Durch [Jesus Christus] haben wir alle Zugang zum Vater und sind erfüllt von dem einen Heiligen Geist."[39]

Sie werden immer gesehen.

Sie werden immer gehört.

Sie sind nie allein.

Sie haben Zugang zum Vater.

Das ist die „Eden Alternative".

Es gibt etwas, das mag die Mauern nicht …

Kapitel 9

# Nackt und ohne Furcht

Das Paradox von Verletzlichkeit und Autorität

Alles … hat einen Riss. So kommt das Licht herein.
Leonard Cohen: „Anthem"

So etwas war mir während eines Vortrags noch nie passiert. Es ist, als wäre es erst gestern gewesen: Wir veranstalten eine Konferenz, zu der Gemeindeleiter aus dem ganzen Land angereist sind. Es ist gerammelt voll. Erst in letzter Sekunde hat man mich gebeten, Psalm 150 zu lesen.

„Du musst ihn mit überschwänglicher Begeisterung lesen", rät mir Nancy Beach, die den Gottesdienst leitet.

Zu Beginn des Gottesdienstes gibt es ein Hip-Hop-Stück mit einer Art liturgischem Breakdance. Alle sind begeistert. Meine Aufgabe ist es, zu einem noch lauteren und fröhlicheren Lied überzuleiten. Also fange ich schnell und laut an zu lesen und werde überschwänglicher und immer überschwänglicher.

*Halleluja – lobt den Herrn!*
*Lobt Gott in seinem Heiligtum,*
*lobt ihn, den Mächtigen im Himmel!*
*Lobt ihn für seine gewaltigen Taten,*
*lobt ihn, denn seine Größe ist unermesslich!*

Nach dieser mitreißenden Einleitung besteht der Psalm im Grunde aus einer Liste von Instrumenten. (Es ist der letzte von 150 Psalmen und der Psalmist musste seinen Stoff offenbar strecken.)

*Lobt ihn mit Posaunen,*
*lobt ihn mit Harfe und Laute!*
*Lobt ihn mit Tamburin und Tanz,*
*lobt ihn mit Saitenspiel und Flötenklang!*
*Lobt ihn mit Zimbelschall,*
*lobt ihn mit Paukenschlag!*

Inzwischen schreie ich schon fast. Wenn sie es kraftvoll wollen, sollen sie es kraftvoll haben.

Beim nächsten Satz verhasple ich mich allerdings ein bisschen.

*Alles, was Brüste hat…*

(„All that has *breasts*" statt „All that has *breath*" – „alles, was *Atem* hat")

Pause.

*Habe ich das wirklich gerade gesagt?*

Das Haus bricht in schallendes Gelächter aus.

*Oh ja, habe ich.*

Ich stehe entblößt auf der Bühne und warte darauf, dass die Leute aufhören zu lachen. Ich überlege fieberhaft, was ich jetzt sagen soll. Vielleicht könnte ich behaupten, das sei die moderne Übertragung von *The Message,* und schiebe einfach Eugene Peterson die Schuld in die Schuhe.

Sie hören nicht auf zu lachen.

Schließlich gehe ich einfach von der Bühne.

Den Psalm habe ich nie fertig gelesen.

Es ist schon komisch: Es gehört zu meinem Beruf, den Menschen zu helfen, Gott näherzukommen, indem ich sie so gut und gründlich wie möglich mit der Autorität der Bibel lehre. Aber das, woran sich die Menschen erinnern werden, wenn sie an mich denken, ist dieser freudsche Versprecher in Psalm 150.

## Stark und schwach

Und jetzt möchte ich Ihnen gern von der wichtigsten Begebenheit in einer Freundschaft erzählen, die ich je erlebt habe.

Während meiner Studienzeit war Rick mein bester Freund. Ich bewunderte ihn vom ersten Augenblick an. Er konnte so vieles so gut. Er war ein besserer Sportler als ich, er kleidete sich besser, die Frauen konnten ihn sofort gut leiden, und er war ein viel besserer Therapeut als ich. Ich war mir auch ziemlich sicher, dass er ein besserer Ehemann war. Als wir beide noch frisch verheiratet waren, kam er einmal zu uns und fragte Nancy, ob er ihr Bügeleisen ausleihen könnte, um ein Hemd zu bügeln. Als Nancy es ihm gab, meinte er, er müsse gleich wieder gehen, weil er gerade ein aufwendiges Rezept zum Abendessen mache und etwas in der Pfanne habe, das er immer im Auge behalten müsse. Als ich nach Hause kam, stellte ich fest, dass die Messlatte für Ehemänner soeben sehr viel höher gehängt worden war.

Nachdem Rick und ich etwa zehn Jahre befreundet waren, beschloss ich, etwas zu tun, das ich noch nie gemacht hatte – nämlich ihm alles das zu gestehen, was ich ihm bislang verschwiegen hatte. Diesen Schritt wollte ich machen, um so unsere Beziehung zu vertiefen. Ich hatte gerade das niedergeschrieben, was man bei den Anonymen Alkoholikern eine

„furchtlose moralische Inventur" nennt. Als ich damit fertig war, traf ich mich mit Rick und las ihm alles vor, was ich aufgeschrieben hatte – wann ich gelogen hatte, eifersüchtig, gierig, wütend, stolz oder verletzt gewesen war. Manches davon konnte ich ganz sachlich vorbringen, aber andere Dinge waren so beschämend, dass ich ihm dabei nicht in die Augen schauen konnte. Ich starrte nur auf mein Blatt Papier.

Aber seine Antwort verschlug mir den Atem.

Ich hatte nicht wirklich darüber nachgedacht, was er wohl sagen würde, wenn ich fertig war. Ich war zu sehr in meinen Schuldgefühlen gefangen und machte mir Gedanken darüber, dass er jetzt eine schlechtere Meinung von mir haben würde.

Er forderte mich auf, ihn anzuschauen, und dann sagte er den einen Satz, den ich nie vergessen werde: „John, ich habe dich nie mehr geliebt als in diesem Augenblick."

*Na, wenn das so ist, sollte ich vielleicht mal überlegen, ob mir nicht noch mehr schlimme Dinge einfallen.*

In seinem Buch *Strong and Weak* schreibt Andy Crouch, dass für die meisten von uns Autorität und Verwundbarkeit zwei unterschiedliche Punkte auf *einer* Skala sind.[1] (Crouch spricht hier von *aufblühen*, aber ich möchte eher den Aspekt der *Vertrautheit* betrachten.) Wir halten uns selbst entweder für leistungsstark oder für verletzlich.

Wir denken oft, es sollte unser Ziel sein, so viel Autorität wie möglich zu haben und so wenig verwundbar wie möglich zu sein. Aber Crouch argumentiert, dass das nicht Gottes Absicht für unser Leben entspricht. Im Gegenteil, Gott hat den

Menschen so erschaffen, dass er *sowohl* große Autorität haben *als auch* sehr verwundbar sein soll.

Gott hat die Menschen nach seinem Ebenbild erschaffen. Er sagte ihnen, sie sollen „Macht haben über die Fische im Meer, über die Vögel in der Luft, über das Vieh und alle Tiere auf der Erde und über alles, was auf dem Boden kriecht".[2] Aber er erschuf den Menschen auch als Wesen, das in allem von ihm abhängig ist. Der Mensch war anfällig für Versuchungen. Nackt und bloß.

Man kann sich das wie in dem nachfolgenden Schaubild vorstellen.

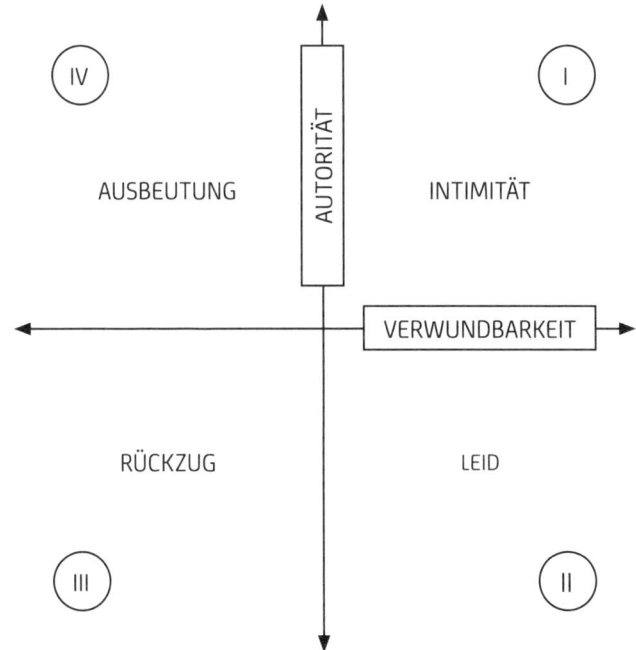

Man könnte Autorität als „die Fähigkeit zu bedeutungsvollem Handeln"[3] definieren, schreibt Crouch. Lehrer im Klassenzimmer haben sie. Chirurgen im OP haben sie. Richter im

Gerichtsaal haben sie. Wenn wir Autorität haben, müssen wir nur Anweisungen geben oder bitten oder etwas sogar nur andeuten, und es wird getan.

Wenn ich in mein Büro komme, sind die Bücher aufgeräumt und die Meetings anberaumt. Warum? Weil ich Autorität habe. Wenn ich die Zimmer meiner Kinder betrete, dann sind die Betten gemacht und die Kleidung ist weggeräumt. Warum? Weil ich Autorität habe.

Wenn ich nach Hause komme, stehen die Hausschuhe bereit, die Zeitung und die Flasche Bier stehen auf dem Fernsehtisch. Warum? Weil ich im falschen Haus bin.

König David staunt darüber, dass die Menschen im Vergleich zum Ausmaß des Universums so winzig sind:

*Du hast ihn nur wenig geringer gemacht als die Engel,*
*ja, mit Ruhm und Ehre hast du ihn gekrönt.*
*Du hast ihm den Auftrag gegeben, über deine Geschöpfe zu*
*herrschen.*
*Alles hast du ihm zu Füßen gelegt.*[4]

Aber wir wurden nicht nur dazu erschaffen, Autorität auszuüben. Wir wurden auch dafür erschaffen, uns verletzlich zu machen. „Der Mann und die Frau waren nackt, sie schämten sich aber nicht."[5]

*Nackt* deutet daraufhin, wie schutzbedürftig jemand ist:

*Von allen Geschöpfen dieser Welt ist der Mensch das Einzige, das*
*nackt sein kann. Jedes andere Wesen besitzt, wenn es ausgewach-*
*sen ist, Fell, Schuppen oder Federn, um sich vor der Umwelt zu*
*schützen. Kein anderes Wesen – nicht einmal der Nacktmull –*
*zeigt in seinem natürlichen Zustand irgendein Anzeichen dafür,*
*dass es sich unvollständig fühlt, so wie Menschen es ständig tun.*[6]

Am Anfang und am Ende unseres Lebens sind wir besonders verwundbar. Man könnte Verwundbarkeit auch als *„einem deutlichen Risiko ausgesetzt sein"*[7] verstehen, schreibt Crouch. Und wir leben in dem Wissen, dass unser Körper uns eines Tages im Stich lassen wird. Wallace Stegner hat das sehr eindrücklich formuliert: „Sieht man es einmal unter geologischen Gesichtspunkten, sind wir Fossilien in der Entstehung, die begraben und eines Tages wieder freigelegt werden, damit sich die Geschöpfe späterer Zeitalter über uns wundern."[8]

Die Kombination aus Verwundbarkeit und Autorität schlechthin sehen wir in Jesus. Einerseits kam er als hilfloses Kind zur Welt – genau wie jedes andere Kind auch –, und seine Eltern, ein armes Ehepaar, das bald vor König Herodes fliehen musste, legten ihn in einen Futtertrog. Er hatte Hunger, war müde und durstig, er blutete, weinte und beendete sein Leben an einem Kreuz.

Und doch vollbrachte er hier auf der Erde Wunder, die noch niemand vollbracht hatte. Er lehrte die Menschen auf eine Art, die auf noch nie da gewesene Weise den Lauf der Geschichte veränderte. Er teilte seinen Nachfolgern mit, dass es ihre Aufgabe sei, jeden Menschen auf dieser Welt in die Nachfolge zu führen. (Das wird oft als Missionsbefehl bezeichnet, aber wenn man einmal darüber nachdenkt, wie unglaublich gewagt das ist, könnte man es auch als Missionsvermessenheit bezeichnen.) Seine letzte belegte Aussage hier auf der Erde beinhaltet unter anderem diese Behauptung: „Ich habe von Gott alle Macht im Himmel und auf der Erde erhalten."[9]

Äußerste Verwundbarkeit. Äußerste Autorität. Und das gibt ihm die Möglichkeit, uns äußerste Vertrautheit anzubieten.

Diese Vertrautheit ist möglich, weil er sich verwundbar gemacht hat. Er hat wie wir gelitten, wurde wie wir auf die Probe gestellt, hat wie wir den Schmerz gefühlt. Diese Vertrautheit ist aber auch aufgrund seiner Autorität möglich, weil jetzt nichts mehr „uns von der Liebe Gottes trennen [kann], die er uns in Jesus Christus, unserem Herrn, schenkt".[10]

## Vertrautheit basiert sowohl auf Autorität als auch auf Verwundbarkeit

Der Alttestamentler Walter Brueggemann hat festgestellt, dass die Worte „Gebein von meinem Gebein und Fleisch von meinem Fleisch" – die der erste Mann sagt, als er die erste Frau trifft – zusammen gebraucht werden, um die umfassende Beziehung eines Menschen zu einem anderen zu beschreiben.[11]

Vertrautheit gedeiht auf dem Paradox von *Gebein* (hart, fest, stark und mächtig) und *Fleisch* (weich, biegsam, zart, schwach und verwundbar).

Gebein und Fleisch.

Stärke und Schwäche.

Autorität und Verwundbarkeit.

Brueggemann führt den Zusammenhang zwischen diesen beiden gegensätzlichen Gedanken weiter aus:

*Unsere beiden Begriffe [Gebein und Fleisch], die… gewöhnlich als physische Eigenschaften des Körpers gebraucht werden, müssen hier so verstanden werden, dass die Funktionsweise des gesamten Organismus gemeint ist. … Zusammen bedeuten sie etwas anderes als jeder Begriff für sich gesehen. Weil sie gegensätzliche Bedeutungen haben, ist es gut möglich, dass damit zwei Extreme und alles dazwischen ausgedrückt werden sollen, also alle physisch-psychischen Aspekte zwischenmenschlicher Beziehung von A bis Z.[12]*

Das Schaubild auf Seite 203 veranschaulicht die gesamte Bandbreite möglicher Kombinationen von Autorität und Verwundbarkeit. Fehlt eines davon oder ist nur schwach ausgebildet – oder schlimmer noch: wenn beide fehlen –, ist die Beziehung von Leid, Ausbeutung oder Rückzug geprägt. Sind beide vorhanden und stark ausgeprägt, kann Vertrautheit wachsen.

Es gibt eine Geschichte in der Bibel, in der wir den Schmerz verlorener Vertrautheit und das Ringen mit Autorität und Verwundbarkeit am deutlichsten erkennen können, und das ist die Geschichte von Jakob und Esau. Als wir den Zwillingsbrüdern zum ersten Mal begegnen, kämpfen sie im Mutterleib miteinander:

*Und tatsächlich – als die Stunde der Geburt kam, brachte Rebekka Zwillinge zur Welt. Der erste war am ganzen Körper mit rötlichen Haaren bedeckt, wie ein Tierfell. Darum nannten ihn seine Eltern Esau („der Behaarte"). Dann kam sein Bruder; er hielt bei der Geburt Esau an der Ferse fest, und so nannten sie ihn Jakob („Fersenhalter").*[13]

Warum kämpften die beiden miteinander? Scheinbar schaute der kleine Jakob-Fötus den kleinen Esau-Fötus an und sagte sich: „Er ist näher am Ausgang als ich und wird zuerst rauskommen. Dann ist er der Erbe und Papas Liebling. Er wird Autorität haben und ich werde verwundbar sein. Da gibt es nur eine Lösung: Ich packe ihn an der Ferse und ziehe ihn hinter mich, dann werde ich die Nr. 1 sein und er nur die Nr. 2."

Aber Jakob war zu schwach. Er schaffte es nicht, zuerst auf die Welt zu kommen. Er war ein kleiner Versagerfötus. Und dieses Versagen sollte ihn noch sehr lange verfolgen. Bis es ihn *rettete.*

Als die Jungen heranwuchsen, bemerkte Jakob, dass sein Vater jedes Mal strahlte, wenn Esau den Raum betrat. Und jedes Mal, wenn Jakob hereinkam und sein Vater sah, dass es nicht Esau war, sah Jakob die Enttäuschung im Gesicht seines Vaters.

Es dauerte nicht lange, da war Jakob auch in seinen eigenen Augen der „Nicht-Esau". Geht es uns nicht manchmal genauso?

*Ich bin der-/diejenige, der/die von* _____
*nicht geliebt wird.*

Vater
Mutter
Ehepartner
Kind
Freund/Freundin

Jakob hatte einerseits den Eindruck, dass er nur wenig Autorität besaß. Andererseits war aber sein Gefühl, verwundbar zu sein, sehr ausgeprägt. Er lebte gewissermaßen in Quadrant II: Leid.

Aber Jakob hatte einen Verbündeten. Seine Mutter, Rebekka, liebte ihn mehr als seinen Bruder und schmiedete einen Plan, wie Jakob den Segen seines Vaters stehlen könnte, indem er sich als Esau ausgab. Als er einwarf, dass er dabei erwischt werden könnte, erwiderte Rebekka: „Dann soll der Fluch mich treffen!"[14]

Rebekka wusste, dass sie einen viel stärkeren Willen hatte als ihr Mann Isaak. Rebekka lebte in Quadrant IV: Ausbeutung (viel Autorität, wenig Verwundbarkeit).

Es ist oft verführerisch, unsere Beziehungen dadurch zu regeln, dass wir versuchen, in Quadrant IV zu leben.

Andy Crouch versucht, dies zu veranschaulichen: Stellen Sie sich vor, Sie betreten einen Raum voller Menschen, von denen Sie die meisten nicht kennen, und Sie müssen zu ihnen sprechen. Wie machen Sie das?

Für introvertierte Gottesdienstbesucher sind die 30 Sekunden, in denen sie ihre Nachbarn begrüßen sollen, das Schlimmste am ganzen Gottesdienst. Ich kenne Menschen, die im Foyer bleiben, um dem aus dem Weg zu gehen. Die ultraextrovertierten Menschen dagegen *lieben* diesen Moment: „Da sind Hunderte neuer Freunde, die nur darauf warten, mich kennenzulernen!" (Ihr wisst genau, wer hier gemeint ist. Und alle anderen wissen auch, wer ihr seid. Wir beneiden euch, finden euch aber auch irgendwie schräg.)[15]

Denken Sie einmal an Ihre Kindheit zurück, als Sie eingeschult wurden oder auf eine Feier kamen und sich wie ein Außenseiter fühlten. Und jetzt stellen Sie sich vor, es gäbe einen Zaubertrank, und je mehr Sie davon trinken, desto besser würden Sie sich fühlen. Er wäre wie flüssige Autorität.

Wenn man anfängt, zu Alkohol zu greifen, um seine Verwundbarkeit in den Griff zu bekommen, bewegt man sich in Quadrant IV. Es fühlt sich einen Augenblick lang gut an. Das Problem ist nur, dass das gute Gefühl mit der Zeit nachlässt und man immer mehr Alkohol braucht, um dieses Gefühl zu bekommen. Letzten Endes raubt er einem alle Autorität und führt ins Leid.

Quadrant IV ist der Bereich, in dem sich die allerersten Versuchungen abspielten. Die Schlange sagt zu Eva:

„Ihr werdet sein wie Gott" (viel Autorität).

„Ihr werdet nicht sterben"[16] (keine Verwundbarkeit).

Aber stattdessen passiert genau das Gegenteil:

Sie werden ganz anders als Gott (wenig Autorität).

Sie sterben ganz sicher (große Verwundbarkeit).

Sünde verspricht uns Autorität ohne Verwundbarkeit, aber sie führt zu Verwundbarkeit ohne Autorität.

Rebekka sagt also zu Jakob, er solle Esaus Kleidung anziehen, und legt ihm Ziegenfelle auf die Arme, damit er wie Esau riecht und sich auch wie der Bruder anfühlt. Isaaks Augen sind mittlerweile so schlecht, dass Jakob nicht einmal so aussehen muss wie Esau. Er muss nur so sprechen wie Esau und sich so verhalten wie Esau, dann wird alles gut. Das Ganze klingt wie eine Szene aus einem Film:

*Jakob ging damit zu seinem Vater und begrüßte ihn. Isaak fragte: „Wer ist da, Esau oder Jakob?"*

*„Ich bin Esau, dein Erstgeborener", antwortete Jakob.*[17]

Nicht einfach nur „Ich bin Esau", sondern: „Ich bin Esau, dein Erstgeborener – du weißt schon: dein Herzblatt, dein Liebling."

Isaaks blinde Augen beginnen zu strahlen. Jakob lernt in diesem Augenblick eines: Wenn man das, was man will, nicht bekommt, wenn man der ist, der man ist, dann bekommt man es vielleicht, wenn man vorgibt, jemand zu sein, der man nicht ist.

Eine der größten Überraschungen, die Brené Brown bei ihren Forschungen erlebte, war die Erkenntnis, dass *dazugehören* und *dazu passen* nicht das Gleiche ist. *Dazugehören* heißt, man wird als der akzeptiert, der man *ist*. *Dazu passen* heißt, man wird akzeptiert, weil man versucht, jemand zu sein, der man nicht ist.[18]

Wenn ich dazugehöre, darf ich ich sein.

Wenn ich dazu passen muss, darf ich nicht ich sein.

Als wir gerade frisch nach Kalifornien gezogen waren, lud mich ein Freund ein, ihn zu begleiten, wenn er vor dem Eingang zu großen Hollywood-Feierlichkeiten und -Preisverleihungen auf Autogrammjagd ging. Uns fiel auf, dass die Sicherheitskräfte etwa eine Viertelstunde nach Beginn der Veranstaltung nachlässig wurden. Also kaufte ich mir für zehn Dollar in einem Secondhandladen einen Smoking und wir schlichen uns in die Veranstaltungen hinein. Ich machte Bilder mit mir und James Stewart, plauderte mit Cary Grant. Einmal führte ich Elizabeth Taylor auf die Bühne, wo sie eine Ansprache halten sollte. Ich passte dazu. Aber ich *gehörte* nicht dazu. Ich hatte immer Angst, entdeckt und aus dem Paradies hinausgeworfen zu werden.

Ich wuchs in einer christlichen Familie auf, und auch hier ging es manchmal mehr darum, so zu tun, als ob, und dazu zu passen, als tatsächlich dazuzugehören. Und darin war ich ziemlich gut.

Ich tat so, als sei ich besser, als ich es tatsächlich war.

Ich tat so, als sei ich glücklicher, als ich es tatsächlich war.

Ich tat so, als stimmte ich den anderen zu, wenn ich es gar nicht tat.

Ich tat so, als wollte ich gar keinen Alkohol trinken, obwohl ich es gern getan hätte (aber Angst hatte, erwischt zu werden).

Ich tat so, als sei ich wahnsinnig erwachsen und weltgewandt – als würde ich mich fürs Lernen interessieren, für alle möglichen Aktivitäten, für Sport und als hätte ich für Mädchen gar nicht so viel übrig. Doch in Wirklichkeit hätte ich meine Großmutter verkauft, um mit einem hübschen Mädchen auszugehen. (Und meine Großmutter bedeutete mir alles!)

Wenn man nur dazu passt und nicht dazugehört, hat man immer Angst, dass jemand herausfindet, dass man nur einen gebrauchten Smoking trägt und nicht eingeladen ist.

Wenn ich in einer Beziehung unsicher bin, missbrauche ich die Verwundbarkeit manchmal, um Konflikten aus dem Weg zu gehen oder meine Angst zu bewältigen. Ich verzichte auf die Autorität, die Gott mir gegeben hat. Wir haben einen fünf Jahre alten Labrador, der Baxter heißt, benannt nach Richard Baxter, der im 17. Jahrhundert *Das Predigtamt aus Sicht eines Puritaners* geschrieben hat. Oder vielleicht haben wir ihn auch nach dem Hund in dem Film *Anchorman – Die Legende von Ron Burgundy* benannt, der im Film einen ganzen Laib Käse frisst („wie ein Minibuddha mit Fell").

Baxter sieht aus, als besäße er Autorität. Er ist groß und durchtrainiert und knurrt bei Geräuschen, die ihm fremd sind. Aber sobald jemand zur Tür hereinkommt, legt er sich auf den Rücken und entblößt seinen Hals. „Ich bin gar nicht gefährlich. Streichle mich. Bittebittebitte."

Selbst wenn ein schwer bewaffneter Raubmörder hereinkäme, würde Baxter sich trotzdem auf den Rücken legen. „Willst du meinen Bauch kraulen?"

Ich weiß, dass die Leute das mögen.

Vor Jahren ging ich mit Baxter zum Hundetrainer. Am Ende der ersten Stunde gab mir der Trainer ein paar Tipps: „Wenn Sie Ihrem Hund einen Befehl geben, sollten Sie niemals in die Knie gehen, um mit ihm auf Augenhöhe zu sein. Bauen Sie sich immer vor ihm auf. Wenn Ihr Hund Ihnen zu verstehen gibt, dass er rausmöchte, dann lassen Sie ihn nie direkt hinaus. Lassen Sie ihn zuerst einem Befehl gehorchen. Denken Sie immer daran, Ihre Autorität mit jeder Ihrer Handlungen zu bestätigen."

Ich kenne Menschen, die genauso sind.

Manchmal ist man der Trainer und manchmal Baxter. Aber echte Vertrautheit entsteht nur, wenn beide Partner in dieser Beziehung echt sind und dem anderen weder Autorität *noch* Verwundbarkeit vorspiegeln.

## Das Geschenk der Verwundbarkeit

Zurück zu Jakob und Esau. Das zentrale, ihn völlig verändernde Ereignis in Jakobs Leben ist diese seltsame Geschichte, in der er mit Gott ringt. Ringt er wirklich mit Gott oder mit einem Engel? Der Text verrät es nicht. Warum lässt Gott Jakob um seinen Segen kämpfen? Der Text verrät es nicht. Wir wissen nur, dass er sich mit aller Kraft nach Gottes Segen sehnt. Als der Kampf vorbei ist, bleibt Jakob hinkend zurück, und soweit wir wissen, verschwand dieses Hinken nie wieder. Er wollte Segen und hinkte am Ende. Oder vielleicht *war* das Hinken der Segen?

Als Jakob sich auf den Weg machte, um seinen Bruder zu treffen, den er betrogen hatte, heißt es: „Esau aber lief ihm entgegen, umarmte und küsste ihn."[19] Davon, dass Jakob auch Esau entgegenrannte, wird nichts berichtet. Warum nicht? Weil er hinkte. Vielleicht trug Jakobs Hüftleiden mehr dazu bei, Esaus Herz zu erweichen und den Weg für die Wiederherstellung der Beziehung zwischen den Brüdern zu ebnen, als es sein Erfolg und sein Wohlstand je vermocht hätten. Vielleicht war Jakobs Hüftleiden gewissermaßen ein Geschenk.

Aber es ist eines der Geschenke, die niemand haben möchte.

Brené Brown erzählt in *Die Gaben der Unvollkommenheit* von einem Besuch bei ihrer Therapeutin, bei dem sie erkannte, dass sie eine Hassliebe (eher Hass) mit der Verwundbarkeit verband.

*Ich sah sie geradewegs an und sagte: „Ich hasse diese beschissene Verwundbarkeit." Ich dachte, sie ist Therapeutin, sie hatte bestimmt schon härtere Fälle. Und je früher sie weiß, womit sie es zu tun hat, umso schneller können wir diese Therapie wieder beenden. „Ich hasse die Ungewissheit. Ich hasse es, Dinge nicht zu wissen. Ich mag es nicht, mich zu öffnen, um dann vielleicht verletzt oder enttäuscht zu werden. Das ist unerträglich. Verwundbarkeit ist so kompliziert. Und unerträglich. Verstehen Sie, was ich meine?"*

*Diana nickte. „Ja, ich kenne die Verwundbarkeit auch. Ich kenne sie sehr gut. Es ist ein ganz herrliches Gefühl." Dann sah sie auf und lächelte ein wenig, als sähe sie etwas wirklich Wunderschönes vor sich. ...*

*„Ich hatte gesagt, dass sie unerträglich ist, nicht herrlich", betonte ich noch einmal. ... „Ich hasse es, wie ich mich dabei fühle."*

*„Wie fühlen Sie sich denn dabei?"*

*„Als müsste ich aus meiner Haut schlüpfen. Als müsste ich das, was gerade passiert, in Ordnung bringen und es besser machen."*

*„Und wenn Sie das nicht können?"*

*„Dann würde ich am liebsten jemand ins Gesicht schlagen."*

*„Machen Sie das dann?"*

*„Nein, natürlich nicht."*

*„Was machen Sie dann stattdessen?"*

*„Ich putze das Haus. Esse Erdnussbutter. Gebe anderen die Schuld. Sorge dafür, dass alles um mich herum perfekt ist. Kontrolliere alles, was geht – alles, was nicht niet- und nagelfest ist."*[20]

Brown zählt auf, unter welchen Umständen sie sich am verwundbarsten fühlt – bei Sorgen oder Ungewissheit, wenn sie kritisiert wird, etwas tut, das unangenehm ist, bei beängstigenden Erlebnissen, wenn etwas zu schön ist, um wahr zu sein –, und ihre Therapeutin reagiert mit immer nervigerem, mitfühlendem Nicken, wodurch sich Brown noch verwundbarer fühlt. „Komme ich irgendwie zu diesem herrlichen Gefühl, ohne mich dazu entsetzlich verwundbar fühlen zu müssen?", platzt es schließlich aus ihr heraus.[21]

Nein. Unmöglich. Danke, dass Sie dabei waren.

Henry Cloud weist darauf hin, dass es kein Zufall ist, dass Gott unsere Tränenkanäle in die Augen gelegt hat. Sie hätten sich auch an einem weniger auffälligen Ort befinden können – zum Beispiel unter den Achseln oder zwischen den Zehen. Aber Gott hat sie in unsere Augen gelegt. Er will, dass unsere Tränen sichtbar sind, dort, wo wir sie nicht wollen, dort, wo andere sie sehen können.[22] Es ist kein Versehen, dass wir verwundbar sind, wir wurden so erschaffen.

Was ist Ihr „Hüftleiden"? Vielleicht eine Scheidung? Oder berufliches Scheitern? Eine Behinderung? Ihre Figur? Ihr Bildungsstand? Oder Ihre Wut? Vielleicht ist Ihr „Hüftleiden" auch eine Reihe kaputter Beziehungen. Vielleicht aber auch eine Sucht. Vielleicht eine Haftstrafe. Vielleicht Missbrauch – als Täter oder Opfer. Vielleicht ist es Feigheit. Vielleicht sind es Angstzustände oder eine seelische Erkrankung. Vielleicht ist es die Einsamkeit.

Was ist, wenn Ihr „Hüftleiden" nie mehr verschwinden wird?

Was ist, wenn Gott es gebrauchen will?

Es ist schon seltsam, dass ich es bewundere, wenn andere bereit sind, sich verwundbar zu machen, aber selbst nicht verwundbar sein will.

Madeleine L'Engle schreibt: „Als wir Kinder waren, dachten wir immer, wenn wir erst einmal erwachsen sind, sind wir nicht länger verwundbar. Aber erwachsen werden heißt, seine Verwundbarkeit anzunehmen. … Leben heißt, verwundbar zu sein."[23]

Menschen, die sich mit ihrer Verwundbarkeit ausgesöhnt haben, wirken anziehend. Jemand beschuldigte den bekanntermaßen nicht sehr attraktiven Abraham Lincoln, zwei Gesichter zu haben, worauf er sofort erwiderte: „Glauben Sie wirklich, ich würde das hier tragen, wenn ich noch ein anderes hätte?"[24]

Ich nahm einmal an einer Konferenz teil, auf der auch Anne Lamott sprach. Als sie die Bühne betrat, sah sie sich selbst mit ihren fransigen Rastalocken auf dem Bildschirm und stöhnte verzweifelt: „Oh Gott ... wie sehen denn meine Haare aus?!"

Nach diesen einleitenden Worten fraßen wir ihr alle aus der Hand.

Aus einem Team wird eine Familie, und Vertrautheit entsteht, wenn ein Leiter bereit ist zu sagen:

„Tut mir leid."

„Ich habe mich geirrt."

„Ich weiß es nicht."

„Ich brauche Hilfe."

„Mir geht's nicht gut."

In ihrem Buch *The Wounding and Healing of Desire* bekräftigt auch Wendy Farley, dass Verwundbarkeit kein Makel ist, sondern dass wir verwundbar erschaffen wurden. Sie stellt Überlegungen zur Verwundbarkeit von Müttern und Babys an und was uns das Zusammenspiel von Mutter und Kind über Gott lehrt. Sie schreibt dazu: „Die Vertrautheit, die in Augenblicken der Freude entsteht, ermöglicht eine so enge Bindung, dass die Mutter auch den Schmerz des Kindes wie ihren eigenen empfindet."[25]

Wir werden in die absolute Abhängigkeit hineingeboren. Eine Mutter sehnt sich danach, das Leid ihres Kindes zu erleichtern, aber sie sehnt sich genauso danach, ihr eigenes Leid zu erleichtern. Es ist, als hätte sich ihre Leidensfähigkeit verdoppelt – und ebenso ihre Fähigkeit, Freude zu empfinden.

Was verrät uns das über Gott, der gesagt hat: „Kann eine Mutter ihren Säugling vergessen? Bringt sie es übers Herz, das Neugeborene seinem Schicksal zu überlassen? Und selbst wenn sie es vergessen würde – ich vergesse dich niemals!"[26]

Unser Leben beginnt in einem anderen Menschen, es beginnt mit Ungewissheit und Risiko. Indem er Jesus als Baby in diese Welt geschickt hat, hat Gott sich für das gleiche Risiko entschieden – und dafür, die gleiche Vertrautheit zu erleben.

In ihrem Buch *The Power and Vulnerability of Love* schreibt Elizabeth Gandolfo: „Das menschgewordene Leben der göttlichen Liebe fängt in einer Pfütze voller Blut an. … Die blutdurchpulsten Anfänge der Menschwerdung zeigen uns, dass die göttliche Liebe nicht nur unverwundbar ist, sondern dort im Blut von Marias Leib gleichzeitig auch verwundbar wird. Statistisch gesehen endet fast jede vierte Schwangerschaft mit einer Fehlgeburt. Es hätte so vieles schiefgehen können. … Maria musste nicht erst ängstlich das Wort ‚Fehlgeburt‘ googeln, um das zu wissen.“[27]

Jesus begegnet uns in denen, die am verwundbarsten sind. Wie er schon sagte: „Was ihr für einen meiner geringsten Brüder oder für eine meiner geringsten Schwestern getan habt, das habt ihr für mich getan!“[28]

## Verwundbarkeit bringt Segen

In der Geschichte von Jakob und Esau ist Jakob nicht der Einzige, der verwundbar ist bzw. sich verwundbar macht. Nachdem er seinem Bruder das Erstgeburtsrecht gestohlen hatte und vor ihm davongelaufen war, reiste er ins Land seiner Vorfahren und arbeitete dort für seinen Onkel Laban. Laban hatte zwei Töchter. Rahel, die jüngere, „war eine sehr schöne Frau“.[29] Lea, ihre ältere Schwester, hatte „glanzlose Augen“.[30]

Jakob verliebte sich in Rahel. Um sie heiraten zu dürfen, willigte er ein, sieben Jahre für Laban zu arbeiten. Aber offenbar verlief er sich auf dem Weg in die Hochzeitssuite, denn in der

Bibel lesen wir: „Am nächsten Morgen entdeckte Jakob entsetzt, dass Lea neben ihm lag."[31]

Genauso wie Jakob damit aufwuchs, „nicht Esau" zu sein, war Leas Identität eng damit verbunden, „nicht Rahel" zu sein. Rahel war die Hübsche, mit der sich alle Jungs unterhalten wollten. Niemand, der auf der Suche nach heißen Bräuten war, landete auf Leas Datingprofil.

Stellen Sie sich einmal vor, wie es sein muss, in einer Kultur aufzuwachsen, in der der Wert einer Frau an ihrer äußeren Erscheinung festgemacht wird. (Schwer vorstellbar, oder?) Figur, Körperbau, Gesicht, Teint, Rasse, Alter oder andere äußerliche Eigenschaften, die nichts mit Ihrer Seele zu tun haben, bestimmen, ob man Ihnen den Hof macht oder Sie ignoriert.

Die Ehe macht uns entsetzlich verwundbar. Sex kann entsetzlich verwundbar machen. Nicht den richtigen Körper oder nicht das richtige Gesicht zu haben macht verwundbar.

Es ist noch nicht lange her, da war ich beim Arzt und wurde im Gesicht wegen etwas behandelt, das eine Vorstufe von Krebs sein konnte. Meine Haut wurde ganz rot und uneben, wie eine Pizza Margherita. An den darauffolgenden Tagen musste ich jedem, dem ich begegnete, erklären, was los war. Sie betrachteten mich immer ganz genau und meinten dann: „So schlimm siehst du gar nicht aus."

Normalerweise mache ich mir keine Gedanken um mein Aussehen. Aber nachdem ich tagelang immer wieder „So schlimm siehst du gar nicht aus" zu hören bekommen hatte, machte es mir doch zu schaffen. Versuchen Sie es selbst und begrüßen Sie Ihr Gegenüber einmal ein paar Tage lang mit diesen Worten.

Wie kann eine Frau, die in einer Kultur groß wird, in der die Mädchen nur von einem träumen – vom Heiraten und Kinderkriegen –, Intimität und Vertrautheit erleben? Und jetzt stellen

Sie sich einmal vor, Ihr Vater glaubt, dass er Sie nur unter die Haube bekommt, indem er Sie heimlich dem Verlobten Ihrer Schwester unterjubelt.

„Am nächsten Morgen entdeckte Jakob entsetzt, dass Lea neben ihm lag."

Und jetzt stellen Sie sich einmal vor, wie schmerzhaft diese Reaktion für Lea gewesen war. Sie wachte am ersten Morgen ihrer Ehe auf und fragte sich, was Jakob wohl sagen würde. Vielleicht wäre er freundlich. Vielleicht wäre er zärtlich. Vielleicht verstand er, wie schmerzhaft es war, wenn man vorgeben musste, jemand zu sein, der man nicht war, und das nur, weil man dazugehören wollte.

Aber das tat er nicht. „Jakob schlief auch mit Rahel, und er liebte sie mehr als Lea."[32] Und zwar so sehr, dass er bereit war, noch einmal sieben Jahre für Laban zu arbeiten, um sie endlich zu bekommen.

An diesem Punkt betritt der Hauptdarsteller der Geschichte zum ersten Mal die Bühne, und er hat eine Antwort für die unbeachtete, ungeliebte Lea: „Als der Herr sah, dass Lea nicht geliebt wurde, schenkte er ihr Kinder, während Rahel kinderlos blieb."[33] In einer Kultur, in der der Wert einer Frau von ihrer Fähigkeit abhing, Kinder zu bekommen, segnete Gott Lea über alle Maßen. Und jetzt spitzt sich die Geschichte zu.

„Lea wurde schwanger und bekam einen Sohn. Sie nannte ihn Ruben, denn sie sagte: ,Der Herr hat meine Not bemerkt, jetzt wird mein Mann mich lieben.'"[34]

Sie dachte: *Wenn Jakob mich jetzt anschaut, werden seine Augen vielleicht genauso leuchten, wie sie es bei Rahel tun. Vielleicht wird er mich jetzt in den Arm nehmen und mir zärtliche Worte zuflüstern. Vielleicht wird dieses Kind unsere Beziehung retten.*

Aber das tat es nicht.

Sie bekam einen zweiten Sohn, den sie Simeon nannte: „Der Herr hat gehört, dass ich nicht geliebt werde. Darum hat er mir noch einen Sohn geschenkt!"[35]

Und dann noch eine dritten Sohn, der Levi hieß: „Jetzt wird sich Jakob mir endlich zuwenden, weil ich ihm drei Söhne geboren habe!"[36]

Und schließlich ein vierter namens Juda.

Nachdem Juda zur Welt gekommen war, bekam Lea keine Kinder mehr (erst Jahre später sollten noch zwei Jungen und ein Mädchen hinzukommen). Vielleicht hatte sie die Hoffnung aufgegeben, dass Jakob sie je so lieben würde wie Rahel. Vielleicht hatte sie aber auch beschlossen, dass es jemand anderen gab, der mit seiner Liebe das Loch in ihrem Herzen füllen würde.

Selbst wenn Jakob seine Meinung nie ändern würde, Lea wusste, dass Gott sie sah und liebte.

Wenn Sie sich ungeliebt fühlen, wenn Sie nicht geheilt wurden, wenn Sie nicht stark sind, wenn Sie denken, Sie seien nicht hübsch, wenn Sie denken, Sie seien nicht klug, wenn Sie sich wie ein Versager vorkommen, wenn Sie denken, Sie seien ganz allein – dann erinnern Sie sich daran: Gott sieht Sie. Gott liebt Sie. Gott weiß, wie es Ihnen geht.

Aber nur weil Gott Lea sah, bedeutet das noch lange nicht, dass der Rest der Geschichte ganz einfach würde.

„Weil Rahel kinderlos blieb, wurde sie eifersüchtig auf ihre Schwester. Sie bestürmte Jakob mit Vorwürfen: ‚Verschaff mir endlich Kinder, sonst will ich nicht länger leben!'"[37] Und das sagt seine Lieblingsfrau!

Wenn Sie innerlich leer sind und sich ungeliebt fühlen, dann geht es Ihnen noch schlechter, wenn andere Erfolg haben. Der Verfasser dieser Geschichte will uns zeigen, wie absurd das Ganze werden kann.

Lea und Rahel brachen einen „Geburtenkrieg" vom Zaun, wie der Autor Kent Hughes es nennt, um herauszufinden, wer mehr Kinder gebären konnte.[38] Und beide Frauen schickten ihre Dienerinnen in Jakobs Bett, um die Gewinnchancen zu erhöhen.

Dann fand Leas Sohn Ruben einige Alraunfrüchte und brachte sie seiner Mutter. In der Antike galt die Alraune als Aphrodisiakum – so wie Austern oder Erdbeeren. Deshalb kommen sie auch in dieser Geschichte vor. Allerdings gab es dazu auch einen kleinen Warnhinweis: Suchen Sie sofort einen Arzt auf, wenn die Wirkung länger als vier Stunden anhält.

Als Rahel von den Alraunen erfuhr, bat sie Lea, ihr ein paar abzugeben. Aber Lea entgegnete: „Reicht es dir nicht, dass du mir meinen Mann weggenommen hast? Musst du mir auch noch die Liebesäpfel wegnehmen, die mein Sohn gefunden hat?"[39]

Jetzt begann Rahel, mit ihrer Schwester zu verhandeln: „… du gibst mir die Liebesäpfel, und dafür schläft Jakob diese Nacht bei dir."[40]

Lea schlief in jener Nacht mit Jakob (die Bibel nimmt hier kein Blatt vor den Mund) und sie wurde schwanger und bekam ihren fünften Sohn.

Ehrlich? Jakob ist allen Ernstes einer der Stammväter? Und die zwölf Stämme Israels sind das Ergebnis eines Geburtenkrieges? Nicht eine einzige Person in dieser Familiengeschichte wirkt irgendwie heldenhaft.

Vielleicht ist das ja die Botschaft dieser Geschichte: Echte Vertrautheit ist etwas für Hinkende, für Abgelehnte, für Heuchler, für Menschen, die sich verbiegen und die täuschen, weil sie Angst haben, nicht dazuzugehören. Diese Geschichte erzählt nicht von heilen Menschen. Sie erzählt von kaputten Menschen und von der Liebe, die ihnen Heilung schenkt.

## Verwundbarkeit schenkt Hoffnung

Wissenschaftler haben herausgefunden, dass Säuglinge bereits im Alter von etwa sechs Monaten lernen, Weinen vorzutäuschen, um Aufmerksamkeit zu bekommen.[41] Stellen Sie sich das einmal vor: Noch bevor Sie sprechen gelernt hatten, konnten Sie schon lügen.

Als unsere Kinder noch klein waren, entdeckte ich einmal abends Nasenpopel am Kopfende des Bettes, als ich eines von ihnen ins Bett brachte.

„Wo kommt denn das her?", wollte ich von meiner Kleinen wissen.

„Das war ein Vogel."

Dumme Frage, dumme Antwort.

Ich freue mich, sagen zu können, dass das Kind diese Phase schnell überwunden hatte – und bald *viel* überzeugender lügen konnte.

Was ich damit sagen will, ist, dass wir schon früh lernen, zu lügen, etwas vorzutäuschen, so zu tun, als ob. Aber wenn wir vertraute Beziehungen eingehen wollen, müssen wir bereit sein, unsere Schwäche, unsere Unsicherheit und unser wahres Ich zu zeigen.

Viele von uns sind nicht bereit, so vertraute Beziehungen einzugehen, schreibt Kent Dunnington, „denn das würde nicht nur das Risiko unserer Demütigung mit sich bringen, sondern auch ein Maß an Verwundbarkeit gegenüber anderen, zu dem wir einfach nicht bereit sind. Wir haben Angst, wenn wir unsere Sünden bekennen, fangen andere an, sich in unser Leben einzumischen, indem sie darauf bestehen, für uns zu beten, oder indem sie sich erkundigen, wie es uns geht. Die meisten von uns sind sich nicht sicher, ob sie so viel Einmischung vonseiten der Gemeinde wollen."[42]

Vor Kurzem lernte ich Doug Mazza kennen, den amerikanischen Chef von Suzuki, der dann von Hyundai USA abgeworben wurde. Doug hat jede Menge Gründe, selbstbewusst zu sein. Aber Doug hat auch einen Sohn namens Ryan, der mit schweren Behinderungen auf die Welt kam. Sein Schädel war nicht richtig geformt, sodass das wachsende Gehirn beide Augäpfel aus ihren Höhlen drückte. Er sitzt im Rollstuhl, ist blind und hat noch nie ein Wort gesprochen. Er ist völlig hilflos. Er besitzt scheinbar keinerlei Autorität. Aber durch Ryan wurde Doug seine eigene Verwundbarkeit bewusst.

Nach einer erfolgreichen Karriere in der Automobilindustrie verließ Doug Hyundai und wurde Vorsitzender und Geschäftsführer einer Organisation, die sich *Joni & Friends* nennt. Diese hat es sich zum Ziel gesetzt, die rund 600 Millionen Menschen mit Behinderungen zu unterstützen. Doug reist um die ganze Welt, um seinen Beitrag dazu zu leisten. Er erzählte mir, dass er sich selbst als „Juniorpartner" seines Sohnes Ryan sieht.

Ryans große Hilflosigkeit war ein Segen für Doug, und Dougs große Autorität ist ein Segen für Ryan. Und jetzt blüht eine Gemeinschaft auf, weil große Autorität und große Verwundbarkeit zusammengetroffen sind.

Ryan wird nie in der Lage sein zu sprechen, aber er kann hören. Doug liest seinem Sohn oft aus der Bibel vor, und wenn er das tut, lächelt Ryan.

Denken Sie einen Augenblick daran, wie verwundbar sich Jesus machte. Denken Sie an die Geschichte seiner Geburt, und überlegen Sie, was es bedeutet hat, dass Gott neun Monate lang im Bauch einer Frau war. Um es mit den Worten von Elizabeth Gandolfo zu sagen: „Der allmächtige Gott (!) wurde ein winziges, schrumpeliges, rosa, schreiendes, pinkelndes, kackendes, sabberndes, hungriges menschliches Wesen."[43]

Machen Sie sich bewusst, dass Jesus hungrig und durstig war, dass er weinte, schlief und blutete. Halten Sie sich vor Augen, dass er zutiefst verwundbar war, als er verraten wurde – und als er verurteilt, geschlagen und gekreuzigt wurde, einen unerträglich schmerzvollen Tod erlitt.

Am Anfang, im Garten Eden, war die Verwundbarkeit des Menschen etwas Wunderbares.

Dann kam der Sündenfall, die Menschen versteckten sich, empfanden Scham. Und diese Erfahrung wurde unerträglich.

Dann kam Jesus in unsere Verwundbarkeit hinein, damit sie eines Tages wieder etwas Wunderbares sein kann.

Das schenkt uns Hoffnung.

Kapitel 10

# Tiefe Finsternis

Vertrautheit durch geteiltes Leid

Man sagt von Gott, dass niemand sein Angesicht sehen
und leben könne. Ich dachte immer, das hieße,
dass niemand seine Herrlichkeit sehen und leben könne.
Ein Freund meinte, vielleicht heiße es auch, dass
niemand sein Leid sehen und leben könne.
Oder vielleicht ist sein Leid auch seine Herrlichkeit.

Nicholas Wolterstorff: Klage um einen Sohn

In *Deep Down Dark* erzählt Héctor Tobar die Geschichte von
33 chilenischen Minenarbeitern, die 69 Tage lang in 700 Metern Tiefe eingeschlossen waren.[1] Das Ereignis war weltweit in
den Schlagzeilen. Die Männer saßen in der Dunkelheit fest; sie
hatten fast nichts zu essen, waren abgeschnitten von der Welt.
Sie verloren Gewicht. Sie wussten nicht, ob sie jemals wieder
das Tageslicht sehen würden. Eine Zeitung in Santiago gab
ihnen eine Überlebenschance von zwei Prozent.

Im Angesicht des Todes zogen viele der Arbeiter Bilanz und
stellten fest, dass es in ihrem Leben vieles gab, das sie bedau-
erten. Daraufhin bat jemand José Henríquez, der als gläubiger
Mann bekannt war, für die anderen zu beten.

Er tat es.

Als er auf die Knie ging, taten es ihm einige gleich, und er fing an, mit Gott zu reden: „Wir sind nicht gerade die besten Menschen, Herr, aber hab Mitleid mit uns."

Man könnte meinen, das sei vielleicht etwas beleidigend – „Nicht gerade die besten Menschen" – von wem redet er da? –, aber dort unten in der Finsternis, ganz tief in der Erde, widersprach ihm niemand. Sie wussten, dass es stimmte. Niemand hatte das Gefühl, Masken tragen zu müssen.

Also fuhr Henríquez fort und wurde noch präziser: „Víctor Segovia weiß, dass er zu viel trinkt. Víctor Zamora wird zu schnell wütend. Pedro Cortez denkt daran, dass er seiner kleinen Tochter ein schlechter Vater war …"

Wieder widersprach ihm niemand. Vielmehr war das der Anfang von etwas ganz Besonderem, etwas Unvorhergesehenem: Vertrautheit und Nähe. Dort unten in der Finsternis, begraben unter der Erde, mit dem Tod vor Augen, entdeckten die Männer eine ganz neue Art von Gemeinschaft. Sie nahmen jeden Tag ihre einzige Mahlzeit gemeinsam ein – ein Löffel Thunfisch oder vielleicht einen Keks und einen Schluck Wasser –, und José Henríquez oder Osman Araya hielten eine kurze Andacht, und alle knieten nieder, um zu beten.

„Gott, vergib mir, dass ich so schreckliche Dinge zu meiner Frau und meinem Sohn gesagt habe."

„Gott, vergib mir, dass ich meinen Körper, deinen Tempel, mit Drogen besudelt habe."

Das Erstaunliche daran war, dass diese spontanen Gebete dazu führten, dass sich die Arbeiter entschuldigten, wo sie sich gegenseitig Unrecht getan hatten, und sich gegenseitig die Beichte abnahmen.

„Es tut mir leid, dass ich laut geworden bin."

„Es tut mir leid, dass ich nicht geholfen habe, Wasser zu holen."

Vertrautheit entsteht durch gemeinsame Erfahrungen. Leid ist per Definition die Erfahrung von etwas, das wir *nicht* erleben wollen, wie zum Beispiel Schmerzen, Verlust, Enttäuschung oder Verzweiflung. Und doch stellten diese abgebrühten Männer fest, dass das gemeinsam erlebte Leid – in dem sie sich umeinander kümmerten – sie auf eine Art und Weise zusammenschweißte, wie es *ohne* dieses Leid nie möglich gewesen wäre. Als sie nicht länger in der Lage waren, Vergnügungen, dem Geld und dem Alkohol hinterherzujagen, erkannten sie, wie dumm es war, für diese Dinge zu leben.

Inzwischen hatte eine Gruppe von Menschen an der Oberfläche angefangen, ein Loch zu bohren, um diese Männer zu retten. Der Leiter des Bohrtrupps bat seine Leute, für das Loch zu beten, das sie bohren wollten.

„Lasst uns unser ganzes Vertrauen auf den mageren Kerl setzen", sagte er (gemeint war der magere Jesus am Kreuz).

Als sie die Köpfe neigten, meinte einer der Arbeiter: „He, Chef, wir sollten uns beim Beten an den Händen halten." Und acht stämmige chilenische Bohrarbeiter fassten sich an den Händen und baten Jesus um Hilfe. Eine Rettungsaktion war ins Leben gerufen worden, und Menschen überall auf der Welt versuchten, zu helfen oder zu spenden oder zu beten, damit die Männer gerettet wurden.

Leider ist der schönste Teil der Geschichte auch der traurigste.

Der Bohrer schnitt ein schmales Loch durch den Felsen und die Männer unter Tage bekamen Lebensmittel, Hilfsgüter und iPads. Sie erkannten, dass sie irgendwann gerettet werden würden. Sie merkten, dass sie berühmt waren und vielleicht reich werden würden.

Und dann hörten die Beichten auf.

Die Gebete hörten auf.

227

Die Verlockungen von Geld und Ruhm zerstörten die lebensverändernde Gemeinschaft, die durch das gemeinsame Leid entstanden war.

Sie hatten sich von ihrer besten Seite gezeigt, als das Leben am schlimmsten war.

## Gott begegnet Menschen im Leid

Wenn man in der Finsternis festsitzt, erkennt man, dass man es nicht allein schafft. Die tiefe Finsternis ist der Ort, an dem man merkt, dass man Gott braucht.

Der Arzt sagt Ihnen, dass die Geschwulst bösartig ist.

Ihre Tochter ist von zu Hause abgehauen, und Sie haben keine Ahnung, wo sie ist. Sie haben das Gefühl, sie gar nicht mehr zu kennen, und wissen nicht, ob sie jemals zurückkommen wird.

Er sagt, er verlässt Sie.

Sie sagt, sie liebt Sie nicht mehr.

Er sagt, er hat Sie nie geliebt.

Ihre Arbeitsstelle ist weg.

Ihr Geld ist weg.

Ihr Alkoholkonsum gerät außer Kontrolle.

Sie wachen jeden Morgen voller Sorgen auf.

Die Wohnung zu verlassen kostet Sie riesige Überwindung.

Sie sind das Opfer einer großen Ungerechtigkeit.

So kann Ihre tiefe Finsternis aussehen.

Leid führt aber nicht automatisch zu großer Nähe. David Brooks erzählt in einem seiner Bücher davon, wie Leid die bekannte katholische Aktivistin Dorothy Day veränderte: „Für die meisten von uns hat Leid an und für sich nichts Ehrenhaftes. Genau wie Versagen manchmal nur Versagen ist (und uns nicht dabei hilft, der nächste Steve Jobs zu werden), ist auch Leid manchmal nur zerstörerisch."[2] Aber manchmal – nicht immer – passiert etwas seltsam Erlösendes.

Während des Naziregimes scharte Dietrich Bonhoeffer eine kleine Gruppe von Theologiestudenten um sich, um sie heimlich auszubilden. Sie erfuhren durch ihre Bedürftigkeit und ihre Verwundbarkeit eine Gemeinschaft und eine Nähe, die sie niemals erlebt hatten, als das Leben noch einfach gewesen war.

Ich habe unzählige Geschichten von Menschen gehört, die sich zum tausendsten Mal betranken, den Job und die Familie verloren und schließlich zu den Anonymen Alkoholikern gingen, weil sie plötzlich erkannten, dass sie auf sich allein gestellt sterben würden. Sie fanden dort eine so intensive Gemeinschaft, die sie nie erlebt hatten, als sie sich noch an den Glauben geklammert hatten, dass sie alles unter Kontrolle hatten.

„Leid zerstört, genau wie Liebe, jede Illusion von Selbstkontrolle", schreibt David Brooks. „Sich vom Leid zu erholen ist nicht das Gleiche, wie sich von einer Krankheit zu erholen. Viele Menschen gehen nicht geheilt daraus hervor, sondern verändert. … Statt vor der liebevollen Hingabe an andere Menschen zurückzuweichen, die oft ins Leid führt, lassen sie sich noch intensiver darauf ein."[3]

Nach der schrecklichen Schießerei in der *Mother Emanuel Church* in Charleston, South Carolina, flog ich mit einer meiner Töchter dorthin, um am Sonntagsgottesdienst teilzunehmen. Über zwei Stunden lang sangen, lasen, weinten, beteten, protestierten und lobten die Menschen in der überfüllten Kirche Gott, um gemeinsam Trost zu finden.

Ich habe nie einen Gottesdienst mit mehr Trauer erlebt.

Ich habe nie einen Gottesdienst mit mehr Wut erlebt.

Ich habe nie einen Gottesdienst mit tieferer Liebe oder entschlossenerer Freude erlebt.

Ich kann es nicht begreifen. Aber ich war dabei.

Gott begegnet den Menschen in ihrem Leid.

Eine der Überlebenden dieser Schießerei war eine Frau namens Felicia Sanders. Sie war so mit Blut bedeckt gewesen, dass der Todesschütze gedacht hatte, sie sei tot. Ihr Sohn Tywanza wurde niedergeschossen und überlebte im Gegensatz zu ihr nicht. Die Zeitschrift *Time* schrieb eine Titelgeschichte über die Macht der Vergebung, zu der die Opfer nach diesem unfassbar grausamen rassistischen Terroranschlag bereit waren. In dieser Geschichte hieß es: „Felicia Sanders bat das FBI nur um eines: ihr zwei Bibeln zurückzugeben. Die Beamten teilten ihr mit, man könne sie nicht wiederherstellen. Doch Felicia Sanders blieb hartnäckig. Daraufhin schickten die Beamten ihre Bibel und die von Tywanza ins FBI-Labor nach Quantico in Virginia, wo man sie so gründlich wie möglich reinigte, Seite für Seite. Sanders hat sie jetzt wieder. Die Seiten sind rosa verfärbt von dem Blut, das nicht mehr abzuwaschen ist, aber sie kann die Worte noch erkennen."[4]

### Bemerken Sie das Leid anderer und teilen Sie es mit ihnen?

Manche Menschen haben die Gabe des Mitgefühls. Sie nehmen auch das kleinste Anzeichen von Leid bei anderen sofort wahr. Andere erkennen das schlimmste Leid selbst dann nicht, wenn es sie anspringt.

In seinem Buch *Wie wir werden, die wir sind* erzählt Daniel Siegel eine Geschichte. Es geht darin um „eine frustrierte Ehefrau, die ihren verwirrten Mann ansieht und sagt: ‚Du verstehst einfach nicht, wovon ich spreche. Du weißt nur, was du aus Büchern gelernt hast. Du würdest meinen Gesichtsausdruck nicht einmal dann richtig deuten, wenn es um Leben und Tod ginge.' Auf diese Vorwürfe antwortete der Ehemann: ,Ich erkenne an dem, was du sagst, dass du mit mir wahrscheinlich nicht glücklich bist. Aber weißt du, es gibt zwei Arten von Menschen auf dieser Welt: diejenigen, die zu hilfsbedürftig sind, und diejenigen, die es gar nicht sind.' Die Frau stand auf und verließ das Zimmer."[5]

Die biblische Geschichte von Josef ist dagegen ein erstaunliches Beispiel für jemanden, der durch Leid Mitgefühl lernt. In seiner Jugend ist Josef der Lieblingssohn seines Vaters. Es wird wiederholt davon berichtet, dass seine Brüder sich über ihn ärgern, aber Josef bemerkt offenbar nicht, dass sein Verhalten und das seines Vaters sie verletzen.

Doch dann muss er selbst einen langen Weg des Leidens gehen, der bis in die tiefste Finsternis hineinführt: Er wird von seinen Brüdern verraten. Er wird in die Sklaverei verkauft. Er verliert sein Zuhause. Er wird im Ausland ungerechterweise der sexuellen Belästigung beschuldigt. Er wird ungerechterweise verurteilt. Er wird gemeinsam mit zwei Dienern des Königs ins Gefängnis geworfen.

Eines Tages fragt Josef die beiden: „Was ist los mit euch? Warum seid ihr so bedrückt?"[6]

Manche Menschen bemerken, dass es anderen schlecht geht, manche nicht.

Die Gesichtsmuskulatur des Menschen umfasst etwa 24–34 Muskeln. Ein weitverbreiteter Mythos besagt, dass man weniger Muskeln zum Lächeln als zum Runzeln der Stirn brauche. In Wirklichkeit kann das aber niemand genau sagen. Was wir allerdings sagen *können*, ist, dass das Gesicht der wertvollste und einzigartige Botschafter dessen ist, was uns auf dem Herzen liegt.

Daniel Siegel hat die Beobachtung gemacht, dass „wir so gestrickt sind, dass wir unserem Gemütszustand mit dem Gesicht Ausdruck verleihen".[7]

Wenn es um unsere Emotionen geht, so kommuniziert unser Gesicht oft viel ausdrucksstärker und ergreifender, was in uns vorgeht, als Worte dies vermögen. Begriffe wie „traurig" oder „wütend" haben nur ein begrenztes Bedeutungsspektrum. Aber unser Gesicht kann eine schier endlose Anzahl von Gefühlen ausdrücken, und das auch in den unterschiedlichsten Ausprägungen.

Eltern beobachten das Gesicht ihres Babys wie ein Meteorologe die Wetterkarte. Verliebte können sich gar nicht aneinander sattsehen. Gute Freunde können Zeichen der Freude oder Traurigkeit oder Sorge im Gesicht ihres Gegenübers sofort erkennen – Feinheiten, die anderen nicht auffallen.

Jemanden zu lieben heißt, sein Gesicht zu beobachten.

In dieser Gemeinschaft, die in der tiefen Finsternis eines Gefängnisses entstand, lernte Josef die Kunst des Mitgefühls. Als er viele Jahre später seine Brüder wiedersah, reagierte er daher auf eine völlig unerwartete Weise:

*Josef verließ den Raum, damit sie nicht merkten, dass er weinen musste.*[8]

*Der Anblick Benjamins bewegte ihn so sehr, dass ihm die Tränen kamen. Er lief hinaus und weinte in seinem Zimmer.*[9]

*Da konnte Josef sich nicht länger beherrschen. … Er brach in Tränen aus und weinte so laut, dass die Ägypter es hörten. Auch am Hof des Pharaos sprachen bald alle davon.*[10]

*Er fiel Benjamin um den Hals und weinte. Auch Benjamin begann zu weinen. Dann umarmte er die anderen und küsste sie unter Tränen.*[11]

*Voller Schmerz nahm Josef seinen Vater ein letztes Mal in die Arme, küsste ihn und weinte.*[12]

*Sie schickten einen Boten zu Josef mit der Nachricht: „Bevor dein Vater starb, beauftragte er uns, dir zu sagen: ‚Vergib deinen Brüdern das Unrecht von damals! Trage ihnen nicht nach, was sie dir Schlimmes angetan haben!‘ Darum bitten wir dich jetzt: Verzeih uns! Wir dienen doch demselben Gott wie du und unser Vater!“ Als Josef das hörte, musste er weinen.*[13]

Josef ist die größte Heulsuse der Bibel. Es ist schon ironisch, dass man Tränen heutzutage oft für ein Zeichen von Schwäche hält – doch im ersten Buch der Bibel sind sie das Markenzeichen eines Mannes, der die höchste Stufe von Macht und Einfluss erklommen hat.

In seinem Leid lernt Josef, was Vertrautheit und Nähe bedeuten, etwas, das er durch Erfolg und Größe niemals gelernt hätte.

Das ist die Gabe derer, die in tiefer Finsternis Gemeinschaft erfahren.

### Murren oder stöhnen? Die Sprache der tiefen Finsternis

In der Bibel wird die Reaktion der Menschen auf Leid hauptsächlich mit zwei Worten beschrieben: *stöhnen* und *murren*.

Fangen wir mit Ersterem an: „[Die Israeliten] stöhnten unter der Zwangsarbeit und schrien um Hilfe. Ihr Schreien drang zu Gott... Er wandte sich den Israeliten zu und kümmerte sich um sie."[14]

Ihr Stöhnen erreichte Gott, und dieser sagte: „Nun habe ich gehört, wie die Israeliten als Sklaven der Ägypter stöhnen. Ich habe an meinen Bund mit ihnen gedacht."[15]

Stöhnen ist also fest in der Bibel verankert. David stöhnte sogar so viel, dass er regelrecht an Stöhnerschöpfung litt.

*Ich weiß weder aus noch ein.*
*Herr, wie lange willst du dir das noch ansehen?...*
*Ach, ich bin müde vom Stöhnen.*[16]

Bei Hesekiel – einem biblischen Buch, aus dem bei Hochzeiten nicht gerade oft gelesen wird – finden wir sogar die Anweisung, dass wir stöhnen sollen:

*Und du, Mensch, stöhne, dass die Israeliten es hören, stöhne voller Verzweiflung, als würde dir das Herz brechen!*[17]

Murren kommt in der Bibel genauso oft vor wie Stöhnen, aber es erzeugt nicht die gleiche Reaktion:

*Die Leute von Israel rotteten sich gegen Mose zusammen und murrten: „Was sollen wir trinken?"*[18]

Später erinnerte Mose das Volk daran:

*Ihr habt in euren Zelten gemurrt und gejammert: „Weil der Herr uns hasst, hat er uns aus Ägypten hierher geführt, damit wir von den Amoritern vernichtet werden."*[19]

Murren kommt auch in den Psalmen vor:

*Sie murrten in ihren Zelten und verweigerten dem Herrn den Gehorsam.*[20]

Aber während Stöhnen geboten wird, ist Murren *ver*boten.

*Tut das alles ohne Murren und langes Hin- und Herreden!*[21]

Ihr Murren brachte einige sogar in ernsthafte Schwierigkeiten:

*Und murrt nicht wie einige von ihnen, denn daraufhin schickte Gott seinen Engel des Todes, um sie zu vernichten.*[22]

Gott lobt das Stöhnen, verbietet aber das Murren. Was ist der Unterschied? Kurz gesagt: Beim Stöhnen richtet man die Klagen *an* Gott, beim Murren richtet man die Klagen *gegen* Gott. Stöhnen tut man im Angesicht Gottes, murren hinter seinem Rücken.

In der Bibel treiben Sorgen, Leid oder Feindschaft die Menschen, die stöhnen, auf die Knie. Murren tun sie in ihren Zelten – wo man sie nicht sieht und wo sie ruhig übertreiben, anklagen, das Opfer spielen und sich aus ihrem Mangel an Gehorsam herausreden können.

Egal, ob es um die Beziehung zwischen Gott und Mensch geht oder um die zwischen zwei Menschen – Murren und Stöhnen haben hier die gleichen Auswirkungen: Wenn man im Leid stöhnt, baut das Vertrautheit auf. Wenn man murrt, wird diese Nähe zerstört.

Wenn man murrt und herumjammert, neigt man dazu, sein Leid zu übertreiben, um die eigene negative Einstellung zu rechtfertigen. Murren ist außerdem ansteckend. Menschen mit einer negativen, mürrischen Haltung neigen dazu, sich mit anderen zusammenzutun, die ebenfalls gern herumjammern.

Wissenschaftler haben eine Studie durchgeführt, bei der sich zwei Personen gegenübersaßen. Diese mussten sich anschauen, durften aber kein Wort sagen. Es stellte sich heraus: War einer der beiden Probanden schlecht gelaunt, war nach fünf Minuten auch der zweite Proband deutlich negativer gestimmt – und das nur, weil er eine negativ gestimmte Person anschaute.

Nachdem ich an dem Trauergottesdienst in der *Mother Emanuel Church* teilgenommen hatte, flog ich gleich nach Hause. Allerdings landete der Flieger erst um ein Uhr morgens, worüber ich im Stillen murrte. Als ich aussteigen wollte, war mein Handy weg, und ich murrte auch darüber. (Ich hatte gerade ein nagelneues Smartphone bekommen, nachdem mir mein altes in die Toilette gefallen war. *Ich hatte es fallen lassen, aber ich jammerte darüber, als sei die Toilette schuld.*) Es war also ein Uhr morgens, alle Passagiere waren inzwischen ausgestiegen, als die Flugbegleiterin zu mir kam.

„Vielleicht steckt das Handy ja in Ihrer Computertasche?"

„Glauben Sie nicht, dass ich da zuerst nachgesehen habe?"

Ich hatte alle Taschen durchwühlt. Ich war den Gang rauf und runter auf dem Boden herumgekrochen. Die Flugbegleiterin hatte den Sitz hochgeklappt. Ich ging auf die Toilette, um nachzusehen, ob es im Klo gelandet war (weil mein Handy häufiger dort landet). Als ich zu meinem Sitz zurückging, kam mir ein Gedanke: Der Mann neben mir hatte verdächtig ausgesehen. *Ich wette, er hat es von der Armlehne genommen, als ich geschlafen habe.*

Die Flugbegleiterin meinte: „In neunzig Prozent der Fälle steckt es irgendwo tief in der Computertasche."

„Meine Liebe, ich habe jeden Zentimeter durchsucht", erwiderte ich. (Wenn man einen völlig fremden Menschen „meine Liebe" nennt, meint man das ja auch gewöhnlich so.) Ich öffnete die Seitentasche meiner Computertasche, um ihr zu zeigen, wie gründlich ich gesucht hatte. Sie deutete hinein: „Und was ist das für ein telefonähnliches Objekt?"

Offensichtlich war das abtrünnige Handy hinter meinem Rücken einfach in die Computertasche geschlüpft. Aber ich freute mich nicht darüber. Ich sagte nicht: „Lasst uns das gemästete Kalb schlachten, denn mein Handy war verloren und es ward wiedergefunden." Ich glaube, ich habe gar nichts gesagt.

Wenn einer dieser nörgelnden Zeitgenossen von Mose auf magische Weise in unsere Zeit versetzt würde und ich mich jetzt mit ihm unterhalten könnte, würde er wahrscheinlich sagen: „Du durftest an einem Ereignis teilnehmen, das nationale Bedeutung hat und dich auf eine Weise herausfordert, die du dir jetzt wahrscheinlich kaum vorstellen kannst. Dann durftest du nach Hause reisen – zu deiner Frau, deinen Kindern und deinem Job, den du liebst. Und sieh nur, wie du hierhergekommen bist! Du hast einen riesigen Zylinder mit Flügeln betreten, hast dich in einen Sessel gesetzt, und als du wieder aufgestanden bist, warst du durch die Luft geflogen und bist dabei weiter gereist als ich in meinem ganzen Leben. Während du geflogen bist, konntest du essen und trinken. Und jetzt murrst du, weil eine Fremde so freundlich war, dir dabei zu helfen, dieses dünne, kleine Kistchen zu finden, mit dem du mit Menschen überall auf der Welt sprechen kannst? Mit dem du Nachrichten schreiben und mehr Informationen bekommen kannst, als es zu meiner Zeit überhaupt gab? Und du meinst, *ich* sei undankbar gewesen?"

Wer hat den denn gefragt?!

Manchmal denke ich, wenn es einen Vers gibt, der nicht in der Bibel steht, aber drinstehen sollte, dann stünde der im 1. Buch der Bestürzung 1,1: „Stell dich nicht so an', spricht der Herr."

Wenn ich murre, sorge ich dafür, dass alle in meinem Umfeld von meinem Ärger und meinen Unannehmlichkeiten wissen. Wenn ich stöhne, wende ich mich direkt an Gott und erzähle ihm, was mir zu schaffen macht. Ich bin ganz ehrlich und halte mit nichts hinter dem Berg.

Gleichzeitig sehen wir unser Leid auch in einem größeren Kontext, wenn wir stöhnen. In der Bibel beinhaltet das Stöhnen nämlich auch das Bewusstsein der eigenen Schuld – und deshalb sind auch Geständnisse häufig Bestandteil der Klagepsalmen. Zum Stöhnen gehört ebenfalls die Aufforderung, mich von meiner besten Seite zu zeigen und an Gott festzuhalten, auch wenn es schwierig ist. Stöhnen ist Gott-zentriert, auch wenn Gott weit weg zu sein scheint.

Im Kontext zwischenmenschlicher Beziehungen bedeutet Stöhnen, dass ich entschlossen bin, bei Problemen *mit* dem anderen über *uns* zu sprechen und nicht mit *allen anderen* über *den* anderen.

## Wenn wir Unterschiede respektieren, schafft Leid Vertrautheit

Dr. Deborah Tannen schreibt, dass Männer und Frauen oft ganz unterschiedlich über ihre Probleme sprechen. Wenn diese Unterschiedlichkeit nicht verstanden und respektiert wird, kann das zum Verlust der Vertrautheit in Ehe oder in zwischengeschlechtlichen Freundschaften führen.[23]

Frauen schließen durch solche „Problemgespräche" oft Freundschaften. Gibt eine Frau preis, dass sie ein Problem hat, führt das oft dazu, dass die andere Frau ebenfalls von einem Problem erzählt. Sie erleben dadurch eine Art Solidarität. Im gemeinsamen Gespräch geht es weniger darum, das Problem zu lösen, denn wenn das Problem gelöst wäre, müssten sie ja ein anderes Problem finden, über das sie sich unterhalten können. Es geht um die Unterhaltung selbst. Das Problem ist nur Mittel zum Zweck.

Männer bauen jedoch ihr Selbstwertgefühl dadurch auf, dass sie anderen beweisen, wie kompetent sie sind. Wenn ein Mann ein Problem hat, wird dies oft als Eingeständnis der eigenen Unfähigkeit verstanden. Deshalb tun Männer das nicht. Wenn ein Mann ein Problem anspricht, verlangt es der Anstand vom anderen, ihm entweder eine Lösung anzubieten oder das Thema zu wechseln.

Daher sprechen Männer meist viel seltener über Probleme als Frauen. Wenn ich bei meinem Freund Rick war, fragt Nancy mich manchmal, wie es ihm geht – wie es um die Probleme im Leben eines seiner Kinder steht (falls es die gibt) oder wie er mit der Amputation fertigwird. Dann muss ich so tun, als hätte ich bemerkt, dass ihm ein Körperteil fehlt. Ich frage mich in solchen Situationen oft: „Worüber *haben* wir eigentlich gesprochen?"

Kein Wunder, dass Männer und Frauen oft so enttäuscht voneinander sind. Aber mit etwas Verständnis können wir uns in die Denkweise des anderen hineinbegeben und so reagieren, dass emotionale Nähe aufgebaut und nicht zerstört wird.

## Wenn wir richtig reagieren, kann Leid Vertrautheit vertiefen

David Brooks berichtet davon, wie Dorothy Day lernte, „was einfühlsame Menschen tun, wenn andere etwas Traumatisches erleben. … Zuerst einmal sind sie einfach da. Sie bieten gewissermaßen den geistlichen Dienst des ‚Da-Seins' an."[24]

Das Buch Hiob berichtet davon, dass Hiobs Freunde nach seinem entsetzlichen Verlust sieben Tage lang schweigend bei ihm saßen. Später sollten ihre Worte sie noch in Schwierigkeiten bringen, aber als sie schwiegen, zeigten sie sich von ihrer besten Seite.

Einfühlsame Menschen lernen, das eigene Leid nicht mit dem anderer zu vergleichen. Jedes Leid ist einzigartig. Jeder Leidtragende reagiert anders und das eine Leid mit dem anderer zu vergleichen hilft nicht weiter.

Einfühlsame Menschen tun auch ganz praktische Dinge: Sie passen auf die Kinder auf. Sie kochen für andere. Sie putzen. Sie erledigen etwas. Ich habe schon oft auf Beerdigungen neben Trauernden gestanden, und der häufigste und gleichzeitig nutzloseste Ausspruch der Trauergäste ist: „Wenn ich irgendetwas für dich tun kann, sag Bescheid." Hilfsbereite Menschen sagen so etwas nie, denn sie wissen, wie leer das klingt. Jemand, der wirklich helfen will, wartet nicht, bis er angerufen wird.

Einfühlsame Menschen versuchen auch nicht, voreilig zu trösten. Sie geben nicht vor, Antworten zu haben. Sie versuchen nicht, den Schmerz mit einer Erklärung zu mildern. Sie lassen zu, dass jemand in Würde leidet.

Einfühlsame Menschen halten Ausschau nach Dingen, für die man dankbar sein kann.

Ich kann mich noch daran erinnern, dass ich mit jemandem plauderte, der unheilbar krebskrank war und eine denkbar schlechte Prognose hatte. Nach einer Weile erkundigte ich mich: „Wie geht es dir?"

Ohne Ironie oder Sarkasmus entgegnete sie: „Ich bin so gesegnet. Ich habe fast keine Schmerzen, womit ich eigentlich gerechnet hatte. Und ich bin von meiner Familie umgeben, die mich liebt."

Es gibt zwei Arten zu leiden, schrieb jemand einmal. Ich kann *unter* etwas leiden oder ich kann *mit* jemandem leiden.

Als Opfer einer Widrigkeit leide ich *unter* einer Krankheit, einer Verletzung oder einer Mückenplage. Aber ich leide *mit* jemandem, wenn ich das Leid dieser Person freiwillig auf mich nehme – als etwas Intimes, als eine gemeinsame Erfahrung.

Eine Mutter leidet *mit* ihrem kranken Kind. Ein Sohn leidet *mit* einem kranken Elternteil, und ein Freund trauert *mit* einem verwitweten Kumpel. *Mit* jemandem zu leiden ist etwas sehr, sehr Intimes.

Paulus weist darauf hin, dass wir, wenn wir *mit* den Opfern von Schmerz, Armut oder Verlust leiden, *mit* Jesus leiden, der Mensch wurde, um *mit* uns allen zu leiden und unser menschliches Leid zu teilen. Lewis Smedes hat die Beobachtung gemacht: „Wenn wir mit einem anderen mitleiden – selbst wenn wir es nur ein klein wenig tun –, können wir sicher sein, dass wir auf Gottes Welle schwimmen, denn wir tun dann, was Gott tut."[25]

## Wenn wir Geduld haben, kann Leid Vertrautheit vertiefen

Es gibt einen riesigen Unterschied zwischen „Leid teilen" und „Verzweiflung gutheißen".

Eines meiner Lieblingsbeispiele dafür stammt von meinem Freund Dan Allender. In einem seiner Bücher berichtet er davon, dass er einmal als Redner an einer Konferenz in Montana teilnahm und von seiner Frau und seinem damals zehn Jahre alten Sohn Andrew begleitet wurde. Weil er den Film *Aus der*

*Mitte entspringt ein Fluss* ein bisschen zu oft gesehen hatte, beschloss er, mit seinem Sohn fliegenfischen zu gehen.

Aber er soll selbst erzählen:

*An unserem ersten Tag hatte ich keine Verpflichtungen, also fuhr ich gegen acht Uhr abends mit einem Schlauchboot und meiner Angelausrüstung aufs Wasser hinaus. Ich war richtig aufgeregt. Die Dämmerung brach herein, und die Berge und das Wasser sahen im Sonnenuntergang wunderschön aus. Aber mir fiel auf, dass um mich herum viele Vögel kreisten. Ich bin kein Naturbursche und kenne mich mit Vögeln nicht aus, aber irgendwie überraschte es mich, jetzt noch Vögel zu sehen. Ich hatte eigentlich angenommen, dass sie um diese Zeit schliefen. Aber sie waren hellwach und flogen blitzschnell direkt über mich hinweg und um mich herum.*

*Plötzlich wurde mir klar, dass das gar keine Vögel waren. Es waren Fledermäuse! Und ich habe panische Angst vor Fledermäusen! Daraufhin fing ich an, mit meiner Angelrute herumzufuchteln, um eine Art fledermausfreie Zone zu schaffen.*

*Man hört immer, dass man eine Fledermaus nicht treffen kann. Das stimmt nicht. Ich traf eine und sie flog ins Wasser. Als sie wieder hochkam, flog sie direkt auf mich zu. Also schlug ich wieder nach ihr ... und noch einmal. Ich schlug immer wieder nach ihr und schließlich – es tut mir leid, Ihnen dieses schreckliche Geständnis machen zu müssen – brachte ich eines von Gottes Geschöpfen um.*

*Inzwischen war ich völlig aufgelöst. Ich wollte nur noch weg. Aber wie es so ist, biss just in diesem Moment ein Fisch an, der vermutlich von Anbeginn der Zeit für diesen Moment erschaffen worden war! Sie denken jetzt vielleicht, dass ich mich darüber gefreut hätte. Weit gefehlt. Ich wollte keinen Fisch mehr fangen; ich wollte nur noch an Land.*

*Bis zu diesem Moment hatte ich in meinem ganzen Leben höchstens Forellen gefangen. Aber als ich diesen Fisch herauszog, merkte ich, dass es keine Forelle war. Es war ein großer, hässlicher, grauer Fisch, der sein riesiges Maul weit aufgerissen hatte. Ich erschrak. Ich fasse Fische nicht gern an, aber ich musste diesen Riesen vom Haken lösen. Ich stand kurz vor einem Nervenzusammenbruch und wollte nur noch eines: an Land. Also fing ich an, den Fisch herumzuschleudern. Ich schleuderte ihn so heftig herum, dass schließlich seine Lippe einriss und er in hohem Bogen zurück ins Wasser flog.*

*Als ich an Land kam, fiel mir eine Gestalt auf, die in einem Stuhl in etwa zwanzig Metern Entfernung am Ende des Landestegs saß. Als ich an diesem Mann vorbeiging, packte er mich am Arm und zog mich zu sich herunter.*

*„Mein Sohn", sagte er, „ich angle schon seit über fünfzig Jahren. Ich wollte Ihnen nur sagen, dass ich so etwas noch nie gesehen habe. Ich wollte mich bei Ihnen bedanken."*

*Für den Rest der Konferenz bemühte ich mich, diesem Mann aus dem Weg zu gehen.*

*Die ganze Woche über ging ich mit meinem Sohn gleich nach dem Mittagessen zwei Stunden lang angeln. Drei Tage hintereinander fingen wir nichts.*

*Am dritten Tag kam der Mann, dem ich aus dem Weg gegangen war, auf mich zu und sagte: „Ich habe gesehen, dass Sie mit Ihrem Sohn angeln gegangen sind."*

*Ich nickte.*

*„Ich habe auch bemerkt, dass Sie nichts gefangen haben."*

*Wieder nickte ich.*

*„Wissen Sie, dass die Fische zwischen 13 Uhr und 15 Uhr gewöhnlich nicht beißen?"*

*„Nein, das wusste ich nicht."*

*„Möchten Sie, dass Ihr Junge einen Fisch fängt?"*

*„Ja, auf jeden Fall."*

*„Dann kommen Sie morgen früh um halb sechs hierher."*

*Am nächsten Morgen gingen Andrew und ich um halb sechs hinaus. Um Viertel vor acht hatten wir immer noch nichts gefangen.*

*Ich hatte meiner Frau versprochen, wir würden um acht Uhr zurück sein. Also teilte ich Andrew mit, dass wir zurückmussten. Innerlich war ich sauer auf Gott, weil er zwar das Rote Meer teilen, aber nicht dafür sorgen konnte, dass mein Sohn auch nur einen einzigen Fisch fing.*

*Andrew sah mich traurig an und sagte ganz leise: „Bitte, Papa, nur noch ein Mal."*

*Innerlich tobte ich, aber ich spürte, wie Gottes Heiliger Geist zu mir sagte: „Willst du deinem Sohn alle Hoffnung rauben?" Ich sah Andrew an. „Du kannst die Angel noch fünf Mal auswerfen."*

*Er warf sie das erste Mal aus. Dann das zweite Mal. Dann das dritte Mal. Bei jedem Mal betete ich: „Oh Herr, bitte lass ihn einen Fisch fangen!" Beim vierten Mal stand ich kurz davor, die Hoffnung zu verlieren.*

*Ich ruderte langsam zum Ufer zurück, während Andrew zum fünften Mal die Leine auswarf. Plötzlich rief er: „Papa! Halt an!"*

*Ich drehte mich um und sah, dass seine Angelrute durchgebogen war. Fünf oder sechs Minuten kämpfte er nun damit, den Fisch ins Boot zu ziehen. Als er ihn schließlich drinhatte, stellte sich heraus, dass mein Sohn einen großen Hecht gefangen hatte.*

*Es war ein unglaublicher Augenblick – wahrscheinlich einer der wichtigsten Augenblicke für mich als Vater. Als wir zum Ufer ruderten, meinte Andrew: „Papa, wir haben schon einen klasse Gott, oder?"*

*„Oh ja, das haben wir."*

*Einen Augenblick später fügte Andrew hinzu: „Papa, ich weiß, wie Gott heißt."*

*„Wie meinst du das, Andrew?"*

*„Gott heißt ‚der Gott des fünften Wurfs'."*[26]

In Beziehungen kommt es manchmal vor, dass ein Partner über einen längeren Zeitraum leidet und der andere daraufhin ungeduldig wird. Als Nancys Vater starb, trauerte sie, wie nur eine Tochter um ihren Vater trauern kann. Gleichzeitig hatten wir aber auch noch drei Kinder, von denen das älteste vier Jahre alt war. Ich hatte so meine eigenen Vorstellungen von Arbeitsteilung, von Trauer, körperlicher Intimität und dem Bedürfnis nach Freiraum, und daher verstand ich einfach nicht, wie finster es in diesem Moment in Nancys Seele aussah.

Das Wissen, dass wir „dem Gott des fünften Wurfs" dienen, kann uns aber die Kraft schenken, ruhig und geduldig zu sein, wenn jemand leidet.

Wenn bei einem Mann oder einer Frau Krebs festgestellt wird, haben die Ehepartner erfahrungsgemäß in der Hälfte der Fälle auch nach einer Woche noch nicht über ihre Gefühle gesprochen. Oft haben beide Angst, den anderen zu sehr aufzuwühlen. Manchmal versuchen sie, sich gegenseitig durch falschen Optimismus aufzumuntern. Aber falscher Optimismus vertieft niemals die Vertrautheit in einer Beziehung. Intimität wächst nur, wenn wir einander erzählen, wie es wirklich in uns aussieht – und wenn wir dann unsere Hoffnung auf den Gott des fünften Wurfs setzen.

## Der Gott des Stöhnens ... und der Hoffnung

Der Philosoph Nicholas Wolterstorff verlor seinen 25-jährigen Sohn Eric durch einen Unfall beim Bergsteigen. Wolterstorffs Buch *Klage um einen Sohn* ist der schmerzvolle Aufschrei eines gebrochenen Vaterherzens. Er trifft darin nicht auf einen Gott, der das Leid *erklärt*, sondern auf einen Gott, der *in* das Leid *hineinkommt*.

„GOTT IST LIEBE. Deshalb leidet er. ... Gott ist leidende Liebe. Also liegt das Leid im Zentrum aller Dinge, tief drinnen, dort, wo der Sinn liegt. ... Gottes Tränen sind der Sinn der Geschichte."[27]

Und das müssen Sie über Gott und das Stöhnen wissen: An einer der bemerkenswertesten Stellen der Menschheitsliteratur heißt es: „Denn alles Geschaffene ist der Sinnlosigkeit ausgeliefert, versklavt an die Vergänglichkeit... Wir wissen, dass die ganze Schöpfung bis jetzt noch stöhnt und in Wehen liegt wie eine Frau bei der Geburt."[28]

Die Schöpfung selbst stöhnt. Stöhnen geht tiefer als Worte. Diese ungezähmte Reaktion auf das Leid und den Schmerz dringt tief in unser Herz hinein und zeigt uns, wie verwundbar wir sind.

Als unsere Tochter Laura ein Jahr alt war, wurde sie geimpft. Während der Arzt eine riesige Nadel durch ihre zarte Haut in ihr winziges Ärmchen stach, hielt ich sie in meinen Armen. Lauras Augen wurden groß und füllten sich mit Tränen. Ihre Lippen fingen an zu zittern, und sie stieß einen Klageschrei aus, als wollte sie sagen: „Papa, du hast mich jeden Tag meines Lebens vor Schmerzen bewahrt – bis heute. Warum hast du mir das angetan?"

Ich sagte zu ihr: „Mein Schatz, ich weiß, ich weiß. ... Das war Mamas Idee."

Manchmal ist der Schmerz so grausam, dass wir nur noch aufschreien können wie ein verwundetes Tier. Wenn Sie das schon einmal erlebt haben, werden Sie es nie wieder vergessen.

„Aber auch wir selbst, denen Gott bereits jetzt seinen Geist als Anfang des neuen Lebens gegeben hat, seufzen in unserem Innern. … Dabei hilft uns der Geist Gottes in all unseren Schwächen und Nöten.“[29]

Wie macht der Heilige Geist das? Nicht, indem er unser Leben leichter macht. Nicht, indem er uns stärker macht. Nicht, indem er unser Leiden verkürzt. Sondern durch direkte Fürbitte.

„Dabei hilft uns der Geist Gottes in all unseren Schwächen und Nöten. Wissen wir doch nicht einmal, wie wir beten sollen, damit es Gott gefällt! Deshalb tritt Gottes Geist für uns ein, er bittet für uns mit einem Seufzen, wie es sich nicht in Worte fassen lässt.“[30]

Gott selbst kennt, erlebt, erträgt Ihren tiefsten Kummer und Schmerz, Ihre Scham und Ihr Leid und verleiht diesen Gefühlen Ausdruck: Der Gott der Bibel ist der Gott, der stöhnt.

Wenn Menschen gemeinsam in der tiefsten Finsternis sitzen und sich nah sind, wird die Hoffnung nie vergehen. Als diese chilenischen Minenarbeiter dort unten gefangen waren, nahmen sie jeden Mittag zusammen ihre eine karge Mahlzeit ein, sie beichteten und beteten. Sie hörten *El Pastor* zu, der Geschichten aus der Bibel erzählte. Wissen Sie, was ihre Lieblingsgeschichte war? Die Geschichte von Jona im Bauch des Fisches. Sie erzählten später, es sei, als würden sie diese Geschichte erleben. Wenn Gott Jona retten konnte, konnte er auch sie retten. Sie liebten diese Geschichte, weil sie ihnen Hoffnung gab.

Das Seltsame an der Hoffnung ist, dass man sie verschenken muss, um sie sich zu bewahren. Wenn Sie anderen mit Zuneigung begegnen und ihnen Hoffnung schenken, bekommen Sie selbst dadurch am meisten Hoffnung.

Wenn Gott nicht Teil der Gleichung ist, leben wir meistens in einer trügerischen Hoffnung. Wir ermutigen uns gegenseitig mit den Worten: „Ich glaube, du wirst schon bekommen, was du willst. Ich glaube, es wird schon alles gut werden." Unsere Hoffnung muss tiefer gehen als das.

Es war einmal eine kleine Gemeinschaft, die sich um einen Lehrer geschart hatte, der ihnen große Freude versprach. Gleichzeitig war er aber auch bekannt als „ein Mann der Schmerzen, mit Krankheit vertraut".[31] Er erzählte ihnen, dass vor allem die Menschen gesegnet seien, die leiden – die Armen, die Sanftmütigen, die Trauernden.[32]

Dann wurde ebenjener Mann am Kreuz hingerichtet. Er endete (scheinbar) als ausgezehrter, enttäuschter Versager.

Als er da am Kreuz hing, war er völlig verlassen. Und doch waren wir auch irgendwie bei ihm. Irgendwie sind die Menschen ihm seither am Kreuz oder durch das Kreuz auf eine Art und Weise begegnet, die sonst nicht möglich gewesen wäre.

Am Kreuz erlebte er das, was auch uns am meisten zu isolieren droht – Schuld, Schmerz, Hoffnungslosigkeit und Tod. Und auf geheimnisvolle Weise führt dies dazu, dass *wir* in diesen Augenblicken nicht länger allein sein oder Angst haben müssen.

Sein Leichnam wurde vom Kreuz genommen und in ein Grab gelegt. Dort in einem Loch im Felsen, wo er sich dem Tod gegenübersah, kam der himmlische Vater zu seinem gekreuzigten Sohn – das erste Treffen der „Gemeinschaft der tiefen Finsternis". Jesus war „hinabgestiegen in das Reich des Todes".[33] Und wenn man Jesus dort finden kann, kann man ihn überall finden.

Wenige Tage später fand die erste Auferstehung statt. Und es wird noch eine weitere geben. Darauf können wir unsere Hoffnung setzen. Jesus, der für unsere Sünden gestorben und von den Toten auferstanden ist, wird eines Tages zurückkehren, um die Seinen zu sich zu holen. Seit zweitausend Jahren setzen die Menschen, die zu ihm gehören, auf diese eine Hoffnung: Jesus, der am Kreuz für unsere Sünden gestorben ist, ist von den Toten auferstanden. Und eines Tages werden wir das auch tun. Wir setzen alles auf den mageren Kerl.

Kapitel 11

# Jetzt wird's persönlich

Der Umgang mit Annahme und Ablehnung

Nachdem Gott uns angenommen hat,
müssen wir in uns Raum schaffen für andere
und sie darin einladen.

Miroslav Volf: Von der Ausgrenzung zur Umarmung

Nehmt einander an, so wie Christus euch
angenommen hat.

Römer 15,7 (Hoffnung für alle)

Jia Jiang geht in die Gemeinde, in der ich arbeite. Er wurde in China geboren und kam mit 16 als Austauschschüler in die USA, ohne eine Menschenseele zu kennen. Er war in einer Gastfamilie in einer ländlichen Gegend in Louisiana untergebracht, wo er sich schutzlos und einsam fühlte. Er hatte gehofft, seine Gastfamilie würde ihn mit offenen Armen aufnehmen, aber es zeigte sich, dass die Familie kriminell war. Jia schlief im Zimmer eines Sohnes, der ein verurteilter Mörder war. Zwei Tage nach seiner Ankunft stahlen sie sein gesamtes Geld.

Willkommen in Amerika.

Jia kam daraufhin in eine andere Familie, die wiederum in eine Gemeinde ging, die zu den *Assemblies of God* gehört. „Es war eine aufregende Kirche", erzählte er mir einmal. „Nicht so wie unsere."

Er erinnert sich noch daran, dass sie sangen und tanzten und in Ohnmacht fielen, und manchmal hatte er keine Ahnung, was gesagt wurde. Aber er verstand die Zuneigung, die die Menschen einander entgegenbrachten, und sie liebten auch ihn, und er begegnete dort Gott.

Jia schaffte den Schulabschluss, heiratete schließlich und beschloss, eine eigene Firma zu gründen. Doch seine Kreditanträge wurden abgelehnt.

Diese Ablehnung machte etwas mit Jia, das keine der anderen Herausforderungen geschafft hatte: Sie lähmte ihn. Jia merkte, dass Ablehnung etwas anderes ist als ein Fehlschlag. Pläne schlagen fehl und Vorhaben. Aber Ablehnung trifft den Menschen. Sie trifft einen persönlich und führt dazu, dass man sich zurückzieht. Sie hält einen davon ab, „Einladungen zum Knüpfen von Beziehungen" auszusenden, die Vertrautheit und Nähe ermöglichen würden. Die Angst vor Ablehnung hält die Menschen davon ab, irgendwelche Risiken einzugehen, zum Beispiel

- sich mit jemandem zu verabreden,
- Freundschaften zu schließen,
- Geheimnisse preiszugeben,
- zu vertrauen,
- zu heiraten,
- sich einer Kleingruppe anzuschließen.

Jia merkte, dass die Angst davor, abgelehnt zu werden, ihn sein Leben lang lähmen würde, wenn er nicht lernte, sich damit auseinanderzusetzen. Er hörte von einer Methode, die sich „Ablehnungstherapie" nennt. Im Rahmen dieser Therapie stellen die Teilnehmer abwegige Bitten, von denen sie *wissen*, dass sie abgelehnt werden. Auf diese Weise verliert das Wörtchen Nein allmählich seine Macht, und sie lernen, wie sie mit einer Abfuhr umgehen können.

Jia fing seinen „100-Tage-Selbstversuch" damit an, dass er einen wildfremden Mann bat, ihm einhundert Dollar zu leihen.

„Nein."

Am zweiten Tag ging er in ein Fast-Food-Restaurant und fragte, ob er den zweiten Burger gratis bekäme.

„Was?"

„Bekomme ich noch einen zweiten Burger gratis?"

„Nein."

Ein anderes Mal ging er in einen Hundesalon und fragte: „Kann ich den gleichen Haarschnitt bekommen wie ein Schäferhund?"

„Nein."

Er filmte diese Erlebnisse, damit er sie sich noch einmal ansehen und daraus lernen konnte. Und nicht nur das: Er beschloss auch, sie ins Netz zu stellen, damit andere Zeugen seiner Demütigungen werden konnten.[1] Dutzende und später Hunderte von Menschen verfolgten seinen seltsamen Weg der Ablehnung.

Als Jia sich selbst auf den Videos sah und darüber nachdachte, dass Gott ihn liebte, egal, ob die Leute seine Bitten ablehnten oder ihnen nachkamen, wurde ihm klar, dass es nicht die Ablehnung *selbst* war, die ihn lähmte. Es war seine *Angst* vor der Ablehnung.

„Nein" ist einfach nur eine Antwort. Aber sie kann wehtun, wenn sie unsere Ängste anspricht oder Überzeugungen, die uns nahegehen:

- „Ich bin wohl nicht gut genug.“
- „Ich bin nicht attraktiv genug, nicht klug genug oder nicht überzeugend genug.“
- „Die Menschen werden merken, dass ich nur so tue, als ob.“
- „Ich kann wohl nicht gut mit Menschen umgehen.“
- „Ich werde immer ein Außenseiter sein.“

Und dann kam der Donut, der Jias Leben veränderte.

Eines Tages ging er in die Filiale einer Donut-Kette und verlangte einen „Spezial-Donut“: fünf Donuts, die wie die olympischen Ringe angeordnet sein sollten.

Die Frau hinter dem Tresen lehnte seine Bitte nicht ab, sondern fragte einfach nur, bis wann er ihn bräuchte. Jia war sprachlos und wusste nicht, was er sagen sollte. Er war nicht darauf vorbereitet gewesen, *kein* Nein als Antwort zu bekommen.

„Äh, vielleicht in einer Viertelstunde?“

Die Mitarbeiterin legte nachdenklich die Hand ans Kinn und versuchte, sich den Donut vorzustellen. Dann holte sie ein Blatt Papier, um darauf einen Olympia-Donut zu zeichnen.

„Warten Sie bitte“, sagte sie.

Nach kurzer Zeit brachte sie ihm – sehr zu seinem Erstaunen – fünf zum olympischen Symbol zusammengefügte bunte Donuts, genau wie er sie bestellt hatte.

Er wusste nicht, was er sagen sollte.

„Was bin ich Ihnen schuldig?“, fragte Jia.

„Machen Sie sich darüber mal keine Gedanken“, erwiderte sie. „Der geht aufs Haus.“

*Wirklich?*

Ja.

Jia hatte Ablehnung erwartet. Er war nicht darauf vorbereitet, dass jemand sich solche Mühe machen würde, um ihm einen Gefallen zu tun.

Als er das Donut-Video ins Netz stellte, löste es eine Lawine aus. Er bekam E-Mails von Menschen aus aller Herren Länder, die durch sein Vorbild angespornt wurden, ihre eigene Angst vor Ablehnung zu bekämpfen. Es kamen Interviewanfragen von renommierten Nachrichtensendern wie MSNBC und Fox News. Eine Woche nachdem er das Video ins Netz gestellt hatte, stiegen die Aktien der Donut-Kette von 7,23 Dollar auf 9,32 Dollar. Und Jia bekam im Netz den Spitznamen „der Ablehnungsflüsterer".[2]

Nachdem Jia seine Geschichte in unserer Gemeinde erzählt hatte, beschloss ich, die Sache selbst auszuprobieren. Also schrieb ich die Donut-Kette an und erkundigte mich, ob sie unserer Gemeinde sechstausend Donuts spenden könnten.

Sie sagten zu.

Heilige Donuts.


## Der Kreislauf von Angst, Ablehnung und Scham

In ihrem Buch *Thanks for the Feedback* weisen Douglas Stone und Sheila Heen darauf hin, dass wir ständig Ablehnung erleben. Jedes Jahr...

* bewerben sich in den USA fast zwei Millionen Teenager um einen Studienplatz und viele von ihnen bekommen Absagen.
* suchen in den USA mindestens 40 Millionen Menschen übers Internet einen Partner – und die meisten davon gehen leer aus.
* werden in den USA über 500 000 Unternehmen gegründet und fast 600 000 schließen ihre Pforten.
* werden in den USA eine Viertelmillion Hochzeiten abgesagt und 877 000 Ehepartner reichen die Scheidung ein.[3]

Wir können nicht in der Sportmannschaft spielen, in der wir gern spielen würden. Wir bewerben uns auf Stellen, die wir nicht bekommen. Wir schlagen Projekte vor, die abgelehnt werden. Wir tragen Kleidung nicht, die wir gern tragen würden, weil wir Angst haben, darin albern auszusehen. Wir setzen die Gaben, die Gott uns gegeben hat, nicht ein, weil wir Angst von Ablehnung haben.

Von Geburt an hängt unser Überleben davon ab, dass wir angenommen werden. Das erleben wir zum Beispiel dadurch, dass unsere Anwesenheit willkommen ist, unsere Hilfeschreie gehört und beantwortet werden und unsere Freude wiederum andere glücklich macht. Weil diese Annahme ganz buchstäblich eine Frage von Leben und Tod ist, reagieren wir besonders empfindlich auf alles, was darauf hindeutet, dass man uns ablehnen könnte.

Kinder kommen mit dem Bedürfnis nach Beziehungen auf die Welt. Wenn sie Angst haben, sich alleingelassen oder bedroht fühlen, suchen sie automatisch bei Mama oder Papa nach Liebe und Bestätigung. Normalerweise freuen sie sich nach einer Trennung von den Eltern, diese wiederzusehen. Sie rennen auf sie zu, schmusen mit ihnen und tanken bei ihnen neue Kraft.

Aber bei manchen Kindern stößt dieser Hunger nach Beziehung häufig auf Ablehnung und das hat herzzerreißende Folgen. Nach einer Trennung von den Eltern zeigen diese Kinder sich gleichgültig, wenn die Eltern zurückkehren. Sie laufen nicht auf sie zu, sie freuen sich nicht. Sie scheinen sie noch nicht einmal zu bemerken. Aber in ihrem Inneren kommt es zu einem kleinen Erdbeben. Ihr Puls geht schneller. Ihr Blutdruck steigt. Es ist, als hätten sie ihrem Körper antrainiert, ihre Sehnsucht nach Beziehung nicht zu zeigen, weil sie den Schmerz, abgewiesen zu werden, nicht länger ertragen können.

Sie tun dies unbewusst, ohne dass es ihnen jemand beigebracht hätte, und mühelos.

Wenn das Gefühl, verurteilt zu werden, tief genug in die menschliche Seele dringt, wird sie zu Scham. Scham ist eigentlich Selbstverdammnis – nach innen gerichtete Ablehnung. Lewis Smedes sagt: „Das Gefühl der Scham liegt sehr schwer auf unserer Seele."[4] Schuldbewusstsein bezieht sich auf das, *was wir getan haben*; Scham bezieht sich auf das, *was wir sind*.

Scham – zumindest die Form von Scham, die unsere Seele vergiftet – vermittelt uns das Gefühl, dass wir niemals gut genug sein werden. Sie trifft den Kern unserer Identität.

In meinem zweiten Jahr auf der Highschool nahm ich an einem Tennisturnier teil. Ich hatte in dieser Saison die meiste Zeit wegen einer schweren Viruserkrankung aussetzen müssen und war gerade dabei, mein erstes Match zu verlieren. Und dann machte ich beim Aufschlag einen Doppelfehler. Mein Trainer brüllte mich über den ganzen Platz hinweg an, sodass alle es mitbekamen. Ich starrte ihn wütend an und fühlte mich beschämt und bloßgestellt. Nach dem Spiel waren wir von der gesamten Mannschaft umringt, als er seinem Ärger Luft machte und mir eine Ohrfeige verpasste.

Heutzutage würde so etwas wahrscheinlich eine Anzeige nach sich ziehen, aber damals zweifelte ich nicht daran, dass er das Recht dazu hatte. Ich erzählte niemandem davon. Ich schämte mich viel zu sehr dafür. Der Schmerz des Schlages hielt nur einen Augenblick an – der viel tiefere Schmerz saß in meinen Gedanken und meiner Seele. *Schwächling. Versager. Verlierer.*

„Wenn wir einander verurteilen", schreibt Dallas Willard, „geben wir damit zu verstehen, dass der andere auf eine tiefere und vielleicht sogar unabänderliche Art schlecht ist – als ganzer Mensch – und deshalb abgelehnt werden muss. In unseren

Augen gehört der Verurteilte zum Ausschuss der menschlichen Rasse."[5]

Wir müssen perfekt aussehen.

Wir müssen die perfekte Ehefrau, Mutter, Freundin und Karrierefrau sein.

Wir müssen es allen recht machen.

Wir müssen stark, erfolgreich und ein Siegertyp sein.

Wir dürfen nicht der Junge sein, der verliert und eine Ohrfeige bekommt.

„Scham ist eine Krankheit der Seele, die ihresgleichen sucht", sagt der Wissenschaftler und Pionier Gershen Kaufman, „eine Verletzung unserer tiefsten Würde."[6]

Die gute Nachricht ist, dass es Heilung *gibt*. Aber wir finden sie nur, wenn wir Annahme finden, die größer und mächtiger ist als unsere größte Ablehnung.

## Jesus, der beste Therapeut für Abgelehnte

Schauen wir uns einmal die Geschichte der biblischen Person an, die wohl die größte Ablehnung erfahren hat.

In Johannes 4,5 und 6 heißt es, dass Jesus „nach Sychar [kam]. Dieser Ort liegt in der Nähe des Feldes, das Jakob seinem Sohn Josef geschenkt hatte. Dort befand sich der Jakobsbrunnen. Müde von der Wanderung setzte sich Jesus an den Brunnen. Es war um die Mittagszeit."

Die erste Lektion in Sachen Scham finden wir hier in einem winzigen Detail: Jesus war müde.

Normalerweise brüsten sich Führungspersonen damit, dass sie mehr Energie haben als alle anderen Mitglieder des Teams. „Der Leiter bestimmt die Geschwindigkeit des Teams", sagt man gern. Manchmal motivieren Leiter durch ihren übergroßen

Antrieb und ihre Ausdauer die anderen – manchmal sorgen sie dadurch aber dafür, dass die anderen sich schlecht fühlen. Jesus ist da anders.

Als Johannes diese Geschichte aufschrieb, war er bereits ein alter Mann. Aber er erinnerte sich immer noch daran, dass Jesus der Einzige in der Gruppe war, der so müde war, dass er eine Pause machen und sich hinsetzen musste. Woher wussten die Jünger, dass Jesus müde war? Wahrscheinlich hat er es ihnen gesagt: „Hey, Leute, ich bin echt fertig. Geht schon mal weiter. Ich bleibe hier und ruhe mich aus."

Jemand, der sich für etwas schämt, will sich verstecken. Jesus ist da anders. Er wusste, dass er sich für nichts schämen musste. Er verspürte nicht den Zwang, seine Identität als Messias zu verteidigen, indem er so tat, als habe er noch unheimlich viel Kraft und Energie. Er war der Schwächste in der Gruppe. Und er fand das gar nicht schlimm. Hier geht es nicht um den Superhelden Jesus. Hier geht es um den müden Jesus.

Aber es kommt noch besser.

Gott gebraucht die Müdigkeit von Jesus. Gott gebraucht seine Schwachheit. Weil Jesus müde ist und zurückbleibt, führt er eine Unterhaltung, die das Leben von einer ganzen Reihe von Menschen verändert.

„Es war um die Mittagszeit. Da kam eine Samariterin aus der nahe gelegenen Stadt zum Brunnen, um Wasser zu holen."[7]

In der Antike (und in vielen Teilen der Welt hat sich bis heute nichts daran geändert) war das Wasserholen Sache der Frauen. Wenn eine Familie es sich leisten konnte, hatte sie eine Magd, die Wasser holte. Wer arm war, musste es selbst machen. Aber es war immer die Frau, die ging – normalerweise am frühen Morgen oder kurz vor Sonnenuntergang. Oft war es ein geselliges Miteinander, weil die Frauen eines Dorfes alle zusammen gingen. (Die Gespräche in der Teeküche Ihres Unternehmens haben also tiefe Wurzeln.)

Eine samaritische Frau kommt zum Brunnen. Ein Mann sitzt am Brunnenrand. Sie weiß, was jetzt passiert. Wenn sie näher kommt, wird er sich zurückziehen – etwa zwanzig Schritte. Er wird sie nicht ansehen. Sie wird schweigend Wasser holen und wieder gehen.

Aber dann passiert etwas wirklich Seltsames: Als sie zum Brunnen kommt, bewegt er sich nicht. Er wendet auch nicht den Blick ab. Stattdessen sagt er: „Bitte, gib mir zu trinken."[8]

Wie Sie aus den vorangegangenen Kapiteln wissen, spricht Jesus hier die Einladung aus, eine Beziehung zu knüpfen. Ohne diese einfache Bitte, diesen Eisbrecher, hätte der Rest der Geschichte nie stattgefunden.

Die Samariterin erwidert: „Du bist doch ein Jude! Wieso bittest du mich um Wasser? Schließlich bin ich eine samaritische Frau!"[9]

Wie der vorangehende Satz zeigt, ist das eine ungeheure Bitte: „…denn normalerweise wollten die Juden nichts mit den Samaritern zu tun haben."[10] Jesus fordert die Ablehnung quasi heraus. Er hätte genauso gut um Donuts in Form von olympischen Ringen bitten können.

Und jetzt wird es interessant.

Der hebräische Gelehrte Robert Alter schreibt, dass die Kulisse, vor der dieses Gespräch stattfindet, die Geschichte noch viel bedeutungsschwerer macht, als uns das heute vielleicht bewusst ist.

In der antiken Literatur wurden für bestimmte Geschichten immer bestimmte Kulissen benutzt, und wenn die Menschen die jeweilige Kulisse sahen, wusste jeder, was dann kommen würde.

Sie kennen es vielleicht auch: Sie schauen sich einen Western an und wissen von vornherein, dass es einen Bösewicht gibt, bei dem der Colt locker sitzt, und einen Helden, der noch viel schneller ziehen kann.

Oder ein Film spielt auf einem verlassenen Zeltplatz und ein paar Teenager hören unterdrückte Schreie aus der Richtung, in der sich das Bootshaus befindet. Sie gehen darauf zu und jemand sagt: „Wo ist eigentlich Jimmy? Er war doch gerade noch hier?" Dann wissen Sie, dass Jimmy in diesem Film nicht mehr viel Text hat.

In der Antike, als es noch keine Veranstaltungen für Singles und auch kein Onlinedating gab, war der Brunnen der Ort, an dem sich Mädchen und Jungen (näher) kennenlernten.

Dort fand Abrahams Diener Isaaks Frau, Rebekka.[11]

Dort traf Jakob Rahel.[12]

Dort lernte Mose Zippora kennen.[13]

Jeder, der diese Geschichte im Johannesevangelium liest, weiß, dass das Ganze auf eine Mädchen-trifft-Junge-Geschichte hinausläuft. Nur dass sie am falschen Ort spielt (in Samarien), zur falschen Zeit (mittags), mit dem falschen Mädchen (eine samaritische mehrfach Geschiedene) und mit dem falschen Jungen (Jesus).

Damals sprach ein Mann eine Frau fast nie in der Öffentlichkeit an – nicht einmal seine eigene Frau. Ein alleinstehender Mann – vor allem ein Rabbi – würde niemals eine Frau ansprechen oder berühren, vor allem nicht, wenn sie Samariterin war, von denen es hieß: „Samaritische Frauen gelten von klein auf als menstruierend [d. h. unrein]."[14]

Aber Jesus nahm diese Samariter an.

- Ein „barmherziger Samariter" ist der Held in einem seiner Gleichnisse (Lukas 10,25–37).
- Er heilt zehn Leprakranke, aber nur ein Samariter kehrt zu ihm zurück und dankt ihm dafür (Lukas 17,11–19).

- Als Jakobus und Johannes Gott bitten wollen, ein undankbares Dorf in Samarien in Schutt und Asche zu legen, verteidigt Jesus die Samariter und weist seine eigenen Jünger zurecht (Lukas 9,51–55).
- Da es in den Augen der Juden ein Fehler war, die Samariter nicht abzulehnen, sagten sie über Jesus: „Also hatten wir doch recht. Du bist ein Samariter, von bösen Geistern besessen!"[15] (Das galt übrigens als die schlimmste Beleidigung überhaupt.)

Jesus verwickelt die samaritische Frau in eine theologische Diskussion. Er erzählt ihr, die in ihrem Leben immer wieder die Erfahrung gemacht hat, abgelehnt zu werden, dass Gott eine Art geistliches Wasser hat, das als Einziges den tiefen Durst ihrer Seele stillen kann.

*„Dann gib mir von diesem Wasser, Herr", bat die Frau, „damit ich nie mehr durstig bin und nicht immer wieder herkommen und Wasser holen muss!"*
*Jesus entgegnete: „Geh und ruf deinen Mann. Dann kommt beide hierher!"*
*„Ich bin nicht verheiratet", wandte die Frau ein.*
*„Das stimmt", erwiderte Jesus, „verheiratet bist du nicht. Fünf Männer hast du gehabt, und der, mit dem du jetzt zusammenlebst, ist nicht dein Mann. Da hast du die Wahrheit gesagt."*[16]

„Ich bin nicht verheiratet." Das stimmt zwar, ist aber nur die halbe Wahrheit. In der damaligen Kultur konnte eine Frau sich nicht scheiden lassen. Sie ist also eine Frau, die wieder und wieder abgelehnt worden ist. Fünfmal hat sie geheiratet und gehofft, dass es diesmal funktionieren würde. Fünfmal hat sie mit ansehen müssen, dass die Beziehung zerbrach. Fünfmal hat ihr ein Mann ins Gesicht gesagt: „Ich will dich nicht mehr." Und wenn sie jetzt mit einem Mann zusammenlebt, der nicht ihr Ehemann ist, dann ist sie vielleicht so etwas Ähnliches wie seine Sklavin, und sexuelle Intimitäten gehören zu seinen Rechten.

Die anderen sehen sie an und sagen: „Sie kann keinen Mann halten. Sie kriegt zwar einen, kann ihn aber nicht halten."

Jetzt wissen wir, warum sie zur Mittagszeit an den Brunnen kommt. Sie zieht die sengende Hitze dem brennenden Schmerz von Verurteilung und Ablehnung vor.

Ablehnung tut weh.

Buchstäblich.

Einer Studie der amerikanischen Akademie der Wissenschaften zufolge ist der Teil des sensorischen Systems in unserem Gehirn, der körperlichen Schmerz wahrnimmt, der gleiche wie der, der Ablehnung registriert.[17]

Jesus macht deutlich, dass er weiß, dass die Frau die Wahrheit über die Geschichte ihres Ehelebens gesagt hat, aber er tut dies, ohne sie zu verurteilen. Es ist ein großer Unterschied, ob man die Wahrheit anerkennt oder jemanden verurteilt. Ein guter Zahnarzt kennt die Wahrheit über meinen kariösen Zahn, aber er verurteilt mich nicht dafür.

Bei Verurteilung geht es aber nicht darum, dass jemand meinen Zustand beschreibt, sondern dass das Ganze mit einem großen Schuss Böswilligkeit einhergeht: „Sie haben keine Zahnseide benutzt. Jetzt verfaulen Ihre Zähne. Toll gemacht!"

Jesus weiß, dass sie ihm die Wahrheit über ihre persönliche Geschichte erzählt, und nennt das beim Namen, wofür sie sich schämt. Aber anstatt in die Defensive zu gehen oder sich vor ihm zu verstecken, lässt sie sich auf die Unterhaltung ein – das längste in den Evangelien festgehaltene Gespräch, das ein Mensch mit Jesus geführt hat.

Schließlich kamen die Jünger zurück und „wunderten …
sich, dass er mit einer Frau redete. Aber keiner fragte ihn: ‚Was
willst du von ihr? Warum sprichst du mit ihr?‘"18

Die Jünger sprechen kein Wort mit ihr. Ihre Erfahrung sagt
ihnen, dass diese Frau abgelehnt werden sollte, dass sie „anders" ist. Aber ihre Erfahrung sagt ihnen auch, dass Jesus die
seltsame Angewohnheit hat, Menschen anzunehmen, von denen sie denken, er sollte sie lieber ablehnen.

Man hat mir erzählt, dass man auf den großen australischen
Viehfarmen zwei unterschiedliche Methoden anwendet, um
die Tiere zusammenzuhalten: Man kann entweder einen Zaun
bauen oder einen Brunnen graben. Und Brunnen haben auch
die Eigenheit, Menschen zusammenzubringen.

Die Rabbiner zu Jesu Zeit sprachen davon, „einen Zaun um
das Gesetz zu bauen". Wenn das Gesetz sagte, man solle keinen
Ehebruch begehen, dehnten sie die Regel noch weiter aus, um
eine Sicherheitszone zu schaffen: Berühre keine andere Frau;
sprich nicht einmal mit ihr.

Ablehnung baut Zäune. Annahme gräbt Brunnen. Jesus
sagte von sich selbst, dass er eine Quelle lebendigen Wassers
ist. „Wenn du wüsstest, was Gott dir geben will und wer dich
hier um Wasser bittet, würdest du mich um das Wasser bitten,
das du wirklich zum Leben brauchst. Und ich würde es dir geben."19

Es geht hier um Folgendes: Die Samariterin ist ein Paradebeispiel für jemanden, der allen Grund hat, sich zu schämen:

- Sie hat das falsche Geschlecht,
- sie gehört der falschen Volksgruppe an,
- sie hat die falsche Religion,
- sie ist in moralischer Hinsicht mehrfach gescheitert,
- sie hat den falschen Familienstand,

- sie wurde von ihren Ehemännern abgelehnt,
- sie wurde von anderen Menschen abgelehnt.

Und dann lernt sie am Brunnen einen Mann kennen. Die Frau, die schon viel zu oft am Brunnen war, geht noch einmal hin. Und die Begegnung mit Jesus berührt sie so tief, dass sie gar nicht bemerkt, dass seine Jünger nicht mit ihr sprechen.

Jesus sagt, sie solle nach Hause gehen und eine einzige Person herbringen: ihren (Nicht-)Ehemann.

Aber während sie ins Dorf zurückkehrt, sagt sie sich selbst: „Weißt du was? Ich könnte mehr tun, als nur *einem* Menschen davon zu erzählen. Ich könnte eine unverschämte Bitte vorbringen. Ich könnte das ganze Dorf bitten, Jesus zuzuhören. Was kann denn schon passieren? Sie könnten Nein sagen. Sie könnten mich zurückweisen. Kein Problem. Ich habe ja das lebendige Wasser. Ich habe Jesus kennengelernt."

Sie nimmt noch nicht einmal ihren Wasserkrug mit nach Hause. Sie ist die Frau, die mit einem Eimer zum Brunnen ging und mit dem ganzen Brunnen zurückkam.

*Da ließ die Frau ihren Wasserkrug stehen, lief in die Stadt und rief allen Leuten zu: „Kommt mit! Ich habe einen Mann getroffen, der alles von mir weiß! Vielleicht ist er der Messias!"*[20]

Das ist die erste Predigt, die in dieser Bewegung, die Jesus ausgelöst hat, je gehalten wurde. Sie ist kurz („Kommt mit!"), herausfordernd, begeisternd, offen und ehrlich („der alles von mir weiß"), Jesus-zentriert und unglaublich effektiv – und sie wurde von einer fünfmal geschiedenen Samariterin gehalten, die in wilder Ehe lebte und nicht genug Geld hatte, um eine Sklavin zum Wasserholen zu schicken.

Und statt allgemeiner Ablehnung erntet sie ein riesiges *Ja*.

*Viele Leute aus Sychar glaubten allein deshalb an Jesus, weil die Frau überall erzählt hatte: „Dieser Mann weiß alles, was ich getan habe." Als sie nun zu Jesus kamen, baten sie ihn, länger bei ihnen zu bleiben, und er blieb noch zwei Tage.*[21]

Ich stelle mir vor, wie diese Frau alle Bewohner des Dorfes zu Jesus bringt. Dazu gehören natürlich auch alle ihre Ex-Männer. Wie diese Gespräche wohl verlaufen sind?

*„Jesus, hier sind Nummer eins und zwei. Sie vertragen sich einfach nicht. Du musst ihnen mal diese Sache mit ‚liebe deine Feinde' und ‚halte die andere Wange hin' erklären.*
*Und das hier ist Nummer drei. Ich weiß auch nicht, was ich mir gedacht habe, als ich den geheiratet habe. Er war wohl nur ein Lückenbüßer. Er ist irgendwie ein Versager, aber du kannst sicher etwas aus ihm machen.*
*Ich habe versucht, Nummer vier herzubringen, aber der ist immer noch stinksauer auf mich. Er redet nicht mal mit mir. Aber ich bleibe dran. Ich kriege ihn noch hierher.*
*Was Nummer fünf angeht, so bin ich ehrlich gesagt noch nicht wirklich über ihn hinweg. Ich glaube, du musst mit ihm reden. Ich bin da noch zu empfindlich.*
*Und das hier ist übrigens Nummer sechs. Wir sind noch nicht verheiratet. Ich habe ihm erzählt, dass in der Bibel steht: ‚Wenn es dir gefallen hat, hättest du einen Ring anstecken sollen.' Ich glaube, das steht irgendwo im Buch Beyoncé. Ich habe ihm gesagt: ‚Wir werden einen Ehevorbereitungskurs besuchen müssen.'*
*Ich habe mir überlegt, ich könnte einen Heilungsdienst für Geschiedene ins Leben rufen. Ich könnte mit meinen Ex-Männern und ihren Ex-Frauen anfangen. Was meinst du?"*

Gott kann auf ganz wunderbare Art und Weise unsere größten Fehler und unseren größten Schmerz gebrauchen, damit wir ihm dadurch dienen und Botschafter für Jesus werden bei Menschen, von denen wir nie gedacht hätten, dass wir sie erreichen können – und das einfach nur, weil er eben Jesus ist.

Wir brauchen Annahme, die stärker ist als die Ablehnung, die wir erleben. In dieser Geschichte entdeckt die Samariterin langsam, *wer* sie da annimmt.

Als sie zum Brunnen kommt, sieht diese Frau anfangs nur einen jüdischen Mann. Dann einen etwas verrückten und anmaßenden jüdischen Mann. Danach einen Propheten. Dann den Messias. Und schließlich einen der höchsten Titel in den Evangelien: „den Retter der Welt".[22]

Es gibt eine antike Beschreibung dieser Begegnung, die man Ephräm dem Syrer zuschreibt. Ich liebe sie sehr:

*Zunächst fiel ihr Blick auf einen durstigen Mann, dann auf einen Juden, dann auf einen Rabbi, danach auf einen Propheten und zuletzt auf den Messias.*

*Den durstigen Mann versuchte sie zu überlisten. Dem Juden zeigte sie ihre Abneigung. Den Rabbi nahm sie in die Zange. Vom Propheten war sie hingerissen und den Christus betete sie an.*[23]

## Unsere einzige Hoffnung

Wie kann also unsere Scham heilen? Lewis Smedes listet drei herkömmliche Methoden auf:

- Wir passen unsere Ideale unserem Können an;
- wir sorgen dafür, dass wir gut genug sind, um unseren Idealen zu entsprechen;

- wir überzeugen uns selbst davon, dass wir so in Ordnung sind, wie wir sind.

Aber keine dieser Methoden funktioniert. Wir können unsere Ideale nicht „verwässern, sobald sie uns lästig sind". Unser Herz weiß es besser.

Wir können uns nicht selbst „gut genug" machen. „Die größten moralischen Überflieger belastet das Gefühl ihrer eigenen Unwürdigkeit oft am meisten."

Wir können unser Gewissen nicht davon überzeugen, dass wir schon in Ordnung sind. Schließlich ist es ja gerade unser Gewissen, das uns zu schaffen macht.

Die einzige Antwort, so Smedes, ist „das geistliche Erleben der Gnade. ... Mit der Erfahrung, dass wir angenommen werden, setzt die Heilung von dem Gefühl ein, nicht gut genug zu sein."[24]

Wenn ich angenommen werde, kann ich zulassen, dass mein *falsches* Ich, das sich gern vor anderen verbirgt oder Masken trägt, ans Licht kommt.

Ich kann mit meinem *gegenwärtigen* Ich – meiner Geschichte, meinen Entscheidungen, meinen Erfolgen und meiner Scham – zu Gott kommen und mich von ihm lieben lassen.

Ich kann zulassen, dass ich mich verändere und mein *wahres* Ich – das Ich, als das Gott mich geschaffen hat – entdecke.

Ich kann mir gar nicht mit so viel Selbstannahme begegnen, dass ich damit die Macht der Selbstablehnung überwinden würde. Wirklich frei bin ich nur dann, wenn ich von dem einen geliebt werde, der alles über mich weiß und mich trotzdem oder gerade deshalb liebt.

Der Apostel Johannes drückt das so aus: „Seht doch, wie sehr uns der Vater geliebt hat! Seine Liebe ist so groß, dass er uns seine Kinder nennt – und wir sind es wirklich! Als seine

Kinder sind wir Fremde für diese Welt, weil Gott für sie ein Fremder ist. Meine Lieben, wir sind also schon jetzt Kinder Gottes. Aber was das bedeutet, ist noch gar nicht in vollem Umfang sichtbar."[25]

Durch das Kreuz machten die Römer auf äußerste Weise deutlich, dass sie diesen Möchtegernmessias ablehnten. Und für Jesus war das Kreuz auch der Inbegriff der Ablehnung durch all diejenigen in der Menge, die schrien, man solle ihn kreuzigen.

Und wenn man einen Schritt zurücktritt, dann ist wohl das Kreuz das extremste Symbol der Ablehnung Gottes durch den Menschen.

Denn die Person in der Bibel, die mehr Ablehnung erfahren hat als alle anderen Menschen, ist nicht die Samariterin, sondern Jesus.

„Er wurde verachtet, von allen gemieden."[26] Er kennt den Schmerz der Ablehnung – Ihren und meinen. Am Kreuz finden unsere Ablehnung Gottes und Gottes Annahme unserer Person auf wundersame Weise zusammen.

Wollte man die große Geschichte der Bibel in wenigen Worten zusammenfassen, könnte man sagen: Gott erschafft Welt, Gott verliert Welt, Gott gewinnt Welt zurück.

Treffen Sie ihn am Brunnen.

Kapitel 12

# Houston, wir haben ein Problem

Wie Vertrautheit zerbricht und heilen kann

Jeder von uns teilt das Universum in zwei Hälften ...
Die eine heißt „ich", die andere „nicht ich".

William James: The Principles of Psychology

In einer Familie gibt es kein Verbrechen,
das nicht vergeben werden kann.

Pat Conroy: Die Herren der Insel

Eines Tages wurde unsere kleine Tochter sehr wütend. Sie kniff
ihre kleinen Äuglein zusammen, sah mich ausgesprochen wütend an und sagte: „Ich haue dich." Nancy und ich mussten
ihr erklären, dass wir so nicht mit Wut umgehen. Als sie das
nächste Mal wütend war, fletschte sie die Zähne und sagte: „Ich
beiße dich." Damals hatte sie erst drei Zähne und das Ganze
sah urkomisch aus. Wir konnten uns das Lachen nur mühsam
verkneifen, als wir ihr erklärten, dass wir auch eine Nicht-bei-
ßen-Regel hatten.

Danach ahmte sie mit der Hand eine Pistole nach, zeigte mit
dem Zeigefinger auf uns und sagte: „Ich erschieße euch – *peng,
peng*." Auch das war nicht drin. Daraufhin steigerte sie ihre

Drohung zu „Ich zerquetsche dich", wobei sie uns mit ihren kleinen Fingern zwickte.

Wir dachten, dass wir auch das aus ihrem Repertoire gestrichen hätten, bis sie eines Tages aus dem Zimmer ihres kleinen Bruders kam und erschrocken vor uns stehen blieb. Sie setzte ein schuldbewusst-engelhaftes Lächeln auf und meinte: „Wir zwicken auch das Baby nicht, oder?"

Das ist jetzt dreißig Jahre her, aber ich glaube, sie zwickt immer noch hin und wieder jemanden.

Wenn Schlagen, Beißen, Erschießen und Zwicken tabu sind, wie können wir dann verhindern, dass Konflikte die vertraute Beziehung zweier Menschen zerstören? Gibt es da eine Geheimwaffe? Ja, die gibt es. Und aus Sicht des Harvard-Psychiaters William Betcher sieht die folgendermaßen aus:

*Jean neigt dazu, andere herumzukommandieren. Diese Eigenschaft hat sie von ihrem Vater übernommen, Harold. Sie kann es einfach nicht lassen, anderen zu sagen, wie sie die Dinge zu tun haben. Wenn ihr Ex-Freund sie auf ihren Kommandoton ansprach, wurde sie defensiv und fing an zu diskutieren, obwohl sie eigentlich wusste, dass er recht hatte. Eines der ersten Dinge, die ihr in ihrer Beziehung mit John, mit dem sie jetzt verheiratet ist, auffiel, war, dass er mit der Situation ganz anders umging.*

*Sie kann sich noch genau daran erinnern, als sie ihm zum ersten Mal zu sagen versuchte, wie er etwas zu tun hatte. John half ihr beim Kochen… er schälte Karotten. Jean hatte beschlossen, dass er das völlig falsch machte, und fing an, ihm zu erklären, wie er es richtig machen sollte. John drehte sich zu ihr, lehnte sich an den Küchenschrank und sagte mit einem verschmitzten, wissenden Gesichtsausdruck: „Jawohl, Harold." Er sagte die Worte übertrieben betont und witzig. Jean hielt diesen fröhlichen Hinweis auf die Herkunft ihres Kommandotons für sehr lustig. Statt defensiv*

*zu werden, fing sie an, ihren Vater noch viel stärker nachzuah-*
*men. Sie sprach in seinem Tonfall und tat so, als würde sie ihn*
*über den Rand einer Brille anblicken, wie ihr Vater es oft tat. ...*
    *Seither weiß Jean, dass sie andere zu viel herumkommandiert,*
*wenn John „Jawohl, Harold" sagt. Aber diese Eigenart hat stark*
*nachgelassen, seit sie auf so harmlose Weise darauf angespro-*
*chen wird.*[1]

Johns Fähigkeit, Jean zu signalisieren, dass sich trotz eines
Konflikts nichts an der Vertrautheit zwischen ihnen ändern
soll, wird manchmal auch als „Wiederherstellungsversuch" bezeichnet. Genau wie bei alten Autos geht auch in einer Ehe
mal eine Dichtung kaputt oder es tropft ein bisschen Öl. Es
gibt immer wieder kleine Risse. Der Schlüssel zum richtigen
Umgang besteht nicht darin, „Risse" ganz zu vermeiden oder
schlicht die Probleme zu lösen, die uns zu schaffen machen.
Der Schlüssel zu einer gesunden Beziehung liegt in der richtigen *Kommunikation* über die Probleme.

Menschen, die in zerrütteten Beziehungen leben, stehen
manchmal vor der Frage, ob es überhaupt möglich ist, einen
ernsthaften Konflikt und gleichzeitig trotzdem eine innige Beziehung zu haben.

Ja, das ist es.


## Warum es zu Brüchen kommt

Das Gleiche, was einer innigen Freundschaft oder engen Fa-
milienbeziehungen im Weg stehen kann – nämlich die Tatsache, dass wir so unterschiedlich sind –, macht Vertrautheit
überhaupt erst möglich. Wir haben unterschiedliche Temperamente und verschiedene Werte. Wir haben unterschiedliche

Vorlieben, Abneigungen, Interessen, Begabungen. Wir haben einen unterschiedlichen Hintergrund, vielleicht auch verschiedene Geschlechter oder Volkszugehörigkeiten. Der eine kommt vielleicht aus einem kulturellen Umfeld, das aufgabenorientiert ist, Wert auf direkte Kommunikation und Individualismus legt, der andere ist beziehungsorientiert, legt Wert auf indirekte Kommunikation und Zusammengehörigkeit.

Bei all diesen Unterschieden ist man vielleicht immer wieder einmal versucht zu denken: *Ich könnte dich besser leiden, wenn du mehr wie ich wärst.* Aber oft sind es gerade die Unterschiede, die uns anziehen und „Wasser auf die Mühlen" einer großartigen – vertrauten – Beziehung sind.

Einer meiner Bekannten ist Therapeut. Er stellt Menschen mit Beziehungsproblemen gern folgende Frage: „Wenn Sie mal an alles denken, worüber man im Leben unterschiedlicher Meinung sein kann – von Politik, Vorlieben und Leidenschaften über Religion bis hin zu Finanzen, Erziehung, Sex oder Fernsehsendungen –, wie oft sind Sie – auf einer Skala von 0 bis 100 – verschiedener Meinung?" Er bittet jeden der Partner, nach bestem Wissen eine Zahl auf einen Zettel zu schreiben. Mein Bekannter erzählte mir, dass die Partner im schwierigsten Fall, den er je hatte, angaben, zu 80 Prozent unterschiedlicher Meinung zu sein. (Das Einzige, worin sie je einer Meinung waren, war in der Tat, wie oft sie *nicht* einer Meinung waren!)

Weil wir so unterschiedlich sind, sind Konflikte unausweichlich. Freundschaften und auch Ehen sind in der Anfangsphase oft weitgehend konfliktfrei. Aber früher oder später holt uns die Realität doch ein.

Es gab da mal einen jungen Mann, der es liebte, seiner zukünftigen Frau während der Zeit ihrer Freundschaft zu helfen und sie in allem zu unterstützen. Er trug ihre Bücher von der

Schule nach Hause. Als sie aufs College gingen, trug er ihre Schätze hinauf in ihre Studentenbude. Auf der Hochzeitsreise schleppte er das gesamte Gepäck. Als sie in ihre erste gemeinsame Wohnung zogen, trug er sie über die Türschwelle. Aber dann bekam er Rückenprobleme. Als sie ein halbes Jahr später sagte: „Ich würde dieses Sofa gern ins Wohnzimmer stellen", antwortete er: „Aber nicht jetzt. Warte damit, bis meine Lieblingssendung kommt, dann stehe ich auf und setze mich in den Sessel."

Das ist ein *Bruch*.

Zu einem Bruch kommt es, wenn das Gefühl der Verbundenheit in einer Beziehung zerbricht – so wie wenn eine elektrische Leitung unterbrochen wird. Jeder von uns weiß wahrscheinlich, wie sich so ein Bruch anfühlt:

- „Ich habe dir gegenüber eher negative als positive Gefühle."
- „In Gesprächen bin ich angespannt oder hitzig."
- „Ich schaue dich nicht so oft an."
- „Ich möchte dir nicht länger helfen, sondern dir manchmal wehtun."
- „Ich gebe dir keinen Vertrauensvorschuss, sondern verwende alles, was du tust oder sagst, gegen dich."

Menschen, die sich darauf verstehen, tiefe Beziehungen einzugehen und zu pflegen, können potenzielle Brüche erkennen, wie Seismologen, die Erderschütterungen messen. Wenn ich in Beziehungsdingen völlig ahnungslos bin, kann es sein, dass mein Gegenüber sich unbemerkt innerlich von mir entfremdet hat, und dann stecke ich in noch größeren Schwierigkeiten. Wenn ich andererseits hochsensibel bin und Mimik, Stimme und Handeln des anderen ständig auf die kleinsten Anzeichen einer Meinungsverschiedenheit hin untersuche, belaste ich die

Beziehung so sehr mit meinen Sorgen, dass ich mein Gegenüber ersticke.

Vertrautheit heißt nicht, dass meine Beziehung frei von Konflikten ist. Vertrautheit heißt auch nicht, dass es in meiner Beziehung keine Brüche gibt. In jeder Beziehung zerbricht von Zeit zu Zeit einmal etwas. Was danach passiert, bestimmt darüber, ob die Vertrautheit trotzdem bestehen bleibt.

## Beziehungen kitten

Mit „Wiederherstellungsversuch" ist „jede Aussage oder Handlung [gemeint] … die verhindert, dass das Negative außer Kontrolle gerät".[2] Der konkrete Versuch, die Beziehung wieder zu heilen, muss gar nicht dramatisch oder unterwürfig ausfallen. Er kann sogar albern sein. Zum Beispiel, wenn die Frau während eines Streits gespielt schmollend die Unterlippe vorschiebt, die Hände in die Hüften stemmt und mit dem Fuß auf den Boden stampft. Damit gibt sie ihrem Gegenüber zu verstehen: „Ich teile zwar nicht deine Meinung, aber *zwischen uns* ist noch alles in Ordnung, denn wir können immer noch zusammen lachen."

Sally stritt sich mit ihrem Chef, weil er zu den von ihr geleiteten Teambesprechungen immer zu spät kam. Sie war verärgert, weil die anderen Teilnehmenden warten mussten und er im Grunde ihre Zeit verschwendete. Ihr Chef schlug vor, sie solle zuerst die Dinge besprechen, bei denen er nicht dabei sein musste.

„Was glauben Sie denn, was ich die ganze Zeit gemacht habe?!", gab sie zurück.

Ihm wurde schnell klar, dass er einen Fehler gemacht hatte. Er wusste nicht, was in seiner Abteilung ablief, und hatte mit seinen Worten gewissermaßen Sallys Erfahrung und Weisheit infrage gestellt. Die Situation hätte in diesem Moment eskalieren können. Stattdessen tat er so, als hätte er eine Pistole in der Hand, hielt sie sich an den Kopf und drückte ab. Damit gab er Sally zu verstehen: „Tut mir leid. Ich hätte wissen müssen, dass Sie das tun." Sie lachten beide und waren dann bereit, gemeinsam an einer Lösung zu arbeiten.

Daran, wie schnell ein Paar sich bemüht, die Beziehung nach einem Bruch wiederherzustellen, kann man erkennen, wie gesund diese ist. Der absolute Rekord ist wahrscheinlich eine Notiz, die die Frau des Autors Charlie Shedd ihm nach einem Streit schrieb:

*Lieber Charlie,*
*ich hasse dich.*
*In Liebe, Martha*[3]

Eines der bemerkenswertesten und in psychologischer Hinsicht herausragenden Gebote im Alten Testament lautet: „Wenn du etwas gegen deinen Bruder oder deine Schwester hast, dann trage deinen Groll nicht mit dir herum. Rede offen mit ihnen darüber, sonst machst du dich schuldig."[4]

Das Gegenmittel für verborgenen Hass ist offene Wiederherstellung.

Ich kam einmal nach einem langen Sonntag nach Hause und setzte mich aufs Sofa. Nancy schlug vor: „Wir könnten uns zusammen einen Film schauen. Such doch mal einen aus."

„Gut", sagte ich, „aber ich brauch auch ein paar Vorschläge von dir, denn ich will, dass er uns beiden gefällt."

„Und ich will, dass du ihn aussuchst", antwortete sie.

Also suchte ich einen aus. Wir schauten ihn uns gemeinsam an. Er war großartig. Es war ein Klassiker. Als er zu Ende war, meinte Nancy: „Den habe ich vor Jahren schon mal gesehen – und er ist tatsächlich so schlecht, wie ich ihn in Erinnerung hatte."

Das machte mich ziemlich wütend.

Als ich am nächsten Morgen wach wurde, war ich immer noch sauer. Also sprach ich Nancy darauf an.

Es lagen zwölf Stunden zwischen dem Zeitpunkt, als das Problem auftrat, und dem Zeitpunkt, als wir darüber sprachen – zwischen Bruch und Wiederherstellung. Sie wissen ja inzwischen, dass meine Vorfahren aus Skandinavien kommen und ich die Gabe des Schmollens habe (was für die eigene Gesundheit unglaublich förderlich ist). Zwölf Stunden sind für mich also emotionale Lichtgeschwindigkeit.

Es geht um Folgendes: Ich wollte das Thema gar nicht ansprechen, weil es irgendwie peinlich war. Ich war mir nicht sicher, ob ich vielleicht zu empfindlich war. Und es war auch nur eine Kleinigkeit – ungefähr eine 2 auf einer Wichtigkeitsskala, die von 0 bis 10 reicht. Keine große Sache. Aber wenn man nicht aufpasst, summieren sich all diese Kleinigkeiten mit der Zeit auf, und bevor man sich's versieht, steckt man in fetten Beziehungsproblemen.

Wenn eine Ehe zerbricht, geht man oft mit Hass im Herzen auseinander. Manche Menschen, die ihre Ehe beenden, sagen nicht nur: „Ich liebe dich nicht mehr", sie sagen: „Ich glaube, ich habe dich *nie* geliebt." Und noch schlimmer ist, dass sie oft gar nicht wissen, wie es dazu kommen konnte.

Es ist nicht versehentlich passiert. Der Grund waren tausend kleine Brüche, die nie gekittet wurden. Tausend wichtige Gespräche, die nie geführt wurden. Tausend Dinge, die auf der Wichtigkeitsskala nur eine 1 oder eine 2 waren und unter den Teppich gekehrt wurden.

*Das ist es nicht wert, darüber zu streiten.*

*Ich weiß ohnehin schon, was er/sie sagen wird.*
*Das ist den Aufwand nicht wert.*
Und ehe man sich's versieht, werden aus all den Einsen und Zweien Vieren und Fünfen – und dann Neunen und Zehnen –, und die Liebe ist weg.

Liebe verschwindet nicht plötzlich auf mysteriöse Weise, aber sie kann sich unbemerkt davonmachen, wenn man als Ehepaar nicht immer wieder darum kämpft.

Einige einfache Symbole helfen mir dabei, eine Beziehung nach einem Bruch wiederherzustellen. Darüber hinaus verhindern sie, dass ich noch mehr Schaden anrichte.

**Stopp**

Das erste Symbol ist ein *Stoppschild*. Immer wenn ich spüre, dass die Gefühle in mir hochkochen und mein Blutdruck steigt, wird es Zeit, innerlich einen Gang runterzuschalten. Und das geht folgendermaßen: Ihre Faust stellt Ihr Gehirn dar. Sie ist das Großhirn, der denkende Teil Ihres Gehirns, die Vernunft, mit der man mathematische Aufgaben löst, Französisch lernt und herausfindet, wie man sich auf Netflix einen Film anschaut (also gewissermaßen der Einstein in uns). Der Daumen steht für das, was man das *reagierende* Gehirn nennen könnte – der instinktive Teil, der auf Notfälle reagiert (der Hulk in uns).

Wenn wir ruhig sind, erledigt die Großhirnrinde die meiste Arbeit. Aber wenn die Wut hochkocht, schalten wir zu unserem reagierenden Gehirn um. Man könnte es auch das „Spatzenhirn" nennen, denn ein Vogelhirn hat nur ein relativ kleines Großhirn und ein im Vergleich dazu großes reagierendes Gehirn. Und wie sich zeigt, denken Vögel nicht viel nach. Sie sind keine guten Problemlöser. Das Vogelhirn ist ausschließlich zum Selbstschutz da. Es kann nur kämpfen oder fliehen.

Gott hat uns Menschen diesen Teil des Gehirns für Notfälle gegeben – allerdings können wir keine konstruktiven Gespräche führen, wenn wir mit unserem Spatzenhirn denken, ganz gleich, wie intelligent wir sonst sind.

Mit meinem Spatzenhirn sage ich Dinge, die ich sonst niemals sagen würde. Im Spatzenhirnmodus bin ich Jack Nicholson, der in seiner Rolle als Colonel Jessup in *Eine Frage der Ehre* im Zeugenstand ausrastet. Ich werde so wütend, dass ich genau das sage, was mich ins Gefängnis bringen wird. Aber in diesem Augenblick will ich nur sehen, dass sich dieser erbärmliche Tom Cruise vor mir windet.

Lodernder Zorn führt zu dem, was man auch den Jim-Carrey-Effekt nennen könnte: Je wütender ich werde, desto dumm und dümmer benehme ich mich. Hier bietet sich mir nur eine einzige Lösung: Ich muss innehalten und etwas tun, bei dem mein Adrenalinspiegel langsam sinkt.

Im Rahmen einer der ersten Studien zum Thema „Wut" (sie stammt aus dem Jahr 1899) erzählte ein 23-jähriger Mann Folgendes:

*Ich war ungefähr 13, als ich einmal einen Wutanfall hatte. Ich rannte aus dem Haus und schwor mir, nie wieder zurückzukehren. Es war ein wunderschöner Sommertag, und ich ging lange Zeit schöne Alleen entlang, bis die Stille und die Schönheit mich langsam beruhigten. Nach einigen Stunden kehrte ich reumütig, ja beinahe weichherzig zurück. Seither mache ich das, wenn möglich, jedes Mal, wenn ich wütend bin. Für mich ist es das beste Heilmittel.*[5]

Sich zurückzuziehen und Zeit allein zu verbringen, bis man sich beruhigt hat, ist immer noch eines der besten Mittel zur Wutbewältigung. Allerdings hat Daniel Goleman auch die Feststellung gemacht: „Bei vielen Männern bedeutet das, dass sie mit dem Auto wegfahren. Diese Erkenntnis sollte einem zu denken geben, wenn man als Partner gerade mit im Auto sitzt."[6] Im Jakobusbrief heißt es deshalb auch treffend: „Denkt daran, liebe Brüder und Schwestern: Seid sofort bereit, jemandem zuzuhören; aber überlegt genau, bevor ihr selbst redet. Und hütet euch vor unbeherrschtem Zorn!"[7]

## Fragen

Das zweite Symbol ist ein *Fragezeichen*. Nachdem ich lange genug innegehalten habe, um von meinem Spatzenhirn wieder auf das Großhirn umzuschalten, stelle ich mir zwei Fragen: „Warum bin ich wütend?" und: „Worum geht es mir wirklich?"

Es ist wichtig zu wissen, *warum* man wütend ist, weil Wut meist eine Folgereaktion ist, die ihre Wurzeln in vorausgegangenen Erfahrungen hat. Sie ist oft die Folge davon, dass man verletzt oder enttäuscht wurde oder Angst hatte. Wenn ich also mit meiner Wut konstruktiv umgehen will, muss ich erst einmal einen Schritt zurücktreten und mich selbst fragen, was genau dahintersteckt. Sonst setze ich mich nur mit dem oberflächlichen Gefühl auseinander, aber nicht mit der eigentlichen Ursache.

Wie sehen diese Wurzeln aus?

Wenn Sie sich mit einem Mann verabreden wollen, den Sie attraktiv finden, doch dieser entgegnet nur: „Ich will nicht mit dir ausgehen, weil ich dich nicht attraktiv finde", dann ist die Wurzel Ihrer Wut wahrscheinlich eine *Verletzung*.

Wenn Sie im Stau stecken, aber zu einem Termin wollen, der Ihnen sehr wichtig ist – das Vorstellungsgespräch zu Ihrem Traumjob, eine Verabredung mit Ihrem Seelenverwandten oder der Gottesdienst mit Ihrem Lieblingsprediger –, Sie einen Platten haben, die Polizei Sie wegen einer Fahrzeugkontrolle anhält und dann noch Ihre Mutter anruft und fragt, wie sie sich auf Netflix einen Film anschauen kann, meinen Sie vielleicht, Sie seien wütend, aber hinter Ihrer Wut verbirgt sich in Wahrheit *Enttäuschung*.

Es ist stockfinster, und plötzlich hören Sie von unten ein lautes Rumsen, als wäre gerade jemand mit einem Brecheisen in Ihr Haus eingebrochen, und Ihre Frau sagt, Sie sollen mal nachsehen, denn schließlich sind Sie ja „der Mann im Haus" – und außerdem hat sie sich schon abgeschminkt –, dann denken Sie vielleicht, Sie seien wütend, aber unterschwellig haben Sie es mit *Angst* zu tun.

Wenn Sie wissen, welche Gefühle sich in Wirklichkeit hinter Ihrer Wut verbergen, haben Sie den Schlüssel zur richtigen Reaktion schon gefunden.

Die zweite Frage – „Worum geht es mir wirklich?" – hilft uns, von unserem Spatzenhirn wieder in unser Großhirn umzuschalten. Wenn die Emotionen hochkochen, konzentriere ich mich nur noch darauf, wie ich die Diskussion gewinnen kann – oder schlimmer noch: wie ich dem anderen wehtun kann. Ich vergesse, mich selbst zu fragen: „Was ist das eigentliche Ziel, und wie kann ich es erreichen, sodass unsere Beziehung sich vertieft und nicht zerstört wird?"

Als Tim Keller die *Redeemer Presbyterian Church* in New York gründete, war ihm bewusst, dass er in den ersten drei Jahren übermäßig viel würde arbeiten müssen. Er versprach seiner Frau Kathy, dass er danach wieder kürzertreten würde. Aber als die drei Jahre vorüber waren, trat er nicht kürzer. Auch als Kathy ihn an sein Versprechen erinnerte, arbeitete er weiter so viel wie bisher.

„Nur noch ein paar Monate", hielt er sie immer wieder hin. Doch die Monate verstrichen und Kathy kam schließlich an ihre Grenzen.

*Eines Tages kam ich von der Arbeit nach Hause ... und be-merkte, dass die Balkontür unserer Wohnung offen stand. Als ich meine Jacke auszog, vernahm ich vom Balkon ein klirrendes Geräusch. Wenige Sekunden später hörte ich es wieder. Ich ging auf den Balkon und zu meiner Überraschung saß Kathy dort auf dem Boden. Sie hatte einen Hammer in der Hand und neben sich einen Stapel von unserem guten Hochzeitsgeschirr. Vor ihr lagen die Scherben zweier Unterteller.*

*„Was machst du denn da?", wollte ich wissen.*

*Sie sah auf. „Du hörst mir nicht zu. Du merkst gar nicht, dass du unsere Familie zerstörst, wenn du weiter so viel arbeitest. Ich weiß nicht, wie ich mir bei dir Gehör verschaffen soll. Du merkst überhaupt nicht, wie ernst es ist. Stattdessen machst du das hier."*

*Bei diesen Worten schlug sie mit dem Hammer auf den dritten Unterteller und er zerschmetterte.*[8]

Wenn Propheten die Menschen zur Zeit des Alten Testaments dazu aufforderten, ihr Verhalten zu ändern und sich Gott wie-der zuzuwenden, aber mit Worten allein nicht zu ihnen durch-drangen, griffen sie oft zu drastischen Mitteln: Sie hielten ein Bleilot in der Hand, heirateten Prostituierte und wechselten ihre Unterwäsche nicht. Eben Performance.

Offensichtlich war Kathy Keller auch eine Prophetin – und jetzt hatte sie die ungeteilte Aufmerksamkeit ihres Mannes. Tim schreibt weiter: „Ich setzte mich zitternd hin. Ich dachte, sie sei durchgedreht. ,Ich hör dir ja zu. Ich hör dir ja zu', sagte ich."[9]

Sie sprachen über alles und Tim erzählt in seinem Buch: „Ihre Argumente waren die gleichen wie schon seit Mona-ten, aber ich erkannte, dass ich mir etwas vorgemacht hatte. Es würde niemals der richtige Zeitpunkt kommen, um kürzerzu-treten. ... Ich musste etwas unternehmen."[10]

Als er ihr endlich zuhörte und verstand, was seine Frau wollte, entschuldigte er sich. Aber noch wichtiger war, dass er sein Verhalten änderte.

Nachdem sich die Lage etwas beruhigt hatte, fragte Tim Kathy, was sie veranlasst hatte, so auszurasten, dass sie das gute Porzellan opferte, das sie so liebte.

*„Als ich den Balkon betrat, dachte ich, du hättest einen Nervenzusammenbruch. Wie hast du dich so schnell wieder unter Kontrolle bekommen?"*

*Grinsend antwortete sie: „Ich hatte keinen Nervenzusammenbruch. Siehst du die drei Unterteller, die ich zertrümmert habe?"*
*Ich nickte. „Dafür gibt es keine passenden Tassen mehr. Sie sind im Laufe der Zeit irgendwann zerbrochen. Im Grunde hatte ich also drei Unterteller zu viel. Ich bin froh, dass du dich zu mir gesetzt hast, bevor ich noch mehr zerschmettern musste!"*[11]

Ich will damit nicht sagen, dass man Geschirr zerschlagen sollte, um mit dem Partner ins Gespräch zu kommen, aber dennoch *sollte* man sich fragen: Gibt es irgendein Gespräch, das ich führen sollte – mit dem Ehepartner, einem Freund oder Angehörigen –, dem ich aber ausweiche? Was wollen Sie wirklich? Und was ist mit der anderen Person? Welche Erwartungen hat er oder sie an diese Beziehung und an Sie?

Wenn wir merken, dass jemand enttäuscht ist, weichen wir diesen Fragen oft aus. Wir hoffen, dass das Problem sich irgendwie von allein löst. Aber Wut, die ihre Wurzeln in der Enttäuschung hat, verschwindet normalerweise nicht von selbst. Man muss sich damit auseinandersetzen. Und noch ein guter Rat: Warten Sie nicht, bis Sie das Scheppern des Geschirrs hören.

## Gefahr

Das dritte Symbol ist das *Gefahrenzeichen*. Dieses Zeichen warnt davor, dass man einen Gefahrenbereich betritt. Hier muss man vorsichtig sein. Das gilt ganz besonders bei der Frage, wie man kritische Themen anspricht.

Wenn jemand eine Rede oder einen Vortrag hält, investiert er mehr Zeit und Energie in die Einleitung als in jeden anderen Teil. Er weiß, dass diese von zentraler Bedeutung ist und die Grundlage für den Rest des Vortrags bildet. Die Zuhörer erinnern sich sogar oft länger an die Einleitung als an das, was danach folgt.

Wenn es allerdings um Konflikte geht, machen wir uns zu oft *am allerwenigsten* Gedanken darüber, wie wir das Gespräch beginnen könnten. Wir warten, bis wir innerlich überkochen, fangen dann mit einem verbalen Messerstich oder einem linken Haken an, und die gesamte Unterhaltung kippt.

„Warum bist du *nie* pünktlich?"

„Willst du etwa den ganzen Tag fernsehen?"

„Offensichtlich haben Sie nicht das neue Deckblatt für Ihren Bericht verwendet. Haben Sie überhaupt das Memo *gelesen*?"[12]

„Du bist *genau* wie deine Mutter."

Es ist wichtig, dass man ein offenes Ohr für den anderen hat und darauf achtet, ob das Gegenüber gerade versucht, ein kritisches Thema anzusprechen. Und natürlich ist es genauso wichtig, dass man darauf achtet, wie man selbst dieses Gespräch initiiert. Auf diese Weise bauen wir nicht nur von Beginn an die emotionale Spannung ab. Die richtigen Worte im richtigen Tonfall senken auch den Stresslevel der beteiligten Personen. Auf diese Weise fangen unsere Herzen nicht gleich an zu rasen und wir fühlen uns nicht überwältigt und „überfahren". Wir haben dann eher die Chance, tatsächlich *nachzudenken*, bevor wir etwas sagen.

283

Warum ist das wichtig?

Eine Studie hat ergeben, dass man in 96 Prozent der Fälle den Ausgang eines Gesprächs vorhersehen kann, und zwar basierend allein auf dem Verlauf der ersten drei Minuten.[13]

Mit anderen Worten: Ein Konflikt endet meist so, wie er angefangen hat.

Die Bibel bestätigt uns das: „Eine sanfte Antwort wendet Grimm ab."[14] „Sanft" bedeutet in diesem Kontext nicht vage, ausweichend, beschwichtigend oder schwach. Es bedeutet, dass ich mir meiner Körperhaltung, meiner Mimik und meiner Stimme bewusst bin, damit meine Reaktion auf das Gesagte die Kommunikation *fördert* und nicht erschwert. Es bedeutet, dass ich einen Tonfall wähle und auch beibehalte, der dem anderen deutlich macht, dass ich die Beziehung *vertiefen* und nicht zerstören will.

Wenn wir defensiv, kritisch und mit Beschuldigungen anfangen, wird das Gespräch wahrscheinlich auch so enden. Wenn wir gnädig, mutig und ehrlich in das Gespräch einsteigen, wird es wahrscheinlich auch so enden.

Das Ende steckt bereits im Anfang.

**Nachgeben**

Das letzte Symbol ist das *Vorfahrt-gewähren-Schild*. In einer gesunden Beziehung bedeutet „nachgeben" nicht, so zu tun, als teile man die Meinung des anderen, auch wenn das nicht der Fall ist. „Nachgeben" bedeutet auch nicht, dass man immer nachgibt und der andere sich ständig durchsetzt. Es bedeutet, dass wir vom Gas gehen, um aufmerksam darauf zu achten, wie der andere dieses Gespräch empfindet und was ihn oder sie bewegt.

Keith und Hope streiten sich zum Beispiel über Sex. Sie haben unterschiedliche Bedürfnisse und zwei kleine Jungs. Hope sagt: „Keith, ich habe das Gefühl, dass du mir ständig auf der

Pelle hängst, damit wir gleich loslegen können, falls ich auch mal Lust habe."

Sofort platzt es aus Keith heraus: „Ich habe ja auch das Gefühl, dass ich das tun muss, weil die Gelegenheiten so selten sind. Ich habe Angst, dass ich meine Chance verpasse, wenn ich dich nicht ständig beobachte. Gestern Abend zum Beispiel … da habe ich dich gefragt und du hast Nein gesagt!"

„Ich habe dir doch gesagt, dass ich Kopfschmerzen hatte!" Ihr platzt jetzt ebenfalls der Kragen.

„Du redest doch immer davon, dass Frauen multitaskingfähig sind", kontert er. „Kannst du nicht gleichzeitig Kopfschmerzen und Sex haben?"

Die Person mit den geringeren Bedürfnissen ist in einer Beziehung immer im Vorteil. Ganz gleich, ob es hier um das Bedürfnis nach sexueller Intimität, liebevollen Worten oder gemeinsamer Zeit geht: Es besteht ein umgekehrtes Verhältnis zwischen Liebe einerseits und Macht andererseits.

Betrachten wir dieses Gespräch mal aus einem anderen Blickwinkel.

Keith versteht einerseits, dass seine Frau sich aufgrund der Belastung durch die Kinder gerade in einer sehr anstrengenden Phase ihres Lebens befindet. Andererseits möchte er aber auch, dass sie versteht, wie verletzlich er sich in diesem Konflikt fühlt.

Keith versucht daher zunächst, seine Enttäuschung unter Kontrolle zu bekommen. Er erklärt Hope: „Wenn wir im Bett liegen, und ich berühre dich, aber du reagierst nicht, dann fühle ich mich einsam und ungewollt."

Hope wird sanfter. Das war ihr nicht bewusst gewesen. Keith hatte es ihr nie erzählt. Als Keith ihr von seinem Schmerz erzählt, berührt das ihr Herz auf eine Weise, wie er es durch Drängen und Wut niemals geschafft hätte.

Stopp. Fragen. Vorsichtig sein. Nachgeben. Wer diese Warnschilder ignoriert, wird einen Unfall bauen.

## Üben Sie sich in Dankbarkeit und nicht in Ärger

Der Apostel Paulus schrieb in einem seiner Briefe: „Ich danke meinem Gott immer wieder, wenn ich an euch denke, und das tue ich in jedem meiner Gebete mit großer Freude."[15] Wenn unsere Beziehung zum anderen allerdings gerade sehr angespannt ist, könnte unser Brief ganz anders klingen als der des Apostels: „Ich beklage mich bei Gott immer wieder, wenn ich an dich denke. In jedem meiner Gebete bitte ich wieder und wieder: ‚Gott, warum kannst du sie nicht verändern?' oder: ‚Warum können die Menschen in meinem Leben nicht normal sein?'"

Der Stand-up-Comedian George Carlin hatte eine Nummer, in der er zwei Arten von Autofahrern darstellte: die *Irren* (alle, die schneller fahren als er selbst) und die *Idioten* (alle, die langsamer fahren als er selbst). Wenn die eigene Beziehung angespannt ist, beginnt man, den anderen so zu sehen wie Carlin die Autofahrer.

Der Harvard-Wissenschaftler Shawn Achor unterhielt sich einmal mit einem Steuerprüfer, der unter Depressionen litt. Als sie über mögliche Gründe für seine Erkrankung sprachen, erzählte der Steuerprüfer ihm, dass er einmal auf der Arbeit eine Excelliste erstellt hatte, in der er alles notierte, was seine Frau in den vorangegangenen sechs Wochen verkehrt gemacht hatte.[16] (Nein, das habe ich mir jetzt nicht ausgedacht!) Ich kann mir lebhaft vorstellen, wie seine Frau (inzwischen wahrscheinlich seine Ex-Frau) reagiert hat, als sie herausfand, dass ihr Mann bei ihr keine Wirtschaftsprüfung, sondern eine „Fehlerprüfung" vorgenommen hatte.

Auf Ihrem Rechner gibt es vermutlich keine Excelliste mit all den Fehlern Ihrer Mitmenschen, aber in Ihrem Kopf schon, oder? *Ich kenne jeden Fehler, den du je gemacht hast, und werde ihn auch nicht vergessen. Und ich beklage mich bei Gott darüber, jedes Mal, wenn ich daran denke.*

In seinem Brief an die Gemeinde in Korinth stellte Paulus eine bemerkenswerte Behauptung auf: „Die Liebe… trägt das Böse nicht nach."[17] Nein, die Liebe stellt keine Liste auf und geht sie auch nicht in Gedanken immer wieder durch. Sie bauscht die Fehler nicht auf. Sie versucht auch nicht, sich ständig wieder daran zu erinnern und sie dem anderen vorzuwerfen. Paulus tat sogar das genaue Gegenteil: Er führte eine Dankbarkeitsliste – er orientierte sich „an dem, was wahrhaftig, vorbildlich und gerecht, was redlich und liebenswert ist und einen guten Ruf hat".[18]

Stellen Sie sich einmal vor, wie Ihr Ehepartner darauf reagieren wird!

## Kraftvolle Worte

In seinem Buch *Founding Brothers,* für das der Autor einen Pulitzerpreis erhielt, berichtet Joseph Ellis von einer der großartigsten Freundschaften in der amerikanischen Geschichte. Einer Freundschaft zwischen zwei grundverschiedenen Persönlichkeiten: Thomas Jefferson und John Adams.

*Adams, der kleine, gedrungene, übertrieben offenherzige Mann aus Neuengland; Jefferson, der hochgewachsene, schlanke, Fragen geschickt ausweichende Mann aus Virginia. Adams, der schnell Explodierende, ständig Streitlustige, der wie ein Maschinengewehr redete und dessen liebste Unterhaltungen Streitgespräche*

*waren; Jefferson, der immer Kühle und Selbstbeherrschte, für*
*den Debatten und Streitgespräche eine Verletzung der natür-*
*lichen Harmonien waren, die er in seinen eigenen Gedanken*
*empfand. ... Sie waren das seltsamste Freundespaar zur Zeit der*
*Amerikanischen Revolution.*[19]

Zwei Jahrzehnte lang waren sie einander in großer Zuneigung
verbunden. Adams' Frau Abigail sagte sogar einmal, dass Jefferson der einzige Mann sei, dem ihr Mann wirklich vertraute.
Als Jeffersons Frau starb, stand Adams ihm zur Seite.

Dann führten politische Differenzen und Rivalitäten zu
einem Bruch. Als Präsident Adams sich um eine zweite Amts-
periode bewarb, trat Jefferson gegen ihn an und gewann. Er
hatte einen Journalisten dafür bezahlt, Adams Ruf Schaden
zuzufügen. Abigail sprach für ihren Mann, als sie Jefferson
schrieb, dass seine Taten „meine tiefste Verachtung und Verab-
scheuung finden, denn es war übelste Verleumdung und nie-
derträchtigste Falschheit".

Mehr als ein Jahrzehnt lang wechselten Jefferson und Adams
kein Wort miteinander. Doch als alte Männer fanden sie dank
eines gemeinsamen Freundes wieder zueinander. Sie starben
beide am gleichen Tag – am 4. Juli 1826 –, auf den Tag genau
fünfzig Jahre nach der Unterzeichnung der Unabhängigkeits-
erklärung. Adams' letzte Worte waren: „Thomas Jefferson lebt
weiter."[20]

Es gibt wahrscheinlich keinen Satz in jeder Sprache dieser
Welt, der so viel Kraft hat wie „Es tut mir leid, bitte vergib mir".

*Lieber Tom,*
*ich vergebe dir.*
*In Liebe,*
*John*

# Abwenden, dagegenwenden, hinwenden

Lewis Smedes schreibt in seinem Buch *Vergeben und Vergessen*:

*Es gibt da eine sehr alte Geschichte von einem Schneider, der nach seinen Gebeten aus der Synagoge kommt und den Rabbi trifft.*
*„Nun, Lev Ashram, was hast du denn in der Synagoge gemacht?", fragt der Rabbi.*
*„Ich habe meine Gebete gesprochen, Rabbi."*
*„Gut. Und hast du auch deine Sünden bekannt?"*
*„Ja, Rabbi, ich habe meine kleinen Sünden bekannt."*
*„Deine kleinen Sünden?"*
*„Ja, ich habe bekannt, dass ich den Stoff manchmal ein bisschen zu kurz schneide, dass ich bei einem Meter Wollstoff um ein paar Zentimeter schummle."*
*„Das hast du zu Gott gesagt, Lev Ashram?"*
*„Ja, Rabbi, und noch mehr. Ich habe gesagt: ‚Herr, ich betrüge bei einem Stück Stoff; du lässt kleine Kinder sterben. Aber ich schlage dir ein Geschäft vor: Wenn du mir meine kleinen Sünden vergibst, vergebe ich dir deine großen.'"*[21]

Mit Gott zu verhandeln oder ihm unsere Vergebung anzubieten, ist natürlich nicht der richtige Weg. Die Verfasser der Bibel versichern uns immer wieder: „Gott ist Licht. In ihm gibt es keine Finsternis."[22] Und trotzdem leben wir oft mit dem, was Philip Yancey „Enttäuscht von Gott" nennt, und das beeinträchtigt und zerstört unsere Beziehung zu ihm.[23]

Vorträge, Bücher und Blogs, in denen sich Menschen mit dem (richtigen) Umgang mit Enttäuschungen befassen, sind sehr populär. Selbst die Bibel enthält viele solcher Aussagen, und wir sollten sie ehrlich lesen.

289

Selbst Menschen, die nicht an Gott glauben, quälen sich mit der Frage, warum das Leben so voller Schmerzen ist. C. S. Lewis schrieb über seine Jugend, als er noch Atheist war: „Ich lebte zu dieser Zeit… in einem Wirbel von Widersprüchen. Ich vertrat die Auffassung, Gott existiere nicht. Gleichzeitig war ich sehr zornig auf Gott, weil er nicht existierte."[24] Manchmal frage ich mich, ob auf Gottes Nachttisch ein Buch mit dem Titel *Enttäuscht von den Menschen* liegt. Wäre ja auch vielleicht ein passender Untertitel für die Bibel.

Manchmal bekommen wir in der Bibel eine kleine Ahnung davon, dass dieser Gedanke gar nicht so abwegig ist:

*Der Herr sah, dass die Menschen voller Bosheit waren. … Der Herr war tieftraurig darüber und wünschte, er hätte die Menschen nie erschaffen.*[25]

Und hier ein noch traurigerer Gedanke aus einem Buch, das auch in der göttlichen Bibliothek stehen könnte: *Enttäuscht von John Ortberg.* Aber wenn ich gemein zu einem meiner Kinder bin, arrogant gegenüber meinen Kollegen, hartherzig gegenüber den Armen, wenn ich meiner Frau etwas vormache oder diejenigen ablehne, die anders sind als ich – wie könnte Gott da *nicht* enttäuscht sein?

Jedes Mal, wenn ich mich auf eine Art und Weise verhalte, die seinen Absichten für mein Leben und für diese Welt zuwiderläuft, mache ich Gott deutlich: Ich brauche dich nicht. Ich weise ihn zurück und ernenne mich an seiner Stelle zum Gott. Bei jeder Sünde geht ein Riss durch das kosmische *Schalom.*

Wenn eine Beziehung zu zerbrechen droht, haben beide Seiten drei Möglichkeiten: Sie können sich abwenden, sich dagegenwenden oder sich zueinander hinwenden. Sich zueinander hinwenden bedeutet, dass man sich darum bemüht, die Beziehung wiederherzustellen und sich zu versöhnen, auch wenn es nicht einfach ist.

Als unsere Beziehung zu Gott im Garten Eden zerbrach, beschloss Gott, sich zu den Menschen *hinzuwenden* und sich um Wiederherstellung zu bemühen. In seinem Fall beinhaltete dieses Hinwenden, dass Gott in Jesus auf diese Welt kam. Es ist fast, als hätte Gott angefangen, ein neues Buch zu schreiben – „Am Anfang war das Wort". Ein Buch voller Geschichten von Menschen, die dachten, sie seien eine große Enttäuschung für Gott (nur um dann festzustellen, dass Jesus ganz verrückt nach ihnen war), und ein paar Geschichten von Menschen, die sich sicher waren, dass Gott verrückt nach ihnen war (und die dann von Jesus enttäuscht waren).

Die Geschichte fängt in einer Futterkrippe an und scheint an einem Kreuz zu enden. Jesus fängt an, unsere Enttäuschungen über Gott zu heilen, indem er diese Erfahrung mit uns teilt: „Mein Gott, mein Gott, warum hast du mich verlassen?"[26] Das nächste Kapitel beginnt mit einem leeren Grab und der Rest der Geschichte wird noch geschrieben.

Gott hat sich von Anfang an zu uns hingewandt. Die Frage ist, in welche Richtung *wir* uns bewegen.

Kapitel 13

# Wer weint um Sie, wenn Sie sterben?

Darum geht es bei Vertrautheit

Für kurze Zeit sind wir auf der Erde, damit wir lernen,
die Strahlen der Liebe zu tragen.

William Blake: The Little Black Boy

Patrick Morley erzählt in einem seiner Bücher davon, dass ihn das Gefühl, im Leben etwas falsch zu machen, einfach nicht losließ.[1] Als er zunehmend erfolgreicher wurde, wurde er von den Menschen hofiert, die ihn vorher ignoriert hatten. Man lud ihn ein, sich Organisationen anzuschließen, auf Veranstaltungen zu sprechen und wichtige Leute kennenzulernen. Fast alle Angebote versprachen, für ihn in finanzieller Hinsicht einträglich zu sein – aber gleichzeitig musste er entscheiden, worin er seine Zeit wirklich investieren wollte. Die Menschen nahmen jetzt seine Zeit in Anspruch, weil er ihnen etwas zu geben hatte.

Er fühlte sich in gewisser Weise mit diesen Menschen verbunden, weil so viele ein Stückchen von ihm haben wollten. Aber es waren oberflächliche Beziehungen, die nur auf seiner Nützlichkeit basierten, und keine Freundschaften von Bedeutung, mit echter Vertrautheit.

Gleichzeitig hatten die Menschen, die ihn am meisten brauchten – vor allem seine Kinder – am wenigsten von ihm.

Eine Zeit lang war er der Auffassung, dass die Quantität seiner Beziehungen auch für die Qualität seines Beziehungslebens sprach.

„Wir haben's endlich geschafft!", sagte er eines Tages zu seiner Frau.

„Ja, aber nicht das, was wir wollten", erwiderte sie.[2]

Da kam ihm ein Gedanke: „‚Wie wäre es, wenn wir den Menschen Priorität einräumen, die auch tatsächlich um uns weinen würden, wenn wir sterben?' … Warum sollten Sie und ich uns an Menschen verschenken, die uns nicht lieben, und das auf Kosten derer, *die* uns lieben?"[3]

In seinem Buch *The Entrepreneur Roller Coaster* erwähnt Darren Hardy einen Artikel im Nachrichtenmagazin *Newsweek*, in dem es um Beerdigungen ging. Dort hieß es, dass bei einer Beerdigung im Durchschnitt nur zehn Menschen um den Verstorbenen weinen. Hardy schreibt: „Ich war am Boden zerstört. … Hieß das etwa, dass ich mein ganzes Leben lang hart arbeiten kann, versuchen kann, Gutes zu tun und es anderen recht zu machen, und am Ende bin ich doch nur zehn Menschen so wichtig, dass sie mir nachtrauern?"[4]

Im gleichen Artikel hieß es, so Hardy, dass der ausschlaggebende Faktor dafür, ob jemand zu Ihrer Beerdigung geht oder nicht – jetzt kommt's –, *das Wetter* ist! Wenn es regnet, beschließt die Hälfte der Leute, dass sie was Besseres vorhaben. Diese Erkenntnis, schreibt Hardy, „veranlasste mich, mir nicht länger Gedanken darüber zu machen, was andere über mich denken".[5]

Auch Herodes machte sich Gedanken darüber, wer wohl bei seiner Beerdigung um ihn weinen würde. Wie kein anderer vor ihm ließ er Paläste und Amphitheater bauen und so war er der mächtigste Herrscher Palästinas im 1. Jahrhundert vor Christus. Aber auf Beziehungen verstand er sich weniger gut. Er hatte zehn Frauen, doch die einzige, die er wirklich liebte, verdächtigte er, es auf seinen Thron abgesehen zu haben, woraufhin er sie töten ließ. Das gleiche Schicksal ereilte auch ihre Mutter. Und drei seiner eigenen Söhne. Er wollte, dass man sich an ihn erinnerte, deshalb gab er seinen Kindern Namen wie Herodes Archelaos, Herodes Antipas und Herodes Philippos – so ähnlich wie der Boxer George Foreman, der seine Söhne George jr., George III, George IV, George V und George VI nannte.

Doch als Herodes im Sterben lag, erkannte er, dass *niemand* um ihn weinen würde. Dem Historiker Josephus zufolge befahl Herodes, „dass alle führenden Männer der Juden… zu ihm kommen sollten"; dann hielt er sie im Hippodrom von Jericho gefangen.[6] Herodes hinterließ seiner Schwester und seinem Schwager die Anweisung, dass diese wichtigen Männer am Tag seines Todes hingerichtet werden sollten, um sicherzustellen, dass bei seiner Beerdigung geweint würde.

**Werden sie weinen?**

Wer wird also bei meiner Beerdigung *nicht* um mich weinen:

- meine Kritiker;
- Menschen, die mir schreiben, um mich um einen Gefallen zu bitten, von denen ich aber sonst nie etwas höre;
- Menschen, um deren Annahme ich ringe, die sie mir aber immer verweigern;
- reiche Menschen, von denen ich denke, dass sie mir vielleicht etwas geben, wenn ich sie näher kennenlerne (was aber bisher nicht geschehen ist);

- erfolgreiche Menschen, bei denen ich hoffe, dass ihr Erfolg auf mich abfärbt, wenn ich mehr Zeit mit ihnen verbringe;
- Menschen, die mich oft treffen, sich aber meinen Namen nicht merken können;
- Menschen, von denen ich glaube, dass sie mir das Gefühl geben könnten, jemand zu sein, wenn ich es schaffe, dass sie mich bemerken;
- Menschen, die cooler sind als ich;
- Menschen, die andere benutzen;
- berühmte Menschen, die ich nie wirklich kennengelernt habe;
- hübsche Frauen, deren Bilder man im Internet sieht, die aber nicht wissen, dass es mich gibt;
- Menschen, vor denen ich Angst habe;
- Menschen, die vor mir Angst haben;
- all die Menschen, deren gute Meinung mir so wichtig ist, die sich aber nicht wirklich Gedanken über mich machen, weil sie damit beschäftigt sind, sich Gedanken darüber zu machen, was andere *über sie* denken.

Und wer wird wahrscheinlich um mich weinen:

- meine Kinder und ihre Familien;
- meine Frau;
- mein Bruder und meine Schwester (von der ich immer noch glaube, dass sie länger leben wird als ich, obwohl sie älter ist. Sie ist viel kleiner und ihr Herz muss deshalb längst nicht so hart arbeiten wie meines.);
- gute Freunde;
- meine Eltern, falls ich vor ihnen sterben sollte;
- Menschen, denen ich gern und persönlich geholfen habe.

Mit anderen Worten: Die Menschen, zu denen ich eine enge Beziehung habe.

Die Frage ist: *Bekommen die Menschen, die bei meiner Beerdigung um mich weinen werden, auch wirklich einen Löwenanteil von meiner Zeit? Lasse ich sie an meinem Leben teilhaben?*

Martin Seligman empfiehlt, die folgenden fünf Rituale täglich oder wöchentlich zu praktizieren: *Anfänge, Wiedersehen, Zuneigung, eine wöchentliche Verabredung* und *Wertschätzung.*[7] Man muss dafür täglich nur wenige Minuten aufwenden, aber sie beeinflussen entscheidend, ob wir eine vertraute Beziehung zu einem Menschen aufbauen oder nicht. Diese Rituale wurden zwar ursprünglich für Ehepaare entwickelt, aber man kann sie auch auf Familienangehörige, Freunde, Mitbewohner oder Arbeitskollegen anwenden.

**Anfänge**

Wie begrüßen wir einander? Wir müssen die Anwesenheit des anderen ja irgendwie wahrnehmen – warum nicht mit Freude?

Finden Sie im ersten Gespräch, das Sie an einem Tag führen, wenigstens eine Sache heraus, die der andere an diesem Tag tun wird.

Meine Frau erzählt mir, dass sie heute ein schwieriges Gespräch führen muss und sich gar nicht darauf freut. Ich erinnere sie daran, dass sie sich sehr auf schwierige Gespräche versteht – immerhin führt sie ständig welche mit mir! Am Ende des Tages kann ich nachfragen, wie es gelaufen ist. Mein Sohn erzählt mir, dass er ein Frisbeespiel in Palo Alto betreut. Wenn ich daran denke, ihn später zu fragen, wie es ausgegangen ist, macht das einen kleinen, aber feinen Unterschied aus. Ich gebe ihm damit zu verstehen: Mich interessiert, was du tust.

Seligman schreibt, wenn wir dieses Ritual an fünf Tagen pro Woche je zwei Minuten lang durchführen, können wir mit nur zehn Minuten Zeitaufwand pro Woche unsere Beziehungen positiv beeinflussen.

**Wiedersehen**

Investieren Sie am Ende jedes Arbeitstages zu Hause zwanzig Minuten in eine „stressarme Wiedersehensunterhaltung". „Stressarm" bedeutet, dass es darum gehen sollte, den Stresspegel des anderen zu *senken*, und nicht, ihn zu erhöhen. Nancy und ich versuchen, einander zuzuhören, zu ermutigen, mitzufühlen und gemeinsam zu lachen. Früher taten wir das im Badezimmer hinter verschlossenen Türen, damit die Kinder nicht reinkommen konnten. Dazu gestalteten wir unser Badezimmer tatsächlich so um, dass es dort gemütlich war, und das war eine der besten Investitionen, die wir je getätigt haben. Diese Zeitspanne von einer Stunde und vierzig Minuten pro Woche (20 Minuten/Tag x 5 Tage/Woche) kann eine Beziehung unglaublich positiv verändern.

**Zuneigung**

Die Vorzüge dieses Punktes für den Aufbau und die Pflege einer Beziehung ist offensichtlich. Berührungen, Umarmungen, Küsse – kombiniert mit Zärtlichkeit und Zuneigung – bauen ein Gefühl der Vertrautheit und Sicherheit auf (5 Minuten/Tag x 7 Tage/Woche = 35 Minuten).

**Eine wöchentliche Verabredung**

Nur Sie beide, in einer entspannten Atmosphäre, um Ihre Beziehung auf den neuesten Stand zu bringen.

In den ersten Jahren unserer Ehe, als Nancy und ich nicht viel Geld hatten, gingen wir dazu in ein Fast-Food-Restaurant –

aßen aber vorher zu Hause. Dort bestellten wir dann nur einen Eistee, aber wir hatten zwei Stunden pro Woche ganz für uns allein.

## Wertschätzung

Halten Sie täglich nach Gelegenheiten Ausschau, um dem anderen aufrichtig Ihre Wertschätzung zu zeigen. Weil ich etwas modebehindert bin, hat ein Freund von mir vor Kurzem ein Paar Schuhe für mich ausgesucht. Als ich sie anzog, bekam ich tatsächlich ein Kompliment für meine Schuhe – zum ersten Mal seit ich ein Kleinkind war und die zweifarbigen Schühchen trug, die meine Mutter ausgesucht hatte. Das Kompliment freute mich, und als ich es an meinen „Schuhberater" weitergab, lächelte auch er.

Es braucht nicht viel, um jemandem eine Freude zu machen (5 Minuten/Tag x 7 Tage/Woche = 35 Minuten).

Letzten Endes kommuniziert man ohnehin mit seinem Ehepartner, den Freunden oder der Familie. Warum also nicht auf eine Art und Weise, die dafür sorgt, dass sie weinen, wenn Sie einmal sterben? Wenn Sie Zeit mit Menschen verbringen, die Sie lieben, geben Sie ihnen damit zu verstehen, dass Sie sich mit ihnen verbunden fühlen – und sie werden auch merken, wenn Sie sich Ihnen einmal nicht verbunden fühlen.

Vor Kurzem gingen Nancy und ich mit Freunden essen, und ich tat etwas, das Nancy verletzte. Ich merkte es sofort. Es war einer jener Augenblicke, in denen man weiß, dass man den anderen verletzt hat, obwohl es sonst niemand merkt.

Ein paar Minuten später stieß unter dem Tisch, wo es niemand sehen konnte, ein kleiner Fuß sanft und spielerisch gegen meinen Fuß. Ich war mir ziemlich sicher, dass es Nancys Fuß war. (Ich hoffe doch sehr, dass es Nancys Fuß war!)

Dieser kleine Fuß gab mir zu verstehen: „Alles in Ordnung. Wir können später darüber reden. Ich will nur, dass du weißt, dass ich dir nicht davonlaufen werde. Ich werde mich nicht innerlich von dir zurückziehen, damit du angespannt bist oder dich isoliert fühlst, während wir hier mit unseren Freunden sitzen. Alles in Ordnung."

Ich bin mir ziemlich sicher, dass dieser Fuß bei meiner Beerdigung um mich weinen wird.

## Der ganz besondere Name

Dr. William Betcher hat festgestellt, dass der Aufbau von vertrauten Beziehungen im Grunde mit der Schaffung einer ganz eigenen, ganz privaten Kultur einhergeht. Vertrautheit ist der „Schatz" einer Familie, einer Freundschaft oder einer Ehe und besteht aus Ritualen und bestimmten Sprachgepflogenheiten – aus „Koseworten".[8]

Sprache vermittelt Intimität.

In einer Familie nennen alle den Staubsauger „J. Edgar", weil es auch eine gleichnamige Staubsaugermarke namens „Hoover" gibt. (Wer zu jung ist, um das zu verstehen, muss es googeln.)

Wir benutzen Spitznamen, um in der Familie, unter Freunden oder sogar unter Kollegen eine enge Zusammengehörigkeit auszudrücken.

Betcher hat Spitznamen so gründlich studiert, dass er sie in drei Hauptkategorien einteilt: Nahrungsmittel, Körperteile und Tiere. Manchmal kombinieren wir auch zwei Kategorien, wie bei Zuckermäulchen oder Honigbär.

Manchmal sind Spitznamen auch etwas rätselhaft. Der russische Schriftsteller Anton Tschechow erfand zum Beispiel ständig neue Bezeichnungen für seine Frau Olga. In einer Notiz schrieb er: „Ich umarme meine kleine Küchenschabe und schicke ihr eine Million Küsse."[9] Winston und Clementine Churchill nannten sich gegenseitig „Katze" (sie) und „Schweinchen" (er).[10]

Warum tun wir das?

Wenn man einem Menschen, den man liebt, einen Kosenamen gibt, setzt man diese Beziehung dadurch von allen anderen ab. Man beansprucht etwas für sich: „Ich kenne dich auf eine Art und Weise wie niemand sonst." Manche Ehepaare gebrauchen die wahren Namen ihres Partners gar nicht mehr. Auch ich habe Nancy einen Spitznamen gegeben (keine Angst, den bekommen Sie nie heraus). Wenn ich sie jemals Nancy nennen würde, wenn wir allein sind, wäre das so, als würde ich als Dr. Ortberg zu ihr sprechen. (Wobei ich immer noch versuche, sie dazu zu bekommen, *mich* so zu nennen.)

Das Besondere an diesen Kosenamen ist nicht, dass sie sehr schmeichelhaft oder sehr herausstechend sind. Sie machen einfach deutlich, dass hier zwei Menschen eine enge Beziehung und viele gemeinsame Erlebnisse haben. Mit zunehmendem Alter ist diese Vertrautheit oft das Wichtigste.

Betcher erzählt davon, dass er an einem stürmischen Tag vor dem Kaminfeuer saß und mit einem älteren britischen Ehepaar, das er befragt hatte, Tee trank. Die beiden waren schon seit 50 Jahren verheiratet – in guten wie in schlechten Zeiten – und hatten gemeinsam viele Veränderungen durchgemacht. Auf einmal wandte sich die Frau ihrem Mann zu und meinte: „Leg doch noch ein wenig Holz nach, mein alter Schuh."[11] Der Spitzname war genau wie ihre Beziehung – einfach und bescheiden und die Zeit hatte schon ihre Spuren daran hinterlassen. Aber er zeigte, dass es eine Welt gab, die nur die beiden kannten.

Vielleicht ist Ihnen schon aufgefallen (ja, es wird noch peinlicher), dass verliebte Paare oft Babysprache verwenden, wenn sie miteinander sprechen. C. S. Lewis schreibt in *Was man Liebe nennt*: „Ebenso neigen beide Liebesarten – zur Verlegenheit mancher moderner Leute – dazu, eine Art ‚Kindersprache‘ … zu benützen."

Lewis fügt hinzu, dass das „keine Eigentümlichkeit der menschlichen Art [ist]. Konrad Lorenz erzählt, dass man im ‚Liebesgeflüster‘ der Dohlen kindliche Laute vernehme, die die erwachsenen Dohlen sonst nicht von sich geben. Der Grund ist bei uns und bei den Vögeln der gleiche."[12]

Liebe sehnt sich nach Zärtlichkeit, und die Sprache, die wir mit Babys in Verbindung bringen, ist die zärtlichste Sprache, die wir kennen. Vielleicht haben Sie ja auch schon bemerkt, dass manche Menschen mit ihrem Hund in Babysprache sprechen.

C. S. Lewis meint allerdings, das sei dumm.

## Etwas, das größer ist als wir

Das Buch *Das Wunder von Berlin* erzählt die packende Geschichte von neun Arbeiterjungen, die während der Wirtschaftskrise die Eliteruderer von Oxford und Cambridge besiegten und dann bei den Olympischen Spielen 1936 in Berlin die Ruderer aus Nazideutschland schlugen und Gold gewannen. Ihnen ging es nicht nur darum, die anderen Mannschaften zu schlagen; sie wollten einen Grad an Harmonie, Miteinander und Einheit erleben, der schon an Transzendenz grenzte.

*Beim Rudern geschieht manchmal etwas, das schwer zu erreichen und zu definieren ist. … Man nennt es den „Swing". Es*

*passiert nur, wenn alle acht Ruderer in so vollkommener Einheit*
*rudern, dass auch nicht die kleinste Bewegung eines Einzelnen*
*aus dem Takt ist. ... Sechzehn Arme müssen anfangen zu ziehen;*
*sechzehn Knie müssen anfangen, sich zu beugen und zu strecken;*
*acht Körper müssen anfangen, vor und zurück zu gleiten; acht*
*Rücken müssen anfangen, sich zu beugen und zu strecken, und*
*das alles gleichzeitig. Jede kleinste Bewegung – jede kleinste Dre-*
*hung des Handgelenks – muss von jedem einzelnen Ruderer, von*
*einem Ende des Bootes bis zum anderen, genau nachgemacht*
*werden. Nur dann wird das Boot zwischen den einzelnen Ru-*
*derschlägen ungehindert, flüssig und anmutig laufen. Nur dann*
*hat man das Gefühl, dass das Boot Teil eines jeden ist und sich*
*wie von selbst bewegt. Nur dann weicht der Schmerz dem Hoch-*
*gefühl. Das Rudern wird dann zu einer Art vollkommener Spra-*
*che. Ein guter Schlag kommt dem Ruderer vor wie ein Gedicht.*[13]

George Pocock, der Berater der Mannschaft, erklärte ihnen
„den geistlichen Nutzen des Ruderns", wie er es nannte, als
„sich selbst völlig in der gemeinschaftlichen Anstrengung der
Mannschaft als Ganzes verlieren".[14] Er erklärte ihnen das seltsame Wunder, dass man in dem Augenblick, in dem man sich
ganz und gar für die anderen hingibt, gleichzeitig mehr man
selbst ist, lebendiger ist, als man es je wieder sein wird.

Dieser „Swing" ist auch in einer Freundschaft möglich,
wenn zwei Menschen sich so sehr lieben, ermutigen, übereinander freuen, kennen und herausfordern, dass sie gemeinsam
besser sind, als jeder für sich es jemals werden könnte.

Es kann auch in der Ehe passieren, wenn ein Partner beruf-
liche Ziele opfert, um der Entwicklung des anderen Raum zu
geben, und in diesem Opfer mehr Freude findet, als man je
finden kann, wenn man die Karriereleiter immer höher klettert.

Es kann in einer Familie passieren, wenn die Einzelnen sich umeinander kümmern, einander die Wahrheit in Liebe sagen, das Beste aus dem anderen herausholen, meisterhafte Beobachter werden und eine Gemeinschaft erschaffen, die auch denen dient, die nicht zur Familie gehören.

„Swing" kann es auch in einem beruflichen Team geben oder in der Nachbarschaft, aber wir haben es nie ganz in der Hand. Wenn es passiert, ist es ein Geschenk. George Pocock sagte: „Wenn ihr gut rudert … dann grenzt das an Perfektion. Und wenn ihr Perfektion berührt, dann berührt ihr das Göttliche."[15]

Der biblische Ausdruck für diesen „Swing" ist *Schalom*. Neal Plantinga bezeichnet Schalom als das „Miteinander-Verwobensein von Gott, Mensch und der gesamten Schöpfung in Gerechtigkeit, Erfüllung und Freude".[16] Bei Schalom arbeiten die Menschen in Frieden und mit gutem Ergebnis. Lämmer legen sich zu Löwen und sind doch in Sicherheit. Schwerter werden zu Pflugscharen geschmiedet. Bei Schalom wäre das Internet voller Geschichten, die die Menschheit ein Stückchen besser machen, und wir würden einander sagen, wie sehr wir den anderen schätzen.

Bei Schalom würden die Menschen so harmonisch miteinander leben, dass niemand mehr ein Passwort bräuchte. Wir müssten unsere Haustüren nicht länger abschließen und am Arbeitsplatz würden sich alle gegenseitig loben. Ehemänner und -frauen würden sich gegenseitig damit überbieten, einander etwas Gutes zu tun. Dallas Willard sagte, wir würden erleben, wie viel Freude es macht, „wenn alle gemeinsam mit anpacken, wenn wir unter einem unvorstellbar guten Leiter arbeiten, einer unüberschaubar großen Bandbreite von Aktivitäten nachgehen können und immer produktiver und erfüllender sind".[17]

Als Ruth ihre Heimat aufgab, um ihre Schwiegermutter Naomi nach Bethlehem zu begleiten; als Naomi sich darum kümmerte, dass es Ruth in der neuen Heimat gut ging; als Jonatan sein Leben und seinen Anspruch auf den Thron für seinen Freund David und das Volk Israel aufs Spiel setzte; als ein kleiner Junge sein dürftiges Abendbrot Jesus überließ und der dafür sorgte, dass Tausende mehr als genug zu essen bekamen – das war *Schalom*.

Das ist der *Swing*.

## Extimität: die Menschen in unserem Umfeld

Tiefe Vertrautheit beschränkt sich nicht nur auf zwei Personen. Wenn ein Mann eine Frau liebt, entsteht daraus manchmal ein Kind, dem sie nun ihre Liebe schenken können. Und so weiter. Das ist die große „Kette des Seins", aus der das menschliche Leben besteht.

Intimität muss über uns selbst hinausgehen. Sie braucht „Extimität" – das heißt, die Liebe, die die Menschen in diesem Kreis verbindet, muss zu Personen *außerhalb* des Kreises hinausfließen.

In *Eine harte Gnade* erzählt Sheldon Vanauken davon, wie er und seine Frau Davy versuchten, eine Schutzmauer um ihre vertraute Beziehung zu errichten. Sie versprachen, alles miteinander zu teilen – Freunde, Hobbys, die Arbeit –, damit nichts sie trennen konnte.

Sie beschlossen auch, auf Kinder zu verzichten, weil sie nicht wollten, dass Davy Mutterfreuden erlebte, die Sheldon nicht teilen konnte. Sie errichteten eine, wie sie es nannten, „strahlende Mauer" um ihre Beziehung, damit sie ihre innige Beziehung für sich behalten konnten.

Während sie in England studierten, fanden sie zum Glauben an Gott, zunächst Davy, dann, etwas widerwilliger, Sheldon. Er war eifersüchtig, weil Gott nun Einfluss auf Davys Leben hatte. „Ich wollte nicht, dass wir uns in Gott verloren", schreibt er. „Ich wollte Ferien haben von der Schule Christi."[18] Aber mit der Zeit begannen sowohl Davy als auch Sheldon, Vertrautheit in einem neuen Licht zu sehen. Weil sie jetzt gemeinsam ein höheres Ziel verfolgten, gelangten sie zu der Erkenntnis, dass eine tiefe, vertraute Beziehung sich nicht immer nur um zwei Personen drehen durfte. Als Davy im Alter von 40 Jahren im Sterben lag, wurde ihnen durch die „harte Gnade", wie Sheldon es nannte, bewusst, dass jede Liebe, die versucht, nur für sich selbst zu existieren, sterben muss. Die strahlende Mauer, die zunächst ein Schutz für Intimität zu sein scheint, tötet diese letztlich ab.

Jean Vanier, der Gründer der Arche-Gemeinschaft, in der Henri Nouwen jahrelang gelebt hatte, drückt es so aus:

*Die zwei großen Gefahren von Gemeinschaft [Intimität] sind „Freunde" und „Feinde". Die Menschen schließen sich schnell denen an, die so sind wie sie. Wir sind alle gern mit jemandem zusammen, der es uns recht macht, der unsere Vorstellungen, unsere Lebensanschauung und unseren Humor teilt. Wir hegen einander, wir schmeicheln einander: „Du bist fantastisch" – „Du auch" – „Wir sind fantastisch, weil wir intelligent und klug sind." Freundschaftsbeziehungen können ganz schnell zum Klub der Mittelmäßigen werden, die sich in ihre gegenseitigen Schmeicheleien und Zustimmungen hüllen, damit die Menschen ihre innere Bedürftigkeit und ihre Wunden nicht sehen. Dann spornt die Freundschaft nicht länger zum Wachstum an, nicht länger dazu, weiterzukommen und von größerem Nutzen zu sein.[19]*

Enge Freunde und Angehörige müssen einen *gemeinsamen Sinn* haben. Sie brauchen ein Ziel, bei dem es um mehr geht als nur das Streben nach ihrem eigenen Glück. In einem Artikel im Wirtschaftsmagazin *Forbes* schrieb Liz Ryan 2015, dass glückliche Mitarbeiter zu haben für ein Unternehmen „kein Ziel sein kann, das seinen Einsatz und seine geistige Anstrengung wert ist".[20] Stattdessen, so schreibt sie:

*Stellen wir uns einmal jemanden vor, der völlig in seiner Arbeit aufgeht. Nehmen wir als Beispiel einmal den besten Geigenbauer der Welt. Ich weiß nicht, wer die besten Geigen baut, aber stellen wir uns einfach einmal vor, das sei ein italienischer Geigenbauer namens Franco. Franco besitzt eine Werkstatt, in der 15 bis 20 Lehrlinge und Wandergesellen gemeinsam mit ihm die besten Geigen der Welt bauen.*

*Ist Franco glücklich? Er ist abwechselnd außer sich vor Freude, frustriert, entzückt, verwirrt, erschöpft und verliert sich in seiner Arbeit. Er und seine Arbeit gehören untrennbar zusammen. Niemand würde von Franco und seinen Mitarbeitern sagen, sie seien glücklich. Die Menschen in Francos Heimatstadt würden eher sagen: „Diese Jungs leben nur für eines: die Geigen, und so haben Menschen auf der ganzen Welt Grund, sich zu freuen."[21]*

Es gab einmal eine Gemeinschaft, von der man sagte: „Diese Jungs leben nur für eines: für Jesus, und so haben Menschen auf der ganzen Welt Grund, sich zu freuen." Ein solches Verhalten, eine solche Offenheit bewahrt uns davor, zum „Du bist fantastisch"-Klub der Mittelmäßigen zu werden.

Im Neuen Testament gibt es eine Person, die am anderen Ende der Skala lebte, auf der sich auch Herodes der Große bewegte. Ihr Name ist Tabita, und wir wissen über sie nur so viel: „Tabita tat viel Gutes und half den Armen, wo immer sie konnte."[22]

Ihr standen gewisse Mittel zur Verfügung – der Ausdruck „tat viel Gutes" deutet an, dass sie Almosen gab – und sie war mit den Menschen in ihrem Umfeld verbunden. Sie zählte zu den eher vermögenden Leuten. Sie hatte Zeit. Sie war Teil einer Gemeinschaft. Und aufgrund der Mittel, die sie zur Verfügung hatte, und der Vertrautheit innerhalb ihrer Gemeinschaft strömte ihre Güte zu den Menschen außerhalb der Gemeinschaft.

Menschen, die sich keine Kleidung leisten konnten, hatten dank ihr etwas zum Anziehen.

Menschen, die sich nichts zu essen kaufen konnten, wurden dank ihr satt.

Menschen, die ausgeschlossen gewesen wären, gehörten dank ihr dazu.

Irgendwann wurde Tabita krank und starb. In der Apostelgeschichte können wir nachlesen, dass ihr Leichnam gewaschen und in einem Obergemach aufgebahrt wurde. Wenn sie eine wohlhabende Frau war, könnte das auch in ihrem eigenen Haus gewesen sein.

In der Antike machten sich die Menschen viele Gedanken darüber, was nach ihrem Tod mit ihrem Körper geschah. In Rom gab es zahllose Beerdigungsvereine, denen man beitreten konnte (wenn man dafür bezahlte), um sicherzugehen, dass für den eigenen Leichnam gesorgt war. Die Römer wussten nicht, wie sie das Christentum einordnen sollten. Für sie war es keine Religion, denn im Christentum gab es nur einen Gott, und man brachte keine Opfer dar. Eine weitverbreitete Theorie besagte damals, beim Christentum handle es sich um einen solchen Beerdigungsverein, denn man kümmerte sich so liebevoll um seine Toten.[23]

Wir erfahren in der Apostelgeschichte weiter, dass Tabitas Leichnam gewaschen wurde, was zur Vorbereitung einer jüdischen Beisetzung gehörte. Aber von einer Salbung wird nichts berichtet, was ebenfalls Brauch gewesen wäre. Vielleicht hatte man es den armen Witwen gestattet, Tabitas Leichnam als Zeichen ihrer Zuneigung für die Beerdigung vorzubereiten, sie hatten aber kein Geld für die Öle.

Und es gab Menschen, die bei dieser Beerdigung weinten: „Dort hatten sich viele Witwen eingefunden, denen Tabita in ihrer Not geholfen hatte. Weinend zeigten sie Petrus Kleider und Mäntel, die Tabita ihnen genäht hatte."[24]

Und genau das ist etwas, das wir auch zweitausend Jahre später von Tabita lernen können. Man könnte es das *Paradoxon der Intimität* nennen. Wenn es mir nur darum geht, Liebe zu *bekommen*, werde ich weder Liebe verschenken noch erhalten. Wenn es mir aber darum geht, Liebe zu *verschenken*, erhalte auch ich selbst das Geschenk der Liebe.

Wenn es um die Liebe geht, ist es nicht nur seliger zu geben, als zu nehmen, Geben ist sogar die einzige Möglichkeit, um auch zu empfangen.

## „Iss und mach, dass du rauskommst"

Kreise, in denen die Menschen in vertrauten Beziehungen miteinander stehen – Ehen, Familien, Freundschaften und Gemeinde –, existieren nicht nur für sich selbst, sondern auch, um das Leben derer zu bereichern, die außerhalb dieser Kreise leben.

Es gibt einen Satz, den man in der gesamten Bibel nicht findet: „In welche Gemeinde gehen Sie?" Es gibt noch nicht einmal einen Vers, in dem es heißt, wir *sollen* in die Gemeinde gehen.

Das hat einen sehr wichtigen Grund.

Zu der Zeit, als das Neue Testament geschrieben wurde, hätte niemand bei dem Wort „Gemeinde" an ein *Gebäude* gedacht. Damals hatte die Gemeinde noch nicht einmal Gebäude. Gemeinde bestand nur aus *Menschen*. Aber über die Jahrhunderte hinweg geschah etwas Seltsames: Ein Wort, das früher für eine Gruppe von Menschen stand, wurde zur Bezeichnung für ein Gebäude.

Manchmal sehen die Menschen ein Gebäude, in dem sich Menschen zum Gottesdienst versammeln, und sagen: „Ihr habt eine schöne Gemeinde." Aber für die ersten Christen hätte das genauso wenig Sinn ergeben, wie wenn jemand auf ein Kinderbett gedeutet und gesagt hätte: „Ihr habt ein schönes Baby."

Babys sind Menschen. Ein Kinderbett ist nur der Ort, an den man ein Baby *legt* – und das auch nicht immer. Man legt das Baby ins Bettchen, damit es schlafen und Kräfte sammeln kann, um wieder hinaus in die Welt zu gehen. Draußen in der *Welt* spielt die Musik.

Wenn Sie ein Baby haben: Würden Sie es rund um die Uhr im Bettchen liegen lassen? (Wenn Sie ein Baby haben, dann würden *Sie* vielleicht gern rund um die Uhr im Bett liegen, das ist zumindest meine Erfahrung.)

Der Ort, an dem wir vertraute Beziehungen genießen, muss ein Ort sein, an dem wir uns sicher fühlen und Freude erleben, aber es sollte nicht der einzige Ort sein, an dem wir uns bewegen.

Wir versammeln uns als Gemeinde nicht um unserer *selbst* willen. Wir versammeln uns als Gemeinde, um zur Ruhe zu kommen, neue Kraft zu sammeln und geistige Nahrung zu uns zu nehmen, damit wir wieder *in die Welt hinausgehen* und Gemeinde *sein* können. Gemeinde ist kein Klub der Mittelmäßigen, in dem man sich bestätigt, wie toll man doch ist.

Mit anderen Worten: Die Gemeinde ist nicht etwas, das *drinnen* ist und wo man *hingeht*; wir *sind* Gemeinde, und zwar dort draußen. Das ist Extimität.

Die Gemeinschaft der ersten Christen versammelte sich um den Tisch. Die Gläubigen feierten so das Abendmahl. Es war ein Ort großer Intimität. Aber die Stärke ihrer Gemeinschaft maß sich nicht in dem Erlebnis dieser Vertrautheit, sondern darin, dass ihre Vertrautheit mit Gott und miteinander überfloss und zum Segen für die wurde, die noch nicht mit am Tisch saßen.

Zweitausend Jahre lang pflegen Menschen, die Jesus nachfolgen wollen, schon Tischgemeinschaft – sie pflegen *enge Gemeinschaft* miteinander und mit Gott. Das griechische Wort für diese Form der engen Gemeinschaft ist *koinonia*. In der Gemeinde leiden wir jedoch manchmal an etwas, das man *Koinonitis* nennen könnte: Gemeinschaft, die sich nur noch um sich selbst dreht. Cliquen und Grüppchen und geschlossene Gruppen, die zu Sackgassen für Beziehungen werden. Der Unterschied zwischen dem Leben spendenden See Genezareth und dem Toten Meer, das so salzig ist, dass man nicht untergeht, ist, dass das Tote Meer keinen Ablauf für das Leben hat, das hineinfließt.

Intimität ohne Extimität führt zu Stagnation und Tod.

Am Anfang dieses Buches ging es um eine gemeinsame Mahlzeit als Sinnbild für vertraute Beziehungen. Wenn ich an Liebe denke, denke ich an eine Tischrunde. Aber es ist ungesund, wenn wir die ganze Zeit nur um den Tisch sitzen.

Chicago ist eine Stadt mit gewissen Allüren. Dort gab es ein Restaurant, das *Ed Debevic's*, das genau diese Haltung widerspiegelte. Das Personal war absichtlich und auf komische Art bissig. Sie hatten Spaß daran, die Gäste zu beleidigen, und standen auf der Theke und tanzten zu dem Klassiker der *Village*

*People* „YMCA". Das Motto des Restaurants stand überall an den Wänden: „Iss und mach, dass du rauskommst".

Und genau das sollten wir als Menschen, die Jesus nachfolgen wollen, tun: essen und rausgehen.


## „Es ist nicht Ihre Schuld"

Die Bibel verrät nicht viel über Tabita: Ihr griechischer Name war Dorkas; sie war wahrscheinlich eine Heidin; vermutlich musste sie die Großzügigkeit und Dienstbereitschaft, die sie verkörperte, auch erst lernen.

Manchmal mache ich mir darüber Gedanken, ob sie sich jemals gefragt hat, warum ausgerechnet *sie* ihr Haus, ihren Besitz und ihre Zeit anderen zur Verfügung stellen sollte. Es war schließlich nicht ihre Schuld, dass es Arme, Unbekleidete und Obdachlose gab. Was hatte ihre vertraute Beziehung zu Gott mit deren Bedürftigkeit zu tun?

Barbara Williams-Skinner, eine Ikone im Kampf gegen Rassismus, ist der Auffassung, dass Gott manchmal zu seinem Volk sagt: „Es ist vielleicht nicht deine Schuld, aber es geht dich etwas an."[25]

Es ist nicht Ihre Schuld, dass manche Menschen keinen Platz zum Schlafen haben. Es ist nicht Ihre Schuld, dass Kinder hungrig zu Bett gehen müssen. Es ist nicht Ihre Schuld, dass Waisen kein Zuhause oder Kranke keine Medikamente haben.

Es ist nicht Ihre Schuld, aber Sie können etwas tun. Sie haben die Möglichkeit dazu. Sie sind privilegiert. Sie haben Gaben. Sie haben die Gelegenheit, etwas zu bewirken. Und wer weiß, ob Sie nicht für eine Situation wie diese an Ihrem Platz sind?[26]

Es ist vielleicht nicht Ihre Schuld, aber es geht Sie etwas an. Ich glaube, das will Jesus vielen von uns sagen. Es ist nicht Ihre Schuld, dass es Armut, Ungleichheit, Ungerechtigkeit und Leid auf dieser Welt gibt. Aber Sie können helfen. Vielleicht haben Sie Geld, das Sie spenden können. Vielleicht können Sie Zeit, Kraft und Fachkenntnisse anbieten. Es ist vielleicht nicht Ihre Schuld, aber es geht Sie etwas an.

Es ist nicht Ihre Schuld, dass Flüchtlinge von einem modernen Herodes vertrieben wurden; dass Eltern ihre Kinder in Boote setzen, die so überfüllt sind, dass sie untergehen; dass Menschen lieber ihr Leben riskieren, als in ihren Heimatländern darauf zu warten, dass sie getötet werden; dass junge Menschen innerlich so unter Druck stehen oder ältere Menschen sich so einsam fühlen, dass sie lieber sterben möchten als leben. Es ist vielleicht nicht Ihre Schuld, aber es geht Sie etwas an.

Denken Sie daran: *Intimität* ohne *Extimität* führt zu Stagnation und Tod. Wenn Sie einmal echte Vertrautheit erlebt haben, sollten Sie diese mit anderen teilen; Sie sollten anderen helfen, auch Liebe, Freude, Annahme und Zugehörigkeit zu erfahren.

Noch eine Anmerkung zu Tabita – und das ist vielleicht der Hauptgrund, warum ihre Geschichte in der Bibel steht: *Sie blieb nicht tot.*

*Doch Petrus... kniete nieder und betete. Dann wandte er sich der Toten zu und sagte: „Tabita, steh auf!" Sofort öffnete sie die Augen, sah Petrus an und richtete sich auf. Petrus reichte ihr die Hand und half ihr aufzustehen. Dann rief er die Gläubigen und die Witwen herein, die mit eigenen Augen sehen konnten, dass Tabita lebendig vor ihnen stand.*[27]

Die Sache mit dem Tod ist die: Wir werden nicht tot bleiben. Jesus verspricht denjenigen, die ihm ihr Leben anvertrauen, dass der Tod nicht das Ende sein wird. Wenn er wiederkommt, wird er sagen: „Steh auf", und er wird uns die Hand reichen und uns auf die Beine helfen.

Und dann werden wir die Tränen sehen. Keine Tränen der Trauer, sondern Tränen der Freude. Die Freudentränen Gottes.

Wir sehen uns bei Tisch.

Und jetzt essen Sie, und machen Sie, dass Sie rauskommen.

# Kapitel 14

# Endlich

Echte Vertrautheit

Und dann geschah etwas Seltsames ...
Margery Williams: Das Samtkaninchen

Die schönsten Geschichten sind Liebesgeschichten. Und die schönsten Liebesgeschichten ereignen sich immer unerwartet.

In der Gemeinde, in der ich groß geworden bin, sprachen die Leute von der Bibel oft, als sei sie eine Betriebsanleitung für das Leben.

Ich habe mir noch nie viel aus Gebrauchsanweisungen gemacht.

Aber was ist, wenn die Bibel keine Betriebsanleitung, sondern eine Liebesgeschichte ist?

Was ist, wenn wir den Schlüssel zum Geheimnis tiefer Beziehungen – nach denen wir uns sehnen und die wir scheinbar nie richtig zu fassen bekommen – im Kern dieser Geschichte finden?

Philip Yancey hat die Beobachtung gemacht, dass für viele Menschen die romantische Liebe das Erlebnis ist, das der Erfahrung reiner Gnade am nächsten kommt: „Endlich glaubt ein anderer von mir, dass ich – ausgerechnet *ich!* – von allen Menschen auf dieser Erde der attraktivste, liebenswerteste und

314

begehrenswerteste bin. Jemand liegt nachts wach und denkt an *mich*."[1]

Wenn ich meine Frau im Arm halte, flüstert sie mir manchmal zu: „Je näher, desto besser", und wir wissen, dass das stimmt. Unsere Körper wurden dazu erschaffen, sich nahe zu kommen. Unsere Körper sind etwas Greifbares, sie sind weich und kuschelig und chaotisch – und Vertrautheit ist genauso.

Aber unsere Beziehung zu Gott kommt uns anders vor. Für die meisten von uns ist Gott weit weg und irgendwie mysteriös. Er beobachtet und urteilt über uns. Er ist beherrscht, unerreichbar, unnahbar. Die Menschen hatten schon immer Angst vor Gott. Sie bringen ihm Opfer dar. Sie halten sich von ihm fern.

Doch wenn wir die Bibel aufschlagen, dann merken wir, dass sie zunächst einmal davon erzählt, dass Gott sich nach vertrauten Beziehungen zu seinen Geschöpfen sehnt. Er geht in der Kühle des Tages im Garten spazieren. Einfacher kann man das Angebot zu einer innigen Beziehung gar nicht aussprechen, und alle Menschen haben es seither wiederholt: „Wollen wir spazieren gehen?"

Aber der Mann und die Frau wollten nicht. Sie versteckten sich.

Die erste Ablehnung.

Die Geschichte Israels, wie wir sie in der Bibel nachlesen können, ist die Geschichte eines Gottes, der von dem Volk, das er liebt, abgelehnt wird, diesem aber trotzdem nicht den Rücken kehrt. Stattdessen findet er einen Weg, um zu ihnen durchzudringen.

Wenn Vertrautheit das Ergebnis gemeinsamer Erfahrungen ist, dann ist die Menschwerdung Gottes der höchste Ausdruck davon, das größte Opfer, das je dafür gebracht wurde.

Durch die Menschwerdung teilte Gott unsere Einsamkeit, unsere Müdigkeit, unsere Angst, unsere Schuld, unsere Freude über unseren Körper, unseren Schmerz, wenn er verletzt wird, unseren Trost, wenn wir in den Arm genommen werden, unsere Verzweiflung, wenn wir uns von Gott verlassen fühlen.

Brené Brown versucht, mithilfe eines kurzen Zeichentrickfilms den Unterschied zwischen *Empathie* und *Sympathie* zu erklären. In dem Film fällt eine Füchsin, die ein T-Shirt trägt, in ein tiefes Loch.

„Ich stecke fest", sagt sie. „Es ist dunkel. Ich bin überfordert."

Von oben schaut ein Hirsch ins Loch und meint mitleidsvoll:

„Oh! Das ist wirklich schlimm. … Willst du ein Sandwich?"

Dann taucht ein Bär mit Baseballmütze auf. Aber anstatt von oben herunterzuschauen, klettert er eine Leiter hinunter, stellt sich neben die Füchsin und sagt: „Hey, ich weiß, wie es dir hier unten geht. Aber du bist nicht allein."[2]

Wenn Sie sich dieses kleine Filmchen anschauen und Jesus darin nicht erkennen können, dann haben Sie nicht genau hingeschaut.

Viele Menschen denken, Gott sei wie der Hirsch.

Aber das ist er nicht.

Er ist der Bär, der ins Loch hinabsteigt und sagt: „Ich weiß, wie es dir hier unten geht. Aber du bist nicht allein."

## Das Gleichnis vom König

Vor einigen Jahrzehnten stießen zwei Psychiater auf eine neue Krankheit. Sie entdeckten bei ihren Patienten ein wiederkehrendes Verhaltensmuster: die ständige Angst, als Betrüger, als Täuscher entlarvt zu werden. Sie stellten ebenfalls fest, dass noch mehr Leistung das Problem dieser Personen nicht lösen konnte. Ganz im Gegenteil, leistungsstarke Menschen waren sogar oft besonders unfähig, ihre Leistungen zu internalisieren, anzunehmen und für gut zu befinden. Diese Menschen dachten ständig darüber nach, wie sie sich möglichst positiv darstellen konnten; sie arbeiteten hart daran, tüftelten herum, steigerten sich völlig hinein, verbargen ihr wahres Ich. Aber sie lebten in ständiger Angst, waren gestresst, rangen mit Selbstzweifeln und Schamgefühlen.

Dieser Zustand wird als Hochstaplersyndrom bezeichnet.[3] Es handelt sich dabei nicht um eine psychische Störung, sondern beinahe schon um eine Volkskrankheit. Wenn ich davon betroffen bin, quält mich die Überzeugung, dass ich nicht so klug oder freundlich oder knallhart oder gut oder erfolgreich oder glücklich bin, wie ich zu sein vorgebe; dass das Ich, das ich so mühsam aufgebaut habe – meine Maske, der äußere Schein –, nicht mein *wahres* Ich ist. Das Ironische daran ist, je besser es mir gelingt, dieses falsche Ich zu gestalten, je mehr Applaus und Zustimmung es bekommt, desto isolierter wird mein wahres, ungeliebtes Ich, das ich sorgfältig verberge.

Deshalb wird die erste Frage in der Bibel nicht von den Menschen gestellt, die wissen wollen, wo Gott ist. Nein, Gott ist es, der die erste Frage stellt:

„Adam, wo bist du – das wahre Du, das ich erschaffen habe? Wer ist dieses verängstigte, beschämte Geschöpf, das hofft, nicht gesehen oder wirklich gekannt zu werden, und sich selbst von der Liebe abschneidet und so tut, als sei alles in Ordnung?"

Ich kenne dieses Problem. Sonntagmorgens stehe ich vor einer Gemeinde und spreche für Gott. Wer bin ich, dass ich das tun darf? Während ich predige, denke ich manchmal an Dinge, die ich in dieser Woche falsch gemacht habe. Oder ich denke an die Zweifel, die sich in mir festkrallen wollen, während ich andere auffordere zu glauben. Ich versuche, das richtige Maß an Selbstenthüllung zu finden – genug, um eine Beziehung zu den Menschen aufzubauen, aber nicht so viel, dass ich sie verschrecke oder schlecht dastehe oder meinen Job verliere. Aber selbst während ich versuche, mich selbst zu enthüllen, verberge ich mich gleichzeitig.

Was ich will, ist das genaue Gegenteil. Ich will

- niemandem etwas vormachen oder mich verstecken;
- in der Öffentlichkeit und im Privaten der gleiche Mensch sein;
- mir meine eigene Geschichte zugestehen;
- meinen Wert begreifen;
- aufhören zu glauben, ich müsse Eindruck machen;
- nicht mehr so viel Wert auf die Meinung anderer geben;
- von allem geheilt sein, was mich veranlasst, mich zu verstecken: Habgier, Verlangen, Werturteile, Täuschung, Engstirnigkeit, Neid;
- tiefe Gefühle empfinden, ohne engstirnig zu sein oder meine Gefühle zu verleugnen;
- authentisch sein, damit das, was man sieht, auch mein wahres Ich ist.

Ich will *echt* sein. Und doch bekomme ich es nicht hin. Ganz gleich, wie sehr ich es auch versuche, ich kann mich selbst nicht echt *machen*.

Die Entdecker dieser Volkskrankheit sagen, man könne das Hochstaplersyndrom nur dadurch heilen, dass man genau das Gegenteil von dem tut, was man eigentlich tun will: nämlich sich selbst zu zeigen. Wir müssen mutig unsere Ängste, unsere Unzulänglichkeiten und unsere Schamgefühle zeigen, damit die anderen unser *wahres* Ich sehen und lieben können.

Aber da gibt es ein Problem – alle anderen verstecken sich auch. Um wirklich geheilt zu werden, müsste jemand, der ganz echt ist und bei dem wir uns sicher fühlen, so werden wie wir; er müsste in unsere Welt hineinkommen, damit wir wahrhaft geliebt werden können.

Und wissen Sie was? Genau das ist passiert.

Sören Kierkegaard hat diese Geschichte als Gleichnis erzählt:

*Angenommen, ein König liebte ein Bettelmädchen. Der König war keinem anderen König gleich. Jeder Staatsmann zitterte vor seiner Macht. Niemand wagte es, ein Wort gegen ihn zu äußern, denn er hatte die Kraft, all seine Gegner zu zermalmen. Und doch schmolz dieser mächtige König dahin in Liebe zu diesem armen Bettelmädchen. Wie konnte er ihr seine Liebe gestehen? Auf eine seltsame Weise waren ihm gerade durch seine königliche Macht die Hände gebunden. Wenn er sie in den Palast brachte und ihr Haupt mit kostbaren Juwelen krönte und ihren Leib in königliche Gewänder kleidete, so würde sie sich ihm sicherlich nicht widersetzen – niemand wagte es, sich ihm zu widersetzen. Aber würde sie ihn lieben?*

*Natürlich würde sie sagen, dass sie ihn liebte, aber würde sie das auch wirklich von Herzen tun? Oder würde sie aus Furcht*

319

*bei ihm bleiben und insgeheim dem Leben nachtrauern, das sie zurückgelassen hatte? Würde sie glücklich sein an seiner Seite? Wie konnte er das wissen? Wenn er in seinem königlichen Wagen vor ihrer Waldhütte vorfuhr, begleitet von einer bewaffneten Eskorte mit leuchtenden Fahnen, so würde auch das sie überwältigen. Er wollte aber keine kauernde Untertanin. Er wollte eine Geliebte, eine Gleichgestellte. Er wollte, dass sie vergaß, dass er ein König war und sie ein Bettelmädchen, und wollte ihre gemeinsame Liebe die Kluft zwischen ihnen überwinden lassen. Denn nur in der Liebe kann das Ungleiche gleichgemacht werden.*

*Der König war sich sicher, dass er das Mädchen nicht zu sich erheben konnte, ohne ihr die Freiheit zu nehmen. Und so beschloss er, zu ihr hinabzusteigen. Er kleidete sich als Bettler und kam in einem abgetragenen Mantel, der lose an ihm herabhing, zu ihrer Hütte. Er hatte sich nicht nur verkleidet – der König hatte eine ganz neue Identität angenommen. Er hatte seinem Thron entsagt, um ihr seine Liebe zu erklären und die ihre zu gewinnen.*[4]

Der König entsagt seinem Thron, um ihr seine Liebe zu erklären.

Kommt uns das nicht bekannt vor?

*Am Anfang war das Wort. Das Wort war bei Gott, und das Wort war Gott selbst. ... Das Wort wurde Mensch und lebte unter uns.*[5]

In den ersten Jahrhunderten der Kirchengeschichte schrieb ein großer Denker namens Origenes: „Das freilich geht von allen seinen Wundern und seiner ganzen Hoheit am weitesten über die Bewunderung des menschlichen Geistes und über die schwachen Begriffe des Sterblichen hinaus … dass die göttliche Weisheit den Schoß eines Weibes nicht verschmähte, als Kind geboren wurde und wimmerte wie andere Menschenkinder."[6] Durch Jesus wurde Gott greifbar und chaotisch und bedürftig. Gott ließ sich anfassen. Gott ließ sich in den Arm nehmen. Durch Jesus sagte Gott den Menschen: „Je näher, desto besser." Warum hat Gott das getan? Gott hätte uns aus der Entfernung lieben und unser Bestes wollen können. Aber er wollte mehr, als uns nur zu lieben. Er wollte eine tiefe Beziehung zu uns.

Gott wurde Mensch, um die Erfahrung des Menschseins mit uns zu teilen.

Gott wurde ganz Mensch, um diese Erfahrung ganz mit uns zu teilen.

Vertrautheit erfordert Nähe, Verwundbarkeit. Also nahm Gott eine Gestalt aus Fleisch und Blut an. Gott wollte eine hautnahe Erfahrung.

„Jesus von Nazareth, den die Christen für den menschgewordenen Gott halten, kam auf die gleiche blutige, dreckige, verwundbare Art und Weise in diese Welt wie jeder von uns."[7]

Maria hielt Gott im Arm, küsste Gottes Gesicht, stillte Gott an ihrer Brust, streichelte Gottes Köpfchen. Als er in der Person von Jesus auf diese Erde kam, musste Gott laufen lernen und fiel dabei hin. Der Gott, der sagte: „Es werde Licht", und genau das geschah, musste sprechen lernen. In Jesus war Gott einsam, Gott wurde müde, Gott blutete, Gott durchlebte die Pubertät, Gott hämmerte auf Nägel und schlug sich selbst auf den Daumen. In Jesus liebte Gott, lachte, wurde verletzt, hoffte, lebte und starb.

In Jesus wurde dieser ferne, unberührbare, unnahbare, unerreichbare Gott *echt*.

## Echt werden

Margery Williams, die als Autorin von Erwachsenenliteratur gescheitert war, schrieb 1922 ein Kinderbuch mit dem Titel *Das Samtkaninchen.*

Die Geschichte handelt von einem Jungen, der ein Samtkaninchen zu Weihnachten bekommt, aber ihm gefällt dieses Stofftier nicht besonders. Nach wenigen Stunden lässt er das Kaninchen deshalb liegen und spielt mit raffinierteren Aufziehspielsachen. Lange Zeit sitzt das Kaninchen auf einem Regal, unberührt, unerkannt, in Sicherheit.

Dort auf dem Regal unterhält sich das Kaninchen mit einem Pferdchen aus Fell, einem alten, abgenutzten Spielzeug, das dem Neuankömmling erzählt, was es bedeutet, echt zu werden:

*„Was heißt eigentlich ‚echt‘?", fragte das Samtkaninchen eines Tages, als beide nebeneinander auf dem Fußboden im Kinderzimmer lagen. „Heißt es, dass man surrende Sachen im Bauch und einen Haltegriff am Rücken hat?"*

*„‚Echt‘ hat nichts damit zu tun, wie man gemacht ist", sagte das Pferdchen. „Es ist etwas, das mit dir passiert, wenn dich ein Kind eine lange, lange Zeit liebt – wenn es nicht nur mit dir spielen will, sondern wenn es dich wirklich liebt –, dann wirst du echt."*

*„Tut das weh?", fragte das Samtkaninchen.*

*„Manchmal", sagte das Pferdchen, denn es war immer ehrlich. „Aber wenn man echt ist, macht einem der Schmerz nichts aus."*

*„Passiert das denn ganz plötzlich wie beim Aufziehen?", wollte das Samtkaninchen wissen, „oder eher Stück für Stück?"*

*„Es geschieht nicht auf einmal", sagte das Pferdchen.*

*„Man wird es. Das braucht viel Zeit. Deswegen passiert es auch nur ganz selten mit denen, die leicht kaputt gehen oder scharfe Kanten haben und die man sehr sorgfältig behandeln*

*muss. Wenn man erst einmal echt ist, dann sind einem schon die meisten Haare weggeliebt worden und die Augen fallen dir heraus und deine Gelenke sind ausgeleiert und du bist ganz abgewetzt. Aber das macht alles nichts, denn wenn du erst einmal echt bist, kannst du gar nicht mehr hässlich sein, höchstens für Leute, die keine Ahnung haben.*"[8]

Ich glaube, diese Geschichte berührt die Menschen auch heute noch so sehr, weil sie eine große Sehnsucht in uns anspricht – die Sehnsucht, selbst echt zu sein. Alle unsere Fehler, Schwächen und unsere Schwachheit offenzulegen und – oh Wunder – trotzdem geliebt zu werden. *Bedingungslos.*

Das Samtkaninchen „sehnte sich danach, echt zu werden, zu wissen, wie sich das anfühlt; und doch war der Gedanke, abgenutzt zu werden, seine Augen und Haare zu verlieren, sehr traurig. Es wünschte sich, es könnte echt werden, ohne dass ihm diese unangenehmen Dinge passierten."[9]

Aber echt zu werden hat immer einen Preis.

Es bedeutet, dass wir das Risiko eingehen, Angst davor zu haben, abgelehnt zu werden.

Es bedeutet, dass wir ein Stück weit unsere Freiheit verlieren, damit wir die Versprechen geben können, die zu einer Beziehung dazugehören.

Es bedeutet, dass wir die ständige Demütigung in Kauf nehmen, Geständnisse machen zu müssen: „Ich habe gelogen. Ich habe betrogen. Ich habe schlecht über dich geredet. Es tut mir leid."

Es bedeutet, dass wir die Fernsteuerung aus der Hand legen und überhaupt die Kontrolle abgeben.

Es bedeutet, dass wir uns von Herzen wünschen, dass es dem anderen gut geht. Wir leiden, wenn unser Kind bedrückt ist und wir ihm nicht helfen können und uns fragen, ob wir vielleicht schuld daran sind, dass es ihm so schlecht geht. Oder wie bei der Frau, die am Bett ihres Mannes sitzt, den sie seit sechzig Jahren kennt und dessen einst so athletischer Körper nur noch eine eingefallene Hülle ist, und die seine Hand hält und ihm sagt, dass es in Ordnung ist, wenn er geht, obwohl es gar nicht in Ordnung ist.

Sich nahezukommen heißt, verletzt zu werden.

Aber niemand kann echt werden, ohne anderen nahezukommen, ohne geliebt zu werden. Und die Liebe schleicht sich meistens unbemerkt an, genau wie die Gnade.

*Wochen vergingen, und das kleine Samtkaninchen wurde sehr alt und abgenutzt, aber der Junge liebte es trotzdem noch genauso. Er liebte es so sehr, dass er alle seine Schnurrhaare weggeliebt hatte, und die rosa Ohren waren grau geworden und die braunen Punkte verblasst. Es fing sogar an, seine Form zu verlieren, und sah kaum noch wie ein Kaninchen aus – außer für den Jungen. Für ihn war es immer noch wunderschön und mehr wollte das Kaninchen nicht.*[10]

Ian Pitt-Watson, der mir das Predigen beigebracht hat, hat eine andere Version dieser Geschichte erzählt, in der seine Tochter die Hauptrolle spielt, denn diese Geschichte wiederholt sich im Leben jedes Kindes, das ein Spielzeug oder eine Puppe oder eine Decke beinahe zu Tode liebt. Er ist fest davon überzeugt, dass es uns jedes Mal einen Stich versetzt, wenn wir dieses Verhalten sehen, denn es lehrt uns etwas über die wichtigste Liebe überhaupt.

Es gibt eine Liebe, die nach dem Nutzen fragt, sagte er. Eine Liebe, die sich zu ihrem Objekt hingezogen fühlt, weil es glänzt oder hübsch oder teuer oder nützlich ist. Eine Liebe, die nach Wert in dem sucht, was sie liebt.

Aber es gibt auch eine Liebe, die Wert *schafft* in dem, was sie liebt: „Und das ist die wahre Liebe: Nicht wir haben Gott geliebt, sondern er hat uns zuerst geliebt und hat seinen Sohn gesandt, damit er uns von unserer Schuld befreit."[11]

*Und dann, eines Tages, wurde der Junge krank.*

*Sein Gesicht wurde ganz rot … und sein kleiner Körper war so heiß, dass sich das Kaninchen verbrannte, wenn er es an sich drückte. …*

*Schließlich sank das Fieber und dem Jungen ging es wieder besser. …*

*Jetzt blieb nichts mehr übrig, als die Anweisungen des Arztes auszuführen. … Das Zimmer musste desinfiziert und alle Bücher und Spielsachen, mit denen der Junge im Bett gespielt hatte, mussten verbrannt werden. …*

*Da fiel Nanas Blick auf* [das Kaninchen].

*„Was ist mit diesem alten Hasen?", fragte sie.*

*„Der?", sagte der Doktor. „Das ist ein Haufen Scharlachbakterien! Verbrennen Sie ihn sofort!"…*

*Und so wurde das Samtkaninchen zusammen mit alten Bilderbüchern und einem Haufen Unrat in einen Sack gesteckt und hinaus in den Garten hinter den Hühnerstall gebracht. …*

*Es fühlte sich sehr einsam. … Es zitterte sogar ein wenig, weil es gewohnt war, immer in einem richtigen Bett zu schlafen. Inzwischen war sein Fell so abgenutzt und dünn vom Liebkosen, dass es keinen Schutz mehr bot. … Es dachte zurück an jene langen, sonnigen Stunden im Garten – wie glücklich sie doch gewesen waren – und eine große Traurigkeit überkam es. … Es dachte an das Pferdchen aus Fell, das so weise und sanft gewesen war, und an alles, was es ihm erzählt hatte. Welchen Nutzen hatte es, geliebt zu werden, seine Schönheit zu verlieren und echt zu werden, wenn man so endete?*[12]

Kommt Ihnen das bekannt vor? Das sollte es. Lange bevor Margery Williams anfing zu schreiben, war jemand anderes echt geworden. Ein jüdischer Lehrer, der ein erstaunlich normales Leben führte. Arbeiterklasse. Vielleicht war er auch ein wenig unansehnlich. Er liebte so sehr und so tief, dass sein Herz brach, und seine Tränen flossen. Und der tödliche Zustand der gesamten Menschheit lag auf seinen Schultern. „Er nahm unsere Krankheiten auf sich und trug unsere Schmerzen."[13] Er wurde entsorgt, so wie die Römer damals Unruhestifter eben entsorgten – an einem Kreuz. Und der Klang seines gebrochenen Herzens war der Klang äußersten Leides.

Seine Jünger waren am Boden zerstört. *Welchen Nutzen hatte es, geliebt zu werden, seine Schönheit zu verlieren und echt zu werden, wenn man so endete?*

*Und dann geschah etwas Seltsames. ...*

*Die wohl hübscheste Fee der Welt* [erschien]. *... Sie kam ganz nah zu dem Samtkaninchen und hob es auf ihren Arm und küsste es auf seine von Tränen feuchte Nase.*

*„Kleines Samtkaninchen", sagte sie, „weißt du nicht, wer ich bin? ... Ich bin die Kinderzimmerfee", sagte sie. „Ich kümmere mich um all die Spielsachen, die die Kinder geliebt haben. Wenn sie alt und abgenutzt sind und die Kinder sie nicht mehr brauchen, dann komme ich und nehme sie mit und mache sie echt."*

*„War ich denn nicht schon echt?", fragte das kleine Kaninchen.*

*„Du warst echt für den Jungen", sagte die Fee, „weil er dich geliebt hat. Jetzt wirst du für alle echt."*[14]

Williams nannte es *echt werden*. Ein besseres Wort dafür ist vielleicht *Auferstehung*.

Eine Macht kam.

Und am dritten Tag wurde er echt.

Und seine Freunde sahen ihn.

Und sie erkannten ihn.

Und weil es mit ihm geschehen war, so versprach er, würde es auch mit uns geschehen.

## Das ist Liebe

Wenn wir tiefe Beziehungen leben und den anderen wirklich lieben und auch selbst Liebe empfangen, dann werden wir *echt*. Shauna Niequist schreibt über ihren vierjährigen Sohn Mac: „Wenn er in den Arm genommen werden oder einen Kuss will, breitet er die Arme aus und ruft mit tiefer Stimme, wie ein Moderator im Radio: ‚Her mit der Liebe!' Wenn man ihn dann auf den Arm nimmt, streichelt er einem mit seinen kleinen Händen die ganze Zeit über den Rücken und sagt: ‚Das ist sie. Da ist die Liebe. Da ist die Liebe.'"[15]

Da ist sie.

Da ist die Liebe.

Wir finden sie in der Ehe und in der Erziehung, in der Familie und in der Freundschaft. Sie war aber auch in den leisen Stimmen meiner Eltern, als ich ein schläfriger kleiner Junge war, auf der Rückbank im Auto saß und die Welt noch in Ordnung war. Sie ist in der Freude meines Freundes Rick, der gerade Großvater geworden ist und mir erzählt, dass Enkelkinder einen ausbremsen, weil man sich ihrer Zeit anpassen muss. Und Babys haben es nicht eilig.

Da ist die Liebe. Sie kommt in meinen Erinnerungen zu mir, wenn ich meinen Vater sagen höre: „Schön, Kinder, ihr müsst euch ein Eis holen." Sie ist in den stillen, altmodischen Worten der Gebete meiner Großmutter. Sie ist in dem Lied „Welch ein Freund ist unser Jesus", das wir vor Jahren auf der Beerdigung einer jungen Frau sangen und das ihr Bruder Max jahrzehntelang nicht mehr singen konnte. Aber er singt es jetzt, wo er über neunzig ist und darauf wartet, wieder mit ihr vereint zu werden. Sie ist in der Erinnerung an dem Frühstückstisch in Brendenwood Terrace, die alle Zeit der Welt nicht aus meinem Gedächtnis löschen kann. Sie ist in dem Viertel in Oakland, in dem meine Tochter lebt – wo Fremde sich manchmal nicht hintrauen, aber die Menschen nie in Eile sind, Zeit haben, stehen zu bleiben, sich zu unterhalten, zu lächeln, Anteil zu nehmen; an dem Ort, den sie Zuhause nennen.

Gott hat uns erschaffen, damit wir seine Liebe an andere weitergeben, denn er will, dass niemand sich das Angebot entgehen lässt, eine innige Beziehung zu ihm einzugehen.

Er liebt den schlimmsten Menschen auf seiner Welt mehr als Sie den besten Menschen in Ihrer.

Er liebt alle mehr, als Sie irgendjemanden lieben.

Das ist Liebe. Das Wort wurde Fleisch. Der Bär kam die Leiter herunter.

Weil alle kleinen Kinder hinreißende Dinge tun, frage ich mich, was Jesus wohl mit vier Jahren getan hat, das Maria und Josef zum Lachen oder Weinen brachte. Ich frage mich, ob er „Deinen kleinen Kopf streicheln" gesagt hat oder „Mein Schatz, mein Schatz, ich weiß, ich weiß". Ich frage mich, ob Maria „Es ist alles in Ordnung" zu ihm sagte, als er auf die Welt kam. Ich frage mich, ob er es zu ihr sagte, als er starb.

Ich frage mich, ob Jesus seinen Jüngern jemals „Wir brauchen mehr Liebe!" zurief, wenn sie sich darüber stritten, wer der Bedeutendste von ihnen war; oder ob er es den Männern zurief, die sich versammelt hatten, um eine Frau zu steinigen, die in flagranti ertappt worden war; oder den religiösen Führern, die nicht wollten, dass er am Sabbat einen Leprakranken heilte. Ich frage mich, ob er es am Tisch geflüstert hat, bei seinem letzten Mahl, unmittelbar bevor Judas sich davonschlich.

Ich frage mich, ob er es immer noch flüstert.

Halten Sie inne. Seien Sie stille und erkennen Sie.

Wer Ohren hat zu hören, der höre: Wir brauchen mehr Liebe!

## Vertrautheit hält für immer

Menschen, die stolz darauf sind, knallhart zu sein, tun Themen wie Vertrautheit und Glauben manchmal ab; das sei weltfremd. „Wir leben in der realen Welt", sagen sie.

Man geht davon aus, dass die wahre Welt nur aus dem besteht, was man sehen und hören kann und aus den schweren Dingen, die wir erleben. Die reale Welt besteht aus Büropolitik und Enttäuschungen, Erkältungen und Katern, Mangel und Mühen und „nichts ist umsonst" und „jeder ist sich selbst der Nächste".

Jeder Mensch muss entscheiden, was für ihn die wahre Welt ist. Ein Philosoph und Freund von mir meinte immer: „Wirklichkeit ist das, worauf man sich verlassen kann. Schmerz ist das, was man erlebt, wenn man sich in der Wirklichkeit getäuscht hat."[16]

Als Jesus Mensch wurde, musste er nicht echt *werden*. Er brachte einfach ein klitzekleines Stück Wirklichkeit in unsere unechte, künstliche, erfundene Welt. Er wurde *für uns* echt. Er zeigte uns, wie ein echtes Leben als Mensch aussieht. Er ermöglicht es uns, echt zu werden.

Während wir eine innige Beziehung zu ihm erleben – durch eine gemeinsame Erfahrung nach der anderen –, sollen auch wir anfangen, echt zu werden.

Das letzte Buch der Bibel gibt den Kindern Gottes ein Versprechen, das einem die Tränen in die Augen treibt, wenn man daran glaubt. Gott sagt: „… ich werde ihm einen weißen Stein geben. Darauf steht ein neuer Name, den nur der kennt, der ihn erhält."[17]

Ihr Name ist Ihre Identität, Ihr Wesen, Ihre Möglichkeiten. Diesen Namen zu empfangen bedeutet, gekannt und geliebt zu sein; dazuzugehören und geheilt zu sein.

Das ist Liebe.

Sie kennen Ihren Namen noch nicht.

Aber eines Tages werden Sie ihn kennen.

Dann gehören Sie ihm.

Dann werden Sie echt sein.

Und jetzt kommt das Beste: „Wenn du erst einmal echt bist, kannst du nie wieder unecht werden. Es hält für *immer*."[18]

# Quellenangaben

Die Bibelzitate wurden folgenden Übersetzungen entnommen:

ELB = *Revidierte Elberfelder Bibel (Rev. 26)* © 1985/1991/2008 SCM
R.Brockhaus in der SCM Verlagsgruppe GmbH, Witten/Holzgerlingen.
GN = *Gute Nachricht Bibel*, revidierte Fassung, durchgesehene Ausgabe,
© 2000 Deutsche Bibelgesellschaft, Stuttgart.
Hfa = *Hoffnung für alle*® Copyright © 1983, 1996, 2002, 2015 by Biblica
Inc.®. Verwendet mit freundlicher Genehmigung von Fontis – Brunnen
Basel. Alle weiteren Rechte weltweit vorbehalten.
LÜ = *Lutherbibel*, revidiert 2017, © 2016 Deutsche Bibelgesellschaft, Stuttgart.
NGÜ = *Neue Genfer Übersetzung – Neues Testament und Psalmen*, Copyright © 2011 Genfer Bibelgesellschaft.
NL = *Neues Leben. Die Bibel*, © der deutschen Ausgabe 2002 und 2006 SCM
R.Brockhaus in der SCM Verlagsgruppe GmbH, Witten/Holzgerlingen.
WD = *Willkommen daheim*. © 2009 by Gerth Medien GmbH, Asslar.

**Einleitung: Ganz allein am Tisch?**
[1] Hugo, Victor: *Les Misérables*. Bd. IV, George Routledge und Söhne, London 1887
[2] 1. Mose 2,18; Hfa
[3] 1. Mose 3,8–9; Hfa
[4] Offenbarung 3,20; NGÜ

**Kapitel 1: Kannst du mir folgen?**
[1] Horton, Helena: „More People Have Died by Taking Selfies This Year than by Shark Attacks", in: Telegraph, 22. September 2015, www.telegraph.co.uk/technology/11881900/More-people-have-died-by-taking-selfies-this-year- than-by-shark-attacks.html

[2] Markus 3,14; Hfa

[3] Markus 1,16–17; Hfa

[4] Matthäus 9,10; Hfa

[5] Lukas 22,15; Hfa

[6] Matthäus 5,1–2, siehe auch Matthäus 13,36; 15,15; 16,21; Markus 4,34; 8,31; 9,30–31; Lukas 24,27

[7] Johannes 13,14; Hfa

[8] Markus 6,31; Hfa

[9] Markus 6,32; Hfa

[10] Markus 9,2; Hfa

[11] Lukas 11,1; Hfa

[12] Lukas 5,4; Hfa

[13] Lukas 4,23; Hfa (Schreibweise des Autors)

[14] Gladwell, Malcolm: *Überflieger – Warum manche Menschen erfolgreich sind – und andere nicht.* Piper Taschenbuch, München 2010. Hier besonders Kapitel 2. Gladwells Arbeit stützt sich vor allem auf die Studien des schwedischen Psychologen Anders Ericsson und ist nicht unumstritten.

[15] Johannes 13,34–34; Hfa

[16] de Mello, Anthony: *Seek God Everywhere: Reflections on the Spiritual Exercises of St. Ignatius.* Image/Doubleday, New York 2010, S. 169

[17] Laubach, Frank C.: *The Game with Minutes.* Eine Schrift von 1953. http://hockleys.org/wp-content/uploads/Game_with_Minutes.pdf

[18] de Beaufort, Joseph: „The Life of Brother Lawrence", in: *The Brother Lawrence Collection.* Wilder Publications, Radford 2008

**Kapitel 2: Bestandsaufnahme**

[1] www.mtfca.com/discus/messages/257047/304942.html?1346263614

[2] Ephron, Nora: *Heartburn.* Vintage, New York 1996, S. 158. Dt.: *Sodbrennen.* Verlagsgruppe Droemer Knaur GmbH & Co. KG, München 1984

[3] Ephron, Nora: „What I Wish I'd Known", in: *I Feel Bad about My Neck.* Vintage, New York 2008, S. 125. Dt.: *Der Hals lügt nie: Mein Leben als Frau in den besten Jahren.* Blanvalet, München, 2009

[4] Thomas von Aquin: *Summa Theologica*, in: *Great Books of the Western World*, Bd. 20. Encyclopedia Britannica, New York 1952, S. 483

[5] 1. Korinther 13,1–3; Hfa

[6] Epheser 3,17–18; Hfa

[7] 1. Korinther 13,4.7–8; Hfa

[8] Hoheslied 4,1–5; Hfa

[9] Philipper 1,9; Hfa

[10] Cliff Penner in einem Gespräch mit dem Autor, Datum unbekannt

[11] Chapman, Gary: *Die 5 Sprachen der Liebe*. Francke, Marburg 2018, S. 167

[12] Clemens, Samuel L.: Brief an Gertrude Natkin vom 2. März 1906, in: *Mark Twain's Aquarium: The Samuel Clemens Angelfish Correspondence, 1905–1910*. John Cooley, Hrsg., University of Georgia Press, Athens, Georgia 2009, S. 16

[13] Bonhoeffer, Dietrich: *Gemeinsames Leben*. Chr. Kaiser Verlag, München 1987, S. 33

[14] Johannes 14,22; Hfa

[15] Matthäus 19,28–30

[16] Tavris, Carol: *Anger: The Missunderstood Emotion*. Touchstone, New York 1989, S. 129. Dt.: *Wut – das missverstandene Gefühl*. dtv, München 1995

[17] Tannen, Deborah: *Du kannst mich einfach nicht verstehen: Warum Männer und Frauen aneinander vorbeireden*. Goldmann Verlag, München 1993, S. 43 und 298

[18] Ebd.

[19] Markus 9,33–34; Lukas 9,46 und 22,24

[20] Tannen: *Du kannst mich einfach nicht verstehen*, S. 20

[21] Ebd., S. 121

[22] Gottman, John M. und Julie Gottman: „Love Maps". www.gottman.com/wp-content/uploads/2016/09/Love-Maps-White-Paper.pdf

[23] Steinbeck, John: *Grapes of Wrath*. Penguin, New York 2002, S. 419. Dt: *Früchte des Zorns*. dtv, München 1985

[24] Taylor, Charles: *A Secular Age*. Belknap Press, Cambridge MA 2007, S. 25. Dt.: *Ein säkulares Zeitalter*. Suhrkamp Verlag, Frankfurt 2012

[25] Smedes, Lewis B.: *Union with Christ: A Biblical View of the New Life in Jesus Christ*. Eerdmans, Grand Rapids 1983, S. 58

[26] Jeremia 2,32; Hfa

[27] Plantinga, Cornelius jr.: „Pray the Lord My Mind to Keep", in: *Christianity Today*. 10. August 1998, S. 2. www.christianitytoday.com/ct/1998/august10/8t9050.html?start=2

[28] Matthäus 25,31–46

[29] Matthäus 27,46; Markus 15,34

**Kapitel 3: Für Nähe geboren**

[1] Plantinga, Cornelius jr.: *Not the Way It's Supposed to Be: A Breviary of Sin*. Eerdmans, Grand Rapids 1995, S. 29

[2] Ebd., S. 197

[3] „Wie viele Nervenzellen hat das Gehirn?"; https://www.helmholtz.de/gesundheit/wie-viele-nervenzellen-hat-das-gehirn

[4] Siegel, Daniel J.: *The Developing Mind: How Relationships and the Brain Interact to Shape Who We Are*. Guilford Press, New York 2012, S. 13

[5] Ebd., S. 9–10

[6] Ebd., S. 48–49. Siegel schreibt, „Zellen, die gemeinsam senden, verbinden sich" sei die Umschreibung der Neurobiologin Carla Shatz von „einem einfachen Lehrsatz, den Donald Hebb 1949 formuliert hat: Nervenzellen, die zu einem bestimmten Zeitpunkt gleichzeitig Signale senden, werden wahrscheinlich auch zukünftig gemeinsam Signale senden." Shatz' Version ist einprägsamer.

[7] Ebd., S. 10

[8] Ebd., S. 155

[9] Gottman, John M. und Joan DeClaire: *The Relationship Cure*. Three Rivers Press, New York 2001, S. 25–26

[10] Siegel: *The Developing Mind*, S. 100, 117, 155

[11] Jesaja 41,10; Hfa

[12] Psalm 139,14; Hfa

[13] Römer 12,9; Hfa

[14] Wilbourne, Rankin: *Union with Christ: The Way to Know and Enjoy God*. David C. Cook, Colorado Springs 2016, S. 245

[15] Jesaja 49,15; Hfa

[16] Willard, Dallas: *Verwandle mein Herz: Wie Christus unsere Persönlichkeit prägen will*. Brunnen Verlag, Gießen 2016, S. 162

[17] Hosea 11,1.3.7; Hfa

[18] Psalm 23,1.4; Hfa

[19] Juliana von Norwich (1373): *Offenbarungen göttlicher Liebe*. Johannes Verlag Einsiedeln, Freiburg 2011. Zitiert nach: http://www.hoye.de/mystik/juliana.pdf

[20] Juliana von Norwich: *Offenbarungen göttlicher Liebe*. Aus der 13. Offenbarung. www.kath-info.de/vorsehung.html

**Kapitel 4: Angebote**

[1] Feltman, Rachel: „Stephen Hawking Announces $ 100 Million Hunt for Alien Life", in: *Washington Post*, 20. Juli 2015. https://www.washingtonpost.com/news/speaking-of-science/wp/2015/07/20/stephen-hawking-announces-100-million-hunt-for-alien-life/?utm_term=.ddc9ee2b1a53

[2] Cooper, Charlie: „Stephen Hawking: There Is ‚No Bigger Question' in Science than the Search for Extraterrestrial Life", in: *Independent*, 20. Juli 2015. www.independent.co.uk/news/science/stephen-hawking-there-is-no-bigger-question-in-science-than-the-search-for-extraterrestrial-life-10402432.html

[3] Gottman, John M. und Joan DeClaire: *The Relationship Cure*. Three Rivers Press, New York 2001, S. 4

[4] Ebd.

[5] Ebd.

[6] Ebd.

[7] Johannes 21,19; Hfa

[8] Matthäus 25,40; Hfa

[9] Kolosser 3,23; NGÜ

[10] Psalm 42,8; LÜ

[11] Psalm 42,9; NGÜ

[12] Plantinga, Cornelius jr.: *Not the Way It's Supposed to Be: A Breviary of Sin*. Eerdmans, Grand Rapids 1995, S. 11

[13] Barrett Browning, Elizabeth: „Aurora Leigh" (1856), in: *Aurora Leigh and Other Poems*. Penguin, New York 1995, S. 232

**Kapitel 5: Mein Ich und die Lügen**

[1] Goleman, Daniel: *Emotional Intelligence*. Bantam, New York 1995, S. 46. Dt.: *EQ. Emotionale Intelligenz*. dtv, München 1997

[2] Lukas 10,41; Hfa

[3] Lukas 12,15; Hfa

[4] Matthäus 7,3; Hfa

[5] Augustinus, Aurelius: *The Soliloquies of St. Augustine*. Buch II, I. Engl. von Rose Elizabeth Cleveland, Little Brown, Boston 1910, S. 51. Dt.: *Selbstgespräche über Gott und die Unsterblichkeit der Seele*. Artemis-Verlag, Zürich 1954

[6] Calvin, Johannes: *Unterricht in der christlichen Religion*. Vandenhoeck & Ruprecht, Göttingen 2008, Kap. 1, Abs. 3. www.ccel.org/ccel/calvin/institutes.iii.ii.html

[7] Clairvaux, Bernhard von: „Sermon 37: Knowledge and Ignorance of God and of Self", in: *Commentary on the Song of Songs*. Engl. von Matthew Henry, Jürgen Beck Jazzybee Verlag, Altenmünster

[8] Matthäus 25,26; Hfa

[9] Matthäus 25,24; Hfa

[10] Psalm 19,13; NL

[11] Butler, Joseph: „Upon Self-Deceit", in: *The Works of the Right Reverend Father in God Joseph Butler*. D. C. L., J. F. Dove, London 1828, S. 103

[12] Buechner, Frederick: *Peculiar Treasures: A Biblical Who's Who*. HarperCollins, New York 1979, S. 128–130. Dt.: *Gottes Ebenbilder – Galerie: 130 biblische Persönlichkeiten und ein Wal*. Claudius Verlag, München 1992

[13] Lewis, Clive Staples: *Was man Liebe nennt*. Brunnen Verlag, Gießen 1986, S. 65

[14] Johannes 14,19–21 und 15,4–5

[15] Dostojewski, Fjodor: *Notes from Underground*. University of Adelaide, Web Edition, Kapitel XI, Absatz 7. https://ebooks.adelaide.edu.au/d/dostoyevsky/d72n/chapter12.html. Dt.: *Aufzeichnungen aus dem Kellerloch*. Anaconda Verlag, Köln 2008

[16] Römer 12,3

[17] Richardson, Daniel: *Social Psychology for Dummies*. John Wiley & Sons, Chichester, West Sussex 2014, S. 125

[18] McMinn, Mark R.: *Why Sin Matters: The Surprising Relationship between Our Sin and God's Grace*. Tyndale House, Carol Stream, IL 2004, S. 70

[19] Die Ausführungen zu selbstwertdienlicher Verzerrung und Attributionsfehlern wurden entnommen aus: McMinn: *Why Sin Matters*.

[20] Brooks, David: *The Road to Character*. Random House, New York 2015, S. 6. Dt.: *Charakter: Die Kunst, Haltung zu zeigen*. Kösel Verlag, München 2015

[21] Ebd., S. 6–7

[22] Jakobus 1,22–24; Hfa

[23] Drucker, Peter F.: *Managing Oneself*. Harvard Business School, Boston 2008, S. 4

[24] Rohr, Richard: *Breathing Under Water: Spirituality and the Twelve Steps*. St. Anthony Messenger Press, Cincinnati 2011, S. xxi. Dt.: *Zwölf Schritte der Heilung: Gesundheit und Spiritualität*. Herder Verlag, Freiburg 2016

[25] Brown, Brené: *Daring Greatly: How the Courage to Be Vulnerable Transforms the Way We Live, Love, Parent, and Lead*. Avery, New York 2015, S. 11, Hervorhebung des Autors. Dt.: *Die Gaben der Unvollkommenheit: Leben aus vollem Herzen*. J. Kamphausen, Bielefeld 2012

[26] Johannes 15,13; Hfa

[27] Nouwen, Henri J. M.: *In the Name of Jesus: Reflections on Christian Leadership*. Crossroad, Chestnut Ridge, NY, 1989, S. 27–28

[28] Lewis, C. S.: *Die Reise auf der Morgenröte*. Brendow Verlag, Moers 2003, S. 88–89

## Kapitel 6: Die Freuden des Geschworenendienstes

[1] Römer 12,15; Hfa

[2] Goleman, Daniel: *Social Intelligence: The New Science of Human Relationships.* Bantam, New York 2006, S. 86

[3] Lamott, Anne: *Bird by Bird: Some Instructions on Writing and Life.* Anchor, New York 1994, S. 122. Dt.: *Wort für Wort. Anleitung zum Schreiben und Leben als Schriftsteller.* Autorenhaus-Verlag, Berlin 2004

[4] Sprüche 24,17; Hfa

[5] Seppälä, Emma M.: „The Science behind the Joy of Sharing Joy", in: *Psychology Today*, 15. Juli 2013. www.psychologytoday.com/blog/feeling-it/201307/the-science-behind-the-joy-sharing-joy

[6] Nehemia 8,10; Hfa

[7] Galater 6,2; NGÜ

[8] Wolterstorff, Nicholas: *Lament for a Son.* Eerdmans, Grand Rapids 1987, S. 86. Dt.: *Klage um einen Sohn.* Vandenhoeck & Ruprecht, Göttingen 1988

[9] Oaklander, Mandy: „The Science of Crying", in: *Time*, 16. März 2016. http://time.com/4254089/science-crying

[10] Herrick, Robert: „Tears Are Tongues", in: *Hesperides, or Works Both Human and Divine.* George Routledge, London 1887, S. 47

[11] Vingerhoets, Ad: *Why Only Humans Weep: Unravelling the Mysteries of Tears.* Oxford University Press, Oxford 2013

[12] Vingerhoets, Ad, Niels van de Ven, Yvonne van der Velden: „The Social Impact of Emotional Tears", in: *Motivation and Emotion* 40 (2016), S. 455–463. www.ncbi.nlm.nih.gov/pmc/articles/PMC4882350

[13] Oaklander: „The Science of Crying"

[14] Johannes 11,35; ELB

[15] Psalm 56,8; Hfa

[16] Craik, Dinah Maria: *A Life for a Life.* Bernhard Tauchnitz, Leipzig 1859

[17] Ekman, Paul: „Basic Emotions", in: *Handbook of Cognition and Emotion.* Tim Dagleish u. Mick Power, Hrsg., John Wiley & Sons, Sussex 1999, S. 45–60. Siehe auch Ekman, Paul: *Emotions Revealed.* Holt, New York 2004

[18] Psalm 38,7.9; Hfa

[19] Psalm 137,8–9; Hfa

[20] Coleman, Paul: *The Complete Idiot's Guide to Intimacy.* Alpha, New York 2005, S. 124–126

[21] Goleman, Daniel: *Emotional Intelligence.* Bantam, New York 1995, S. 124–126

[22] Jakobus 1,17; NL

## Kapitel 7: Wir sollten alle verbindlich sein

[1] Smedes, Lewis B.: *Caring and Commitment*. Harper and Row, New York 1988, S. 7

[2] Weitere Informationen unter http://circuscenter.org

[3] Nouwen, Henri: *Our Greatest Gift: A Meditation on Dying and Caring*. Harper Collins, New York 1995, S. 63–64

[4] Stanley, Andy: „It's Only Physical". Predigt in der North Point Community Church, Alpharetta, Georgia, am 18. September 2009. www.sermoncentral.com/sermons/its-only-physical-andy-stanley-sermon-on-sexuality-139279?page=2

[5] Sternberg, Robert J.: „Triangular Theory of Love"; www.robertjsternberg.com/love

[6] Smedes: *Caring and Commitment*. S. 11

[7] Chesterton, G. K.: „A Defence of Rash Vows", in: *The Defendant*. Dover, Mineola, NY 2012, S. 9

[8] Ebd., S. 13

[9] 1. Mose 15,12; Hfa

[10] 1. Könige 19,19–20; Hfa

[11] 1. Könige 19,21; Hfa

[12] Weil wir hier von Gott sprechen und ihm die Wahrheit sehr wichtig ist, muss ich zugeben, dass Cortés die Schiffe nicht wirklich verbrannte, er versenkte sie nur. Und es ist möglich, dass er auch ein Schiff übrig ließ, um Schätze nach Spanien zurückzutransportieren (und vielleicht auch ein paar Anführer, falls das Unternehmen scheitern sollte).

[13] Beck, Aaron T.: *Love Is Never Enough: How Couples Can Overcome Misunderstandings, Resolve Conflicts, and Solve Relationship Problems through Cognitive Therapy*. HarperPerennial, New York 1989, S. 217 ff.

[14] Urie Bronfenbrenner, zitiert in Smith, Anne B.: *Understanding Children's Developement*. Bridget Williams Books, Wellington, Neuseeland, 1998, S. 268

[15] Law, William: *A serious Call to a Devout and Holy Life*. W. Innis und R. Manby, London 1739, 4. Aufl., S. 15. Hervorhebungen durch den Autor

[16] Cicero, in: *Laelius de Amicitia*, 3.47, zitiert in Aelred von Rivaulx: *Spiritual Friendship*, Bd. 2.; http://gutenberg.spiegel.de/buch/lalius-oder-von-der-freundschaft-1896/3

[17] 1. Samuel 20,16–17; NL

[18] Samuel Taylor Coleridge: „Youth and Age"

[19] Sprüche 18,24; Hfa

[20] Sprüche 17,17; Hfa

[21] Aristoteles, zitiert von Kent Dunnington, in: *Addiction and Virtue: Beyond the Models of Desease and Choice*. InterVarsity Press, Downers Grove 2011, S. 187

[22] von Rievaulx: *Spiritual Friendship*. S. 103–105

[23] Arendt, Hannah: *The Human Condition*. University of Chicago Press, Chicago 1958, 2. Aufl., S. 237

[24] Dallas Willard in einer Unterhaltung mit dem Autor. Catalyst Road Trip 2010, Catalyst Podcast, Episode 124; http://catalyst.libsyn.com/episode-124-dallas-willard-and-john-ortberg. Dieser Teil der Unterhaltung beginnt bei 33:30.

[25] Nacherzählt aus Willard, Dallas: *The Great Omission: Reclaiming Jesus' Essential Teachings on Discipleship*. HarperOne, New York 2006, S. 151. Dt.: *Jünger wird man unterwegs: Jesus-Nachfolge als Lebensstil*. Neufeld Verlag, Cuxhaven 2015

[26] Chesterton: „A Defence of Rash Vows", S. 13

**Kapitel 8: Es gibt etwas, das mag die Mauern nicht…**

[1] Gawande, Atul: *Being Mortal: Medicines and What Matters in the End*. Metropolitan Books, New York 2014, S. 119. Dt.: *Sterblich sein: Was am Ende wirklich zählt. Über Würde, Autonomie und eine angemessene medizinische Versorgung*. Fischer Taschenbuch, Frankfurt 2017

[2] Ebd., S. 122

[3] Ebd., S. 123

[4] Ebd., S. 21

[5] Ebd., S. 18

[6] Ebd., S. 127, siehe auch http://www.edenalt.org

[7] Milton, John: *Das verlorene Paradies*. Vierter Gesang. www.zeno.org/Literatur/M/Milton,+John/Epos/Das+verlorene+Paradies/Vierter+Gesang.

[8] „Great Wall of China". History.com, 2010. www.history.com/topics/great-wall-of-china.

[9] Kant, Immanuel: *Grundlegung zur Metaphysik der Sitten*. Reclam Verlag, Stuttgart 1986; http://gutenberg.spiegel.de/buch/grundlegung-zur-methaphysik-der-sitten-3510/1

[10] Mattey, G. J.: *Notizen aus einer Vorlesung zu Kants Grundlegung zur Metaphysik der Sitten*. Philosophie I, Universität von Kalifornien, Davis, Frühjahrsemester 2002; hume.ucdavis.edu/mattey/phi001/grounding.html

[11] Robert Frost: „Beim Mauerflicken", zitiert nach: www.zeit.de/1963/35/beim-mauerflicken

[12] Brown, Brené: *Daring Greatly*. Avery, New York 2015, S. 150. Dt.: *Verletzlichkeit macht stark*. Goldmann Verlag, München 2017

[13] Waxman, Olivia B.: „Church Pastor Starts a ‚Tip-Shaming' Website", in: *Time*, 11. März 2014; time.com/18977/church-pastor-starts-a-tip-shaming-website. 18 Prozent beträgt die durchschnittliche Höhe des Trinkgelds in den USA.

[14] Corbett, Steve u. Brian Fikkert: *When Helping Hurts: How to Alleviate Poverty without Hurting the Poor … and Yourself.* Moody, Chicago 2012, S. 127–128

[15] Markus 6,3; Hfa

[16] Johannes 1,1; Hfa

[17] Uhls, Yalda T.: „Five Days at Outdoor Education Camp without Screens Improves Preteens Skills with Nonverbal Emotion Cues", in: *Computers in Human Behavior 39*, Oktober 2014

[18] Kardaras, Nicholas: „Generation Z: Online and at Risk?", in: *Scientific American*, 1. September 2016. www.scientificamerican.com/article/generation-z-online-and-at-risk

[19] Rosen, Larry: „Phantom Pocket Vibration Syndrome", in: *Psychology Today*, 7. Mai 2013. www.psychologytoday.com/blog/rewired-the-psychology-technology/201305/phantom-pocket-vibration-syndrome

[20] Facebook-Seite von Brandie Johnson, 2. November 2015, zitiert von Angel Chang: „This Mom's 28 Tallies Beg Us to Put Down Our Phones", Little Things Website. www.littlethings.com/parents-put-down-the-phone

[21] Turkle, Sherry: „Connected, but Alone?", April 2012; www.ted.com/talks/sherry_turkle_alone_together/transcript?language=en, ab Min. 12:41

[22] Psalm 139,1–2; Hfa

[23] Psalm 139,4; Hfa

[24] Psalm 139,8–10; Hfa

[25] Gottman, John M. und Nan Silver: *The Seven Principles for Making Marriage Work*. Harmony Books, New York 2015, S. 2. Dt.: *Die 7 Geheimnisse der glücklichen Ehe*. Ullstein, Berlin 2014

[26] Wenn nicht anders angegeben, wurden die folgenden Ausführungen zu den „vier Reitern" in zwischenmenschlichen Beziehungen übernommen aus Gottman: *The Seven Principles for Making Marriage Work*, S. 30–33

[27] Rakel, D. P. et al.: „Practitioner Empathy and the Duration of the Common Cold", in: *Family Medicine 41*, Nr. 7, Juli/August 2009, S. 494–501; www.ncbi.nlm.nih.gov/pubmed/19582635

[28] 1. Samuel 18,6–8; NL

29  Buechner, Frederick: *Wishful Thinking: A Seeker's ABC*. Harper and Row, New York 1973. Dt.: *Wunschdenken: Ein religiöses ABC*. TVZ Theologischer Verlag, Zürich 2007

30  F. Murray Abraham in der Rolle des Antonio Salieri in Amadeus. Drehbuch: Peter Shaffer, Regie: Milŏs Forman, 1984. https://youtu.be/yencLfqOh5A

31  Ebd.; https://youtu.be/-2ulXbpKaTg, bei 1:00 Min

32  Ebd., bei Min. 1:20

33  Peck, M. Scott: *The Different Drum: Community Making and Peace*. Touchstone, New York 1988, S. 88. Dt.: *Gemeinschaftsbildung: Der Weg zu authentischer Gemeinschaft*. Blühende Landschaften, 2014

34  Eine weiterführende Diskussion über das Stadium des Chaos in Beziehungen findet sich bei Peck: *Gemeinschaftsbildung*.

35  Lamott, Anne: *Bird by Bird: Some Instructions on Writing and Life*. Anchor, New York 1995, S. 19. Dt.: *Bird by Bird – Wort für Wort. Anleitungen zum Schreiben und Leben als Schriftsteller*. Autorenhaus-Verlag, Berlin 2004

36  Psalm 46,11; LÜ

37  Hutson, Matthew: „People Prefer Electric Shocks to Being Alone with Their Thoughts", in: *Atlantic*, 3. Juli 2014

38  1. Chronik 23,30; Hfa

39  Epheser 2,18; WD

**Kapitel 9: Nackt und ohne Furcht**

1  Die Diagramme in diesem Kapitel wurden übernommen aus Crouch, Andy: *Strong and Weak: Embracing a Life of Love, Risk, and True Flourishing*. InterVarsity Press, Downers Grove, IL, 2016, S. 13–14

2  1. Mose 1,26; GN

3  Crouch: *Strong and Weak*, S. 35

4  Psalm 8,6–7; Hfa

5  1. Mose 2,25; Hfa

6  Crouch: *Strong and Weak*, S. 43–44

7  Ebd., S. 40; Hervorhebung im Original

8  Stegner, Wallace: *Crossing to Safety*. Modern Library, New York 1987, S. 4

9  Matthäus 28,18; Hfa

10  Römer 8,39; Hfa

11  Brueggemann, Walter: „Of the Same Flesh and Bone", in: *Catholic Biblical Quarterly 32*, 1970, S. 533

12  Ebd., S. 534

[13] 1. Mose 25,24–26; Hfa

[14] 1. Mose 27,13; Hfa

[15] Übernommen aus Andy Crouch: *Strong and Weak*, S. 95

[16] 1. Mose 3,4–5; Hfa

[17] 1. Mose 27,18-19; Hfa

[18] Brown, Brené: *Daring Greatly*. Avery, New York 2015, S. 232. Dt.: *Die Gaben der Unvollkommenheit: Leben aus vollem Herzen*. J. Kamphausen, Bielefeld 2012

[19] 1. Mose 33,4; GN

[20] Brown: *Daring Greatly*. S. 5–6

[21] Ebd.

[22] Henry Cloud in einem Gespräch mit dem Autor, Mai 2016

[23] L'Engle, Madeleine: *Walking on Water: Reflections on Faith and Art*. North Point Press, New York 1995, S. 190 und 193

[24] Zitiert in Harold Holzer: „If I Had Another Face, Do You Think I'd Wear This One?", in: *American Heritage 34*, Nr. 2, Februar/März 1983. http://www.americanheritage.com/content/%E2%80%9Cif-i-had-another-face-do-you-think-id-wear-one%E2%80%9D

[25] Farley, Wendy: *The Wounding and Healing of Desire: Weaving Heaven and Earth*. Westminster John Knox Press, Louisville 2005, S. 151

[26] Jesaja 49,15; Hfa

[27] O'Donnell Gandolfo, Elizabeth: *The Power and Vulnerability of Love: A Theological Anthropology*. Fortress Press, Minneapolis, 2015, S. 208

[28] Matthäus 25,40; Hfa

[29] 1. Mose 29,17; Hfa

[30] Ebd.

[31] 1. Mose 29,25; Hfa

[32] 1. Mose 29,30; Hfa

[33] 1. Mose 29,31; Hfa

[34] 1. Mose 29,32; NL

[35] 1. Mose 29,33; Hfa

[36] 1. Mose 29,34; Hfa

[37] 1. Mose 30,1; Hfa

[38] Hughes, R. Kent: *Genesis: Beginning and Blessing*. Crossway, Wheaton, IL, 2004, S. 373–380

[39] 1. Mose 30,15; Hfa

[40] Ebd.

[41] Griffiths, Sarah: „Babies DO Fake Cry: Infants Pretend to Be Distressed to Get Attention", in: *Daily Mail*, 16. Januar 2014; http://www.dailymail.

co.uk/sciencetech/article-2540677/Babies-DO-fake-cry-Infants-pretend-distressed-attention.html

42 Dunnington, Kent: *Addiction and Virtue: Beyond the Models of Disease and Choice*. InterVarsity Press, Downers Grove 2011, S. 187

43 Gandolfo: *The Power and Vulnerability of Love*. S. 229

**Kapitel 10: Tiefe Finsternis**

1 Dieser Abschnitt wurde übernommen aus Tobar, Héctor: *Deep Down Dark: The Untold Stories of 33 Men Buried in a Chilean Mine, and the Miracle That Set Them Free*. Picador, New York 2014, S. 94–104, 121

2 Brooks, David: *The Road to Character*. Random House, New York 2015, S. 93. Dt.: *Charakter: Die Kunst, Haltung zu zeigen*. Kösel Verlag, München 2015

3 Ebd., S. 94–96

4 von Drehle, David, Jay Newton-Small und Maya Rhodan: „How Do You Forgive a Murder?", in: *Time* 186, Nr. 21, 23. November 2015. http://time.com/time-magazine-charleston-shooting-cover-story

5 Siegel, J. Daniel: *The Developing Mind: How Relationships and the Brain Interact to Shape Who We Are*. Guilford Press, New York 2012, S. 219. Dt.: *Wie wir werden, die wir sind: Neurobiologische Grundlagen subjektiven Erlebens. Die Entwicklung des Menschen in Beziehungen*. Junfermann Verlag, Paderborn 2006

6 1. Mose 40,7; Hfa

7 Siegel: *The Developing Mind*. S. 176

8 1. Mose 42,24; Hfa

9 1. Mose 43,30; Hfa

10 1. Mose 45,1–2; Hfa

11 1. Mose 45,14–15; Hfa

12 1. Mose 50,1; Hfa

13 1. Mose 50,16–17; Hfa

14 2. Mose 2,23–25; GN

15 2. Mose 6,5; Hfa

16 Psalm 6,3.6; Hfa

17 Hesekiel 21,11; Hfa

18 2. Mose 15,24; GN

19 5. Mose 1,27; NL

20 Psalm 106,25; NL

21 Philipper 2,14; GN

22 1. Korinther 10,10; NL

[23] Tannen, Deborah: *Du kannst mich einfach nicht verstehen*, S. 48–75

[24] Brooks: *The Road to Character*, S. 100

[25] Smedes, B. Lewis: *How Can It Be All Right When Everything Is All Wrong?* HarperSanFrancisco, San Francisco 1992, S. 85

[26] Gekürzt übernommen aus Allender, Dan B.: „Leading Character", in Bill Hybels, John Ortberg und Dan B. Allender: *The Call to Lead: Following Jesus and Living Out Your Mission*. Zondervan, Grand Rapids 2008, S. 70–77

[27] Wolterstorff, Nicholas: *Lament for a Son*, S. 90

[28] Römer 8,20.22; GN

[29] Römer 8,23.26; Hfa

[30] Römer 8,26; Hfa

[31] Jesaja 53,3; NL

[32] Matthäus 5,3–11

[33] Aus dem Apostolischen Glaubensbekenntnis

**Kapitel 11: Jetzt wird's persönlich**

[1] Wenn Sie sich Jias Ablehnungstherapie selbst sehen wollen, schauen Sie auf seine „100 Tage Ablehnung"-Seite: http://rejectiontherapy.com/100-days-of-rejection-therapy.

[2] Jiang, Jia: *Rejection Proof: How I Beat Fear and Became Invincible through 100 Days of Rejection*. Harmony Books, New York 2015, S. 42–43. Dt.: *Wie ich meine Angst vor Zurückweisung überwand und unbesiegbar wurde: Ein Selbstversuch in 100 Schritten*. dtv Verlagsgesellschaft, München 2016

[3] Nach Douglas Stone und Sheila Heen: *Thanks for the Feedback: The Science and Art of Receiving Feedback Well*. Viking, New York 2014, S. 1

[4] Smedes, Lewis B.: *Shame and Grace: Healing the Shame We Don't Deserve*. HarperSanFrancisco, San Francisco 1993, S. 5

[5] Willard, Dallas: *The Divine Conspiracy: Rediscovering Our Hidden Life in God*. HarperSanFrancisco, San Francisco 1998, S. 218

[6] Kaufman, Gershen: *Shame: The Power of Caring*. Schenkman Books, Rochester 1992, S. 12, 30

[7] Johannes 4,6–7; Hfa

[8] Johannes 4,7; NL

[9] Johannes 4,9; Hfa

[10] Ebd.

[11] 1. Mose 24

[12] 1. Mose 29,1–30

[13] 2. Mose 2,15–21

[14] Nidda 4,1, in: *A History of the Mishnaic Law of Purities*. Jacob Nausner, Hrg., Band 15, Nidda Kommentar. Brill, E. J., Leiden (NL) 1976, S. 63

[15] Johannes 8,48; Hfa

[16] Johannes 4,15–18; Hfa

[17] Kross, Ethan, et al.: „Social Rejection Shares Somatosensory Representations with Physical Pain", in: *Proceedings of the National Academy of Sciences USA* 108, Nr. 15, 12. April 2011; www.ncbi.nlm.nih.gov/pmc/articles/PMC3076808

[18] Johannes 4,27; Hfa

[19] Johannes 4,10; Hfa

[20] Johannes 4,28–29; Hfa

[21] Johannes 4,39-40; Hfa

[22] Johannes 4,42; Hfa

[23] Ephräm der Syrer (ca. 306–373), zitiert in J. A. Findlay: *The Fourth Gospel: An Expository Commentary*. Epworth, London 1956, S. 61

[24] Lewis B. Smedes: *Shame and Grace*. S. 105–107

[25] 1. Johannes 3,1–2; Hfa

[26] Jesaja 53,3; Hfa

**Kapitel 12: Houston, wir haben ein Problem**

[1] Betcher, William: *Intimate Play: Creating Romance in Everyday Life*. Viking, New York 1987, S. 2–3 (Hervorhebungen im Original)

[2] Gottman, John M. und Nan Silver: *The Seven Principles for Making Marriage Work*. Harmony Books, New York 2015, S. 23. Dt.: *Die 7 Geheimnisse der glücklichen Ehe*. Ullstein, Berlin 2014

[3] Shedd, Charlie W.: *Remember I Love You: Martha's Story*. HarperCollins, New York 1992

[4] 3. Mose 19,17; GN

[5] Hall, G. Stanley: „A Study of Anger", in: *American Journal of Psychology* 10, 1. Juli 1899, S. 537; https://archive.org/details/jstor-1412662

[6] Goleman, Daniel: *Emotional Intelligence*. Bantam, New York 1995, S. 63

[7] Jakobus 1,19; Hfa

[8] Keller, Timothy und Kathy Keller: *The Meaning of Marriage: Facing the Complexities of Commitment with the Wisdom of God*. Penguin, New York 2013, Neuaufl. S. 160-161. Dt.: *Ehe: Gottes Idee für das größte Versprechen des Lebens*. Brunnen Verlag, Gießen 2017

[9] Ebd., S. 161

[10] Ebd.

[11] Ebd.

[12] In Anlehnung an: *Office Space*. Regie: Mike Judge, Twentieth Century Fox 1999 (dt.: *Alles Routine*)

[13] Gottman und Silver: *The Seven Principles of Making Marriage Work*, S. 27

[14] Sprüche 15,1; ELB

[15] Philipper 1,3–4; Hfa

[16] Achor, Shawn: *The Happiness Advantage: The Seven Principles of Positive Psychology That Fuel Success and Performance at Work*. Crown, New York 2010, S. 92

[17] 1. Korinther 13,5; GN

[18] Philipper 4,8; Hfa

[19] Ellis, Joseph J.: *Founding Brothers: The Revolutionary Generation*. Vintage, New York 2002, S. 163

[20] Ebd., S. 248

[21] Smedes, Lewis B.: *Forgive and Forget: Healing the Hurts We Don't Deserve*. HarperCollins, New York 1984, S. 82. Dt.: *Vergeben und Vergessen: Über die heilende Kraft der Vergebung*. Francke Verlag, Marburg 2001

[22] 1. Johannes 1,5; Hfa; siehe auch Psalm 18,13, Psalm 104,2 und 1. Timotheus 6,16

[23] Philip Yancey: *Von Gott enttäuscht: Durch Leiden an Gott in der Liebe zu ihm wachsen*. R. Brockhaus im SCM-Verlag, Witten 2014

[24] Lewis, Clive Staples: *Überrascht von Freude: Eine Autobiografie*. Brunnen Verlag, Gießen 1994, S. 141

[25] 1. Mose 6,5–6; Hfa

[26] Matthäus 27,46

**Kapitel 13: Wer weint um Sie, wenn Sie sterben?**

[1] Morley, Patrick M.: *The Man in the Mirror: Solving the 24 Problems Men Face*. Zondervan, Grand Rapids 1997, S. 99–100

[2] Ebd., S. 100

[3] Ebd.

[4] Hardy, Darren: *The Entrepreneur Roller Coaster*. Success, Dallas 2015, Kapitel 2, Teil 4

[5] Ebd.

[6] Flavius Josephus: *Jüdische Altertümer*. Bd. 17, Kap. 6, Abs. 5

[7] Seligman, Martin E. P.: *Authentic Happiness: Using the New Positive Psychology to Realize Your Potential for Lasting Fulfillment*. Simon & Schuster, New York 2002, S. 249. Dt.: *Der Glücks-Faktor: Warum Optimisten länger leben*. Bastei Lübbe, Köln 2005

[8] Betcher, William: *Intimate Play: Creating Romance in Everyday Life.* Viking, New York 1987, S. 219 ff.

[9] Ebd., S. 236

[10] Mallon, Thomas: „Dear Cat, Dear Pig", in: Buchrubrik auf der Internetseite der *New York Times*, 9. Mai 1999; http://www.nytimes.com/books/99/05/09/reviews/990509.09mallont.html

[11] Betcher: *Intimate Play*

[12] Lewis, C. S.: *Was man Liebe nennt.* Brunnen Verlag, Basel 1974, S. 41

[13] Brown, Daniel James: *The Boys in the Boat: Nine Americans and Their Epic Quest for Gold at the 1936 Berlin Olympic Games.* Penguin, New York, 2013, S. 161. Dt.: *Das Wunder von Berlin: 1936: Wie neun Ruderer die Nazis in die Knie zwangen.* Goldmann, München 2017

[14] Ebd., S. 353

[15] Ebd., Umschlagtext

[16] Plantinga, Neal Cornelius jr.: *Not the Way It's Supposed to Be: A Breviary of Sin.* Eerdmans, Grand Rapids 1995, S. 10

[17] Willard, Dallas: *The Divine Conspiracy: Rediscovering Our Hidden Life in God.* HarperSanFrancisco, San Francisco 1998, S. 399

[18] Vanauken, Sheldon: *A Severe Mercy: A Story of Faith, Tragedy, and Triumph.* Bantam, New York 1977, S. 134. Dt.: *Eine harte Gnade. Die Geschichte einer großen Liebe.* Brunnen Verlag, Gießen

[19] Vanier, Jean: *Community and Growth.* Paulist Press, New York 1989, S. 31

[20] Ryan, Liz: „Why Employee Happiness Is the Wrong Goal", in: *Forbes Magazin*, 22. März 2015; https://www.forbes.com/sites/lizryan/2015/03/22/why-employee-happiness-is-the-wrong-goal/#50650a947010

[21] Ebd.

[22] Apostelgeschichte 9,36; Hfa

[23] Manche Details aus diesem Abschnitt stammen aus Witherington III, Ben: *The Acts of the Apostles: A Socio-Rhetorical Commentary.* Eerdmans, Grand Rapids 1998, S. 331–333

[24] Apostelgeschichte 9,39; Hfa

[25] Barbara Williams-Skinner im Gespräch mit dem Autor, 2015

[26] siehe Esther 4,14

[27] Apostelgeschichte 9,40–41; Hfa

**Kapitel 14: Endlich**

[1] Yancey, Philip: *Gnade ist nicht nur ein Wort.* SCM R.Brockhaus, Witten 2010, S. 33

2 „Brené Brown on Empathy". YouTube, 10. Dezember 2013; https://youtu.be/1Evwgu369Jw

3 Clance, Pauline Rose und Suzanne Imes: „The Imposter Phenomenon in High Achieving Women: Dynamics and Therapeutic Intervention", in: *Psychotherapy Theory. Research and Practice 15*, Nr. 3, Herbst 1978; www.paulineroseclance.com/pdf/ip_high_achieving_women.pdf

4 Nach Sören Kierkegaards „Der König und das Mädchen"; http://letbw.de/wp-content/uploads/2013/01/Der-K%C3%B6nig-und-das-Bettelm%C3%A4dchen.pdf, zitiert in Brent Curtis und John Eldredge: *Ganz leise wirbst du um mein Herz*. Brunnen Verlag, Gießen 2014, S. 107–108

5 Johannes 1,1.14; Hfa

6 Origenes: *Über die Grundlehren der Glaubenswissenschaft (De principiis)*. Wiederherstellungsversuch von Dr. Karl Fr. Schnitzer, Professor an der Kantonsschule in Aarau. Stuttgart, Verlag Imle und Kraus 1835; https://www.unifr.ch/bkv/kapitel5145-1.htm

7 O'Donnell Gandolfo, Elizabeth: *The Power and Vulnerability of Love: A Theological Anthropology*. Fortress Press, Minneapolis 2015

8 Williams, Margery: *Das Samtkaninchen oder das Wunder der Verwandlung*. Lentz Verlag, München 1997

9 Ebd.

10 Ebd.

11 1. Johannes 4,10; NL

12 Williams: *Das Samtkaninchen* (Hervorhebungen des Autors)

13 Jesaja 53,4; NL

14 Williams: *Das Samtkaninchen*

15 Niequist, Shauna: *Einfach ich sein*. Gerth Medien, Asslar 2018, S. 248

16 Dallas Willard in einem Gespräch mit dem Autor

17 Offenbarung 2,17; Hfa

18 Williams: *Das Samtkaninchen* (Hervorhebungen des Autors)

# Unsere Seele – das Wichtigste überhaupt

„Dieses kluge Buch zeigt Wege auf, wie wir unserer Seele das geben können, was sie braucht. Denn das ist letztlich das Einzige, worauf es im Leben ankommt."

Publishers Weekly

Unsere Seele ist keine wissenschaftliche Erfindung, kein theoretisches Konzept. Ganz im Gegenteil. Sie ist der geheimnisvollste, heiligste, lebendigste, entscheidende Teil unseres Lebens. Für Jesus ist sie wertvoller als alles auf der ganzen Welt. Aber was ist unsere Seele eigentlich? Wie können wir sie hegen und pflegen? John Ortberg zeigt, wie eine tiefe Beziehung zu Gott unserer Seele genau das schenken kann, wonach wir uns zutiefst sehnen. Lassen Sie zu, dass Gott Sie von innen heraus verändert und Ihr Leben zum Besten wendet.

GerthMedien

John Ortberg • Hüter meiner Seele
Gebunden • 288 Seiten • ISBN 978-3-95734-062-7

Originally published in the U.S.A. under the title:
*I'd Like You More If You Were More Like Me, by John Ortberg*
Copyright © 2017 by John Ortberg
© der deutschen Ausgabe 2018 by Gerth Medien GmbH, Dillerberg 1, 35614 Asslar, with permission of Tyndale House Publishers, Inc. All rights reserved.

1. Auflage 2018
Bestell-Nr. 817511
ISBN 978-3-95734-511-0

Umschlaggestaltung: Hanni Plato
Umschlagillustration: Shutterstock
Satz: Uhl + Massopust, Aalen
Druck und Verarbeitung: GGP Media GmbH, Pößneck
Printed in Germany

Nachdruck, auch auszugsweise, nur mit Genehmigung des Verlages.